27618.

LA CARITEE

OV LE
POVRTRAICT DE LA VRAYE
CHARITÉ

HISTOIRE DEVOTE
tirée de la vie de S. Louys.

Par Mr. IEAN PIERRE CAMVS,
Euesque de BELLEY.

A PARIS,

Chez GERVAIS ALLIOT, au Palais
proche la la Chapelle de
sainct Michel.
M. DC. XLI.
Auec Priuilege du Roy, & Approbation.

LE LIBRAIRE AV LECTEVR.

L'OCCASION qui a donné suiet à l'Autheur de coucher par escrit cette Histoire pieuse, estant assez amplement déduitte sur la fin de ce Liure, Partie quatriesme Section LXII. iusques à la fin, me dispense de la vous raconter en ce lieu, ce renuoy suffira de Preface.

Ce que i'ay à vous dire, Lecteur, est que vous rencontrerez sous l'escorce de cette deuotieuse narration, comme derriere vne Tapisserie sacree, la plus pure Perfection du Christianisme, qui consiste en la vraye & desinteressee Charité en son haut appareil.

Car depuis qu'vne ame regeneree est venuë à ce point du iour acccomply, & du Midy de la pure dilection qui dissipe toutes les ombres, non seulement de l'amour propre, qui est le peché, mais du legitime interest de la creature qui est ou iuste ou vicieux, selon qu'il est ou bien ou mal appliqué. C'est l'ors qu'elle accomplit en esprit & verité la lettre des trois premieres demandes de l'Oraison Dominicale, ausquelles consiste le faiste de cette Perfection, que Dieu exige de tous les Chrestiens, de quelque Vacation & Condition qu'ils soient, quand il dit: Soyez saincts comme ie suis Sainct, & Parfaicts comme vostre Pere celeste est Parfaict.

C'est aux rayons de ce bel Astre de la Charité, qui est le Soleil des Vertus, respandüe en nos ames par le sainct Esprit, qui est l'Orient d'enhaut, & le plus precieux don du Pere des lumieres, que se doiuent esprouuer les Aiglons legitimes, & discerner des Adulterins. Ie prie Dieu, Lecteur, que tu sois du nōbre de ceux dont les prunelles puissent supporter la pointe de ces rays, & non de ceux qui r'abbaissent leurs yeux pour ne voir pas le Ciel, determinez de les arrester en la terre de leurs propres interests; car si tu és de ceux cy, tu n'auras point de patt, ny en ce Liure cy, ny en celuy de Vie.

TABLE DES SECTIONS

CONTENVES EN CE Livre de la Caritee, Premiere partie.

SECTION I.

Entree par vne industrie de sainct Augustin   fol 1
2. Il faut vouloir les moyens, aussi bien que la fin, qui est la Beatitude.   6
3. Quels sont ces moyens.   9
4. Necessité de la Charité pour le salut. 11
5. Des peines & des recompenses.   13

6. Mauuais vsage des menasses & des promesses. 16
7. Imperfection de la crainte seruile & de l'espoir mercenaire. 18
8. Fin derniere. 21
9. Maxime de Prudence humaine, defectueuse en matire de Religion. 23
10. Force de l'Exemple. 27
11. Difference entre Fable, Parabole & Histoire. 33
12. Verité de cette Histoire de Caritee. 37.
13. Felicité du regne de sainct Louys. 41
14. Sa guerre saincte. 44
15. Premier voyage de sainct Louys en la Palestine 48
16. Ambassade vers le Calyphe de Syrie. 52
17. Reception honorable de l'Ambassadeur en vne bourgade. 58
18. Des Prosperitez & Aduersitez. 60
19. Suitte du suiet precedent. 65
20. Mauuais vsage des aduersitez. 69

21. Inconstance du peuple. 72
22. Caritee paroist, & s'il faut écouter le conseil des femmes. 77
23. Equipage de Caritee. 81
24. Consideration sur cet equipage. 83
25. Discours de Caritee au Frere Yues, 87
26. Suite de ce discours, & quelle est la vraye Iustice Chrestienne. 91
27. De la Loy de Moyse & de l'Alcoran. 94
28. De l'esprit du Christianisme. 95
29. Dessein de Caritee. 101
30. Sa folie de Charité. 105
31. Sentiment du Frere Yues. 109
32. Exemple memorable de sainct Chrysostome. 112
33. Suite de cét exemple. 116
34. Autres Exemples. 122
35. Excellence de l'exemple de Caritee. 112
36. Energie de l'Histoire. 129
37. Des actions heroyques. 132

38. Abbregé de perfection. 137
39. But de nostre Caritee. 139
40. Sommaire de la doctrine de salut. 146
41. Pureté de l'intention de Caritee. 143
42. Histoire d'Aspasie. 146
43. Bonté de la crainte servile, & de l'espoir mercenaire. 154
44. Vsage de cette crainte & de cette esperance. 159
45. Crayon du pur Amour de Dieu. 162
46. De ceux qui l'alterent. 166
Fin des Sections de la premiere Partie.

PARTIE SECONDE.

SECTION I.

De la Passion de crainte. fol. 172
2. Instance. 175
3. Degré de servilité : le Premier. 176
4. Le second. 178

5. Le troisiesme. 176
6. Quatriesme. 180
7. Consolation à vne ame scrupuleuse. 180.
8. De la crainte purement charitable 185
9. De l'horreur de la coulpe, & de l'oubly de la peine. 186
10. Question sur cet oubly. 190
11. Que cét espoir est bon. 195
12. De l'honnesteté de la vertu Morale & Naturelle. 197
13. De la mercenaireté. 200
14. Du Regard du salaire. 202
15. Degrez de la mercenaireté. 206
16. De l'Amour estimatif. 208
17. De la veuë ou de l'oubly du salaire. 210.
18. Rapport du salaire à la derniere fin 212.
19. Dexterité de la charité en l'vsage de la crainte seruile & de l'espoir mercenaire. 313

20. *Secours de la crainte servile dans les tentations.* 217
21. *Autre secours de l'espoir mercenaire.* 220.
22. *De la crainte servile & de l'espoir mercenaire devant & apres la iustification.* 223
23. *La crainte & l'esperance entre les mains de la charité.* 226
24. *La doctrine qui precede, expliquee par similitudes.* 228
25. *Difficulté considerable.* 235
26. *Probleme.* 234
27. *Doctrine excellente, touchant l'amour des Bien-heureux.* 238
28. *Autre face du probleme precedent.* 243.
29. *En quoy consiste la felicité des Bien-heureux.* 247
30. *De la veüe & de l'amour.* 250
31. *De la veüe de Dieu.* 254
32. *Nul interest proprietaire dans le Paradis.* 256

33. Deux gloires au ciel. 256
34. Leur difference. 261
35. Instance. 262
36. Distinction remarquable. 263
37. Amour divin, sommité de l'amour celeste. 265
39. Induction tirée de l'amour de Dieu qu'ont les ames qui sont en Purgatoire. 267
40. Amour de Dieu vehement de quelques ames dés cette vie. 269
41. Qu'il faut plus detester la coulpe que la peine. 272
42. Vnique regard de Caritee. 274
43. Autre application de l'Histoire d'Aspasie. 276
44. Trois beaux exemples du pur Amour. 208
45. Autre Probleme. 283
46. La vie presente sans la grace de Dieu est vne mort. 284
47. Des fausses prosperitez de cette vie. 287

48. Des calamitez de cette vie, accompagnees d'vn grand amour de Dieu. 290
49. Des afflictions des Saincts. 293
50. Leur difference. 298
51. De l'estat heureux ou mal-heureux des ames qui sont au Purgatoire. 301
52. Que cét estat est plein d'amour. 305
53. Instance. 311
54. De la priere pour les Trepassez. 312
55. Comment il faut faire pour la rapporter à Dieu en fin derniere. 315
56. Resolution du Probleme. 318
57. Instance. 316
58. Corollaire. 321
59. Moyen pour faire ses actions auec perfection dans la veüe de la recompense. 323

Fin de la Seconde Partie.

TROISIESME PARTIE.

SECTION I.

Ce que c'est qu'amour propre. 328
ii. Qu'il faut du courage pour le surmonter. 332
iii. Premier moyen pour extirper l'amour propre 335
iiii. Exemples des Saincts. 336
v. Autres exemples. 338
vi. Notable action du Bien-heureux François de Sales. 341
vii. Combien ce premier moyen est efficace 342
viii. Histoire appliquée à ce moyen. 346
ix. Autres applications. 348
x. Sentiment du Bien-heureux Ignace de Loyola. 350
xi. Second moyen pour exterminer l'amour propre. 359
xii. Troisiesme industrie. 363
xiii. Quatriesme industrie. 370
xiiii. Moyen cinquiesme. 373

xv. *Que ce moyen est aysé en apparence, & est de difficile pratique.* 378
xvi. *Reuolte côtre ce cinquiesme moyé.* 381
xvii. *Exemple illustre.* 384
xviii. *L'aduersité est la Mere, & la Prosperité la Marastre du pur Amour.* 386
xix. *Sixiesme industrie pour dompter l'amour propre.* 389
xx. *Industrie septiesme.* 395
xxi. *Huictiesme moyen pour terrasser l'amour propre.* 399
xxii. *Neufiesme moyen.* 401
xxiii. *Industrie dixiesme.* 404
xxiv. *Histoire notable.* 410
xxv. *Instance.* 412
xxvi. *De la charité cachee en vne ame.* 416
xxvii. *Ce que c'est que charité, ne doit estre ignorée du Chrestien.* 421
xxviii. *Instance.* 429
xxix. *Voir & vouloir son interest, sont choses differentes.* 432
xxx. *Les intentions doiuent estre bien or-*

donnees. 433
xxxi. Entrée dans le discours de l'amour de nous mesme, iuste & iniuste. 438
xxxii. De l'Amour de Dieu qui est en la Foy & en l'esperance. 440
xxxiij. Amour nostre & amour propre. 442
xxxiv. Deux sortes d'amour de nous mesmes. 445
xxxv. Touchant le merite d'vne bonne œuure. 451
xxxvi. Autre question sur le mesme suiet. 454
xxxvii. Du mot de virtuellement. 457
xxxviii. Resolution d'vn doute. 460
xxxix. Autre doute resolu. 461
xl. l'Amour propre ne se peut rapporter à Dieu. 465
xli. Response à vne obiection. 469
xlii. Ruses de l'amour propre. 470

Fin de la Trosiesme Partie.

QVA-

QVATRIESME PARTIE.

SECTION I.

Opposition au dessein de Caritee. 471
2. Si l'on peut aymer Dieu du pur Amour & des interessé en cette vie. 479.
3. Malice du propre amour. 485
4. La foy nous propose quatre sortes de veritez. 483
5. de l'amour simple de nous mesmes, & du proprietaire. 486
6. Bon vsage de la crainte seruile auant la Iustification. 498
7. Escueil descouuert. 452
8. Qu'il faut plus craindre la coulpe que la peine. 495
9. Instance. 467
10. Autre opposition. 499
11. Les motifs seruils & mercenaires

res sont bons, pourueu qu'ils soient sans seruilité & mercenaireté. 504
12. Vn mot de l'attrition. 506
13. De l'espoir mercenaire, & de la mercenaireté. 508
14. Explication de quelques lieux du Concile de Trente. 510
15. Esprit seruile & mercenaire en trois façons. 515
16. Seconde façon. 517
17. Troisiesme façon. 520
18. Pretention de Caritee en l'vsage
19. Obiection. 524
20. Autres obiections. 527
21. Comment est bon l'esprit seruile & mercenaire. 532
22. La crainte seruile est bonne, la filiale meilleure. 534
23. L'espoir mercenaire est bon, le filial meilleur. 537
24. Intention tres-pure. 539
25. Instance. 541
26. Autre instance. 543

27. De l'heureuse perte de nos interests en Dieu. 542
28. Obiection. 556
29. Autre obiection. 552
30. De ceux qui ne veulent point agir par le motif du pur amour. 553
31. Contre les tiedes. 556
32. Que l'estat des tiedes est dangereux. 559
33. Voisinage de la crainte servile, & de la servilité. 562
34. Il se faut garder de la servilité. 65
35. Tromperie du propre amour. 557
36. Aduantages des vertus infuses sur les acquises. 568
37. Autres instances. 572
38. Pareié du progrez de Caritee. 578.
39. Inegalité. 579
41. Genereuse entreprise de la Caritee, au regard de la crainte de Dieu 568

42. Il poursuit le suies entamé. 81
43. Entreprise de Caritee, au regard de l'esperance. 582
44. Oppositions escartees. 588
45. Mocquerie repoussee. 92
46. Instances. 95
47. Dernier retranchement de l'amour propre. 97
48. Seruilité de Caritee. 601
49. Qu'il faut tousiours auancer dans le bien. 603
50. Fausse humilité. 608
51. Histoire de Caritee fort contredite.
52. Des diuers succés de cette Histoi-
53. Trauerses de nostre Caritee 618
54. Sa iustification. 621
55. Confusion de la calomnie. 623
56. Palinodie. 625
57. Orages contre la Philothee du Bien-heureux François de Sales. 428
58. Moderation du Bien-heureux François de Sales. 634

59. *Autre Exemple.* 637
60. *Occasion de cét Escrit.* 640
61. *Que c'est icy vne Response.* 644
62. *Promesse de repartie modeste.* 646
63. *Que cette Histoire n'est vne Parabole.* 647
64. *Autheurs qui seruent de cette Histoire de Caritee.* 449

Fin des Sections de la quatriesme Partie.

NOVS soubs signez Docteurs en Theologie de la Faculté de Paris, certifions auoir leu vn certain Liure intitulé *La Caritée, ou le Pourtraict de la vraye Charité*, composé par monsieur l'Euesque de Belley, Auquel nous n'auons rien trouué qui soit contraire à la Foy Catholique, Apostolique & Romaine, ny aux bonnes mœurs En foy dequoy nous auons signé la presente, le deuxiéme iour de Mars mil six cens quarante & vn.

Signé,   DE FLAVIGNY,
DE PINTEVILLE.

Fautes suruenuës en cete impression.

pag.19.lig.17.lisez Terapeste.o.51.l.12.lis. neu-p.135.l.20.lis.soin, p.159.l.12.lis.& p.160.lig.lis. s'abbaissent en la mesme l.19.lis.aube, p.161.lig. 19.lis.à, p.175.l.20, lis.s'arreste.p.191.l.6.lis. soit en la mes.l.23.lis.s'abbaissent, p.93.l.6.li.qu'il.p. 207.l.5.li.pecher, p.212.l.9.lis.enclauer p.220.l. 3.lis.voleurs.p.221.l.15.lis.pése, p.22.lis.preuaut p.299.l.16.lis.bon plaisir 323.l.14.li.mais, p.345 l.23.lis.sans, p.361.l.8.lis.qu'est, 394.l.17. lis. est p.400.l.17.lis.mort, p.412.l.16.lis.ignoré, p.423. l.16.lis.naturelle, p.452.l.12.lis. interrompuë, p. 531.l.17.li.ie reuere, 535.l.20.lis.quātitité, p.549 l.23.lis.que 592.lis.morte, p.564.ou pourueu, p. 578.l.21.li.que c'est, p.579.l.17.li.detacher, à la mes.mercenaire, p.608.l.9.lis.esleué, p.639.l.16 lis.loüé,

LA CARITEE
OV LE POVRTRAICT DE LA VRAYE CHARITE.
PARTIE PREMIERE

SECTION. I.

Entrée par vne industrie de S. Augustin.

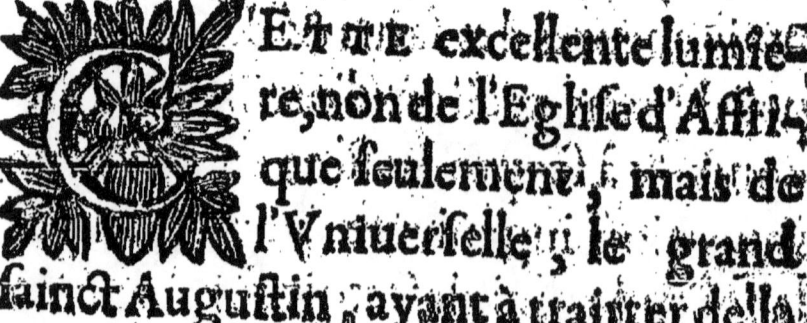

ETTE excellente lumiere, non de l'Eglise d'Afrique seulement, mais de l'Vniuerselle, le grand sainct Augustin, ayant à traitter de la

A

Beatitude, deuant vne notable assemblée, se donna ouuerture pour entrer dans les esprits de ceux qui le deuoient escouter, & gagner leur attention, par vne industrie que vous ne trouuerez pas moins agreable que iudicieuse.

Vn de ces Operateurs qui se promettent se faire des cures admirables par des remedes extraordinaires, (on les appelle communement Empyriques; possible feroit-on aussi bien de les nommer Empireurs:) Ce Terapeste exposant ses denrees, qui consistoient en essences, en huyles, en poudres, en eauës alambiquées, & autres semblables drogues; & se voyant abandonné, non seulement des Medecins, mais encores des sains & des malades, peu de gens prestans l'oreille à ses discours & à ses promesses; s'auisa d'vne inuention ingenieuse, pour changer la solitude qui desertoit son banc en vne foule & vne presse merueilleuse.

Il promit tout haut en la place publique où se tenoit le marché, de descouurir les pensees de ceux qui l'aborderoient. Ce secret qui n'est reserué qu'à Dieu, & à ceux à qui il luy plaist, de le reueler, le fit escouter de ceux qui auparauant desdaignoient de l'entendre, & la curiosité en ayant amassé vne grande troupe autour du lieu où il debitoit sa marchandise, il leur dit: Messieurs, vous estes tous venus à ce marché, les vns pour vendre, les autres pour acheter; car on ne frequente pas de semblables endroicts, que pour y exercer ce commerce, les assistans ayans respondu d'vne commune voix, qu'il estoit ainsi. Sçachez donc, reprit-il, Messieurs, que la pensee qui occupe d'auantage l'esprit de ceux qui ont apporté icy leurs denrees, est, de les vendre le plus cherement qu'ils pourront, & que la

A ij

pensée de ceux qui sont venus pour se garnir des choses qui leur sont necessaires, est, de les acheter au meilleur marché, & d'en donner le moindre prix qu'il leur sera possible.

Tous les Spectateurs ayans donné les mains, & applaudy à vne verité ditte de si bonne grace, & d'vne façon tellement ingenieuse, il n'en demeura pas-là, mais battant le fer tandis qu'il estoit chaud, & prenant ce temps auquel la ioye d'vne si gentille subtilité auoit ouuert les cœurs de ses écoutans, pour le bien de ses affaires, qui estoit son principal dessein, il adiousta: Messieurs, la santé est vn si grand tresor, qu'elle ne peut estre recherchee auec trop de soin, quand on l'a perduë, c'est la dragme égarée, pour laquelle retrouuer, il faut tout remuer, & quand on la possede, on ne peut auec assez de solicitude, conseruer vne si precieuse richesse, sans laquelle la

PARTIE PREMIERE.

vie est ennuyeuse & à charge.

C'est pourquoy tandis que la prouidence vous presente tant de remedes exquis, soit pour la conseruer, soit pour la reconquerir, vous en deuez faire bonne prouision, & vous souuenir que c'est vne manne du ciel, qui ne se recueille qu'à certaine heure, & que l'occasion qui est cheuelue par le front, est chauue par le derriere de la teste. Là dessus il fit vn debit de ses receptes aussi auantageux qu'il eut peu desirer.

Nostre ingenieux sainct Augustin, cét esprit incomparable, & le plus addroit de son siecle, appliquant ceste soupplesse à son suiet, dit à ceux qui estoient assemblez pour l'entendre, que sans estre Prophete, ny enfant de Prophete, & sans faire le deuineur de pensees, il n'y auoit rien de plus aisé, ny de plus asseuré, que de dire que la pensee generalle, & vniuerselle de

A iij

tous les hommes, sans aucune exception, estoit celle d'estre heureux, tout tant bons que mauuais, grands que petits, riches que pauures, sçauans, qu'ignorans, conuenans en ce point de desirer la Beatitude.

II.

Il faut vouloir les moyens, aussi bien que la fin, qui est la Beatitude.

MAis le mal est que si tous conspirent en ce but, tous n'embrassent pas comme il faut les moyens d'y paruenir, plusieurs errans dés le ventre, c'est à dire dans les principes, & vous sçauez qu'vne petite faute dans le commencement s'aggrandit par le progrez & meine en fin en des labyrinthes inexplicables.

Il n'y a point d'ame si desesperee, ny si plongee dans le desordre, si elle n'est tombée en sens reprouué, & affermie dás vn propos enragé, ayất perdu toute vertu, & la lumiere de ses yeux, c'est à dire, de sa raison, n'estất plus auec elle, qui de sang froid & rassis puisse vouloir sa damnation, au contraire qui ne souhaitte la Beatitude eternelle, & ne l'attende de la grace de Dieu qui la rameine à resipiscence, en retirant ses pieds, c'est à dire ses affections, des mauuaises voyes: & ce desir sert tousiours, comme d'anse à la misericorde de Dieu, pour l'empoigner & la retirer des tenebres du peché & de la region de l'ombre de la mort, en la maniere que le Prophete fut enleué par l'Ange qui le saisit par les cheueux.

Il est vray que Dieu ne veut point la mort du pecheur, mais sa conuersion, & sa vie, il ne veut qu'aucun perisse, mais pluftoft que tous viennent à penitence, conuertissez vous, dit-il,

A iiij

convertissez-vous, pourquoy mourez-vous? maison d'Israël, faites penitence: car le Royaume des Cieux approche. Il veut que tous les hommes soient sauuez: mais il le veut par maniere de desir, sans contraindre leurs volontez, & pour tesmoignage que ce desir n'est pas sterile, il nous donne en effect tous les moyens suffisans & necessaires pour arriuer au salut, & les donne auec vne mesure abondante, copieuse, & qui respanche de toutes parts; en sorte que nul ne se puisse plaindre qu'iniustement que le Soleil de Iustice n'ait rayonné sur l'Orison de son cœur, & qu'il n'ait pû cheminer en sa lumiere.

C'est bien fait certes de conformer sa volonté au desir que Dieu a de nous sauuer, mais ce n'est pas assez de l'y conformer en partie, il faut que ce soit en tout, il suffit bien de dire, ie desire estre sauué; parce que Dieu le desi-

PARTIE PREMIERE.

re, mais il ne suffit pas de dire ie desire embrasser les moyens qu'il me presente pour arriuer au salut, car comme en effect il nous les offre, en effect, aussi nous les deuons accepter, & les mettre en vsage, & faut en cela, qu'effectiuement nostre volonté corresponde à celle de Dieu, & desirer ainsi nostre salut, & parce qu'il le desire, & en la maniere qu'il desire.

III.

Quels sont ces moyens.

OR ces moyens sont de deux sortes, la Grace & les Vertus, par lesquels nous arriuons au souuerain bien voulu de toutes les volontez raisonnables, & qui n'est autre chose que la fin derniere, & la Beatitude. La Grace (que ie ne distingue point icy de la vraye & non feinte charité) n'est iamais sans les vertus, non plus que

Soleil sans ses rayons, mais les vertus peuuent bien estre sans la Charité cõme l'Apostre le tesmoigne (1.Cor.13.)

Et c'est icy où se trompent beaucoup de gens, prenans ou vne charité feinte pour la saincte & veritable, suiuant vn ardant infortuné, qui les meine en des precipices, & vn faux Phare qui les fait donner dans des escueils: ou des vertus acquises pour des infuses, qui leur font produire des œuures vuides & mortes, au lieu de pleines & de viues, & au bout de leur carriere, ils se trouuent semblables à ceux qui en dormant pensent amasser de grands tresors, & se trouuent à leur réueil sans aucunes richesses.

Plusieurs disent, Qui nous monstrera le vray bien, & quand on le leur fait cognoistre ils le mescognoissent incontinent, pareils à ceux qui se regardent en des miroirs, & oublient soudain comme ils sont faits,) & à

Premiere partie.

ces enfans d'Ephraïm qui faisoient des merueilles d'addresse à tirer de l'arc aux buttes, mais qui combatoient des talons quand ils auoient en teste les ennemis.)

IV.
Necessité de la Charité pour le salut.

IL est certain que comme nul ne peut entrer dans le Paradis terrestre qu'il ne soit attaint du glaiue de feu que tient en sa main le Cherubin qui en garde l'entree, aussi nul ne peut auoir accez au celeste, s'il n'est percé de la pointe flamboyante du sainct Amour de Dieu, mais amour de charité, & par consequent amour d'amitié, & des-interessé, qui est cette robe nuptiale sans laquelle on ne peut estre admis aux nopces eternelles, au banquet mouelleux, & à la vendange sans lie qui se gouste dans le ciel. Cependant combien y en a t'il qui se persuadent d'attaindre à la possession de cette terre des viuans, de cet heritage des Saincts en la lumiere de gloire, auec vn amour de Dieu interessé, si c'est aimer Dieu que de l'aimer ainsi, c'est à dire, pour quelque chose moindre que luy mesme.

Ces gens là ressemblent aux poursuiuans de la chaste Penelope, lesquels desesperans d'esbranler la constante fidelité de cette chaste Princesse, s'amuserent à courtiser ses damoiselles, & s'y estant attachez d'affection les prindrent en mariage, descheans ainsi de la haute pretension qu'ils auoient eüe pour ceste beauté, non moins pudique que genereuse.

Il est vray que les vertus humaines & acquises ont des attraits qui ne sont pas mesprisables, & que les craintes, mesme seruiles, & les esperances

PARTIE PREMIERE. 13

mercenaires sont des puissans motifs pour nous retirer du mal, & nous pousser dans le bien, mais que toutes ces choses sont vaines pour le salut, & pour la gloire de Dieu, si la Royne, la Princesse, la Maistresse, l'ame, la vie, & la forme de toutes les vertus, la saincte Charité, ne les anime & accompagne: l'Apostre sans elle ne se contente pas de dire qu'il ne fait rien, que rien ne luy sert, mais il va iusques à ce poinct de protester que luy mesme n'est rien, passant de l'aneantissement des actions à celuy de la personne qui les produit.

V

Des peines & des recompenses.

Qvelques vns s'imaginent que la Republique Chrestienne aussi bien que la ciuile & politique, & que la religion, aussi bien que l'estat, ne se conserue que par la crainte des peines & par l'espoir des recompenses, employans les frayeurs des chastimens, proposez par les menaces, & les douceurs des salaires presentez par les promesses, pour faire seruir Dieu, en la maniere que se font redouter & obeyr les Puissances de la terre, sans considerer que Dieu qui voit le cœur & les pensees (qui sont lettres clauses pour les hommes quelques grands qu'ils soient, fussent ils les Dieux de la terre) ne se paye pas de mines exterieures : car il cognoist bien ceux qui l'adorent en esprit, & verité, c'est à dire auec cette dilection veritable, & sincere qui ne se trouue que dans la charité des-interessee.

Ie ne dis pas que les menaces & les promesses diuines, qui font la plus grande partie des Escritures sacrees ne soient de grands, & pressans aiguillons pour nous arracher du mal, & nous porter au bien, & que le dessein du S. Esprit qui les a dictees ne soit excellent, & qu'il ne vueille qu'on les employe comme elles sonnent. Mais le mal est que nous prenons souuent de la gauche, ce qu'il nous presente de la droitte, & que nous ne nous seruons pas de ces armes de lumiere pour marcher honnestement au plein iour de la verité & de la iustice.

Car au lieu que le but de ces menaces, & de ces promesses est de nous conduire à l'interest du menaçant, & du promettant qui n'est autre que sa gloire, nous nous arrestons au nostre que nous rencontrons dans la peine fulminee dans les menaces, ou dans la recompense qui nous est proposee dans les promesses, mettans ainsi la fin derniere dans nos interests, non dans celuy de Dieu, selon ce que dit l'Apostre; tous cherchent leurs aduantages, non ce qui regarde l'honneur & le seruice de Dieu.

VI.

Mauuais vsage des menaces & des promesses.

CE desordre se roule dans l'esprit des peuples, par la faute (possible innocente) de ses conducteurs, lesquels trompez eux-mesmes, & aueugles, guident d'autres aueugles, & tôbent les vns & les autres dans la fosse de l'erreur. La plus part des Tirapestes Cureurs, Medecins, ou Directeurs des ames (ie parle à ceux qui sont dans le Clergé que l'on appelle Seculier (lesquels n'estans pas perchez sur les Epicicles du haut estat de perfection ne s'estiment ny irreprehensibles, ny impeccables) n'ont ce semble autres cloches à sonner que
ces

ces quatre, le vice, & la vertu, la peine & la recompense, pour faire venir chacun à l'office, c'est à dire, à son devoir, & reuenir à leur cœur les preuaricateurs.] Et ce qui est d'admirable, c'est que la fascination du langage, leur a tellement obscurcy la cognoissance du vray bien, (Sap. 4. 12.) & de la fin derniere & souueraine, que pensans aller eux-mesmes, & mener les autres au Royaume de Dieu, par de droittes voyes & par la science des Saincts, en faisant des œuures honnestes, & des trauaux accomplis, (Sap. 10. 10.) ils se trouuent insensiblement & imperceptiblement engagez dans cette route qui meine à perdition, & dont la fin aboutit dans vne eternelle misere (Philipp. 3. 19.)

Parce qu'au lieu de l'esprit veritable & fondamental du Christianisme, qui est celuy d'amour, & d'amour d'a-

B

mitié & des-interessé, qui est celuy de la charité, ils s'arrestent & amusent, les autres à l'esprit seruile & mercenaire, qui est vn amour de conuoitise & interessé, lequel, tant qu'il n'est point proprietaire, c'est à dire, attaché à la seruilité & mercenaireté, est bon, cómo moyen conduisant & raportable à la fin derniere, mais quád on y met la derniere fin, il est incapable de soy, de nous faire éuiter l'enfer, & de nous loger dans le Ciel.

VII.

Imperfection de la crainte seruile, & de l'espoir mercenaire.

NOn, non, ce n'est pas la crainte de l'enfer seule, & sans la Charité, quoy qu'elle nous fist quitter le vice par le seul motif de nostre interest, qui nous tirera de l'enfer. Si nous ne quittons le peché que pour l'amour de nous mesmes, l'estang de souffre & de feu ne laissera pas d'estre la part de nostre calice,] d'autant que nous ne quittons pas le mal pour la raison pour laquelle Dieu veut qu'on le quitte, qui est, parce qu'il luy déplaist, & parce qu'il hait le peché d'vne haine parfaitte,] comme vn neant malicieux, directement opposé à sa bonté.

Si d'autre costé nous ne faisons le bien & ne pratiquons les vertus, que par le motif de nostre propre interest, soit temporel, soit eternel, si nous ne nous addonnons aux bonnes œuures, que pour auoir le Paradis de Dieu, en tant que nous y trouuons toutes sortes d'auantages, honnorables, vtiles, & & delectables pour nous ; non, pour l'amour du Dieu de Paradis, ny pour la gloire qui luy reuient, tant de nos bonnes œuures, que de nostre salut, nous n'aurons pas la couronne de Iustice que nous nous promettons,

B ij

parce que nous n'aurons pas acheué la course, ny atteint le but de la fin derniere, en la lice de la diuine loy, ny veu la fin de toute consommation] qui est la Charité, en laquelle consiste la plenitude & l'accomplissement de la Loy.]

2. Ce n'est pas le tout de craindre l'enfer, pour l'euiter : quoy qu'vn Ancien ait dit, *qui pauet cauet*, si on ne le craint comme il faut, c'est à dire, en la maniere que Dieu veut, & ceste maniere c'est par amour, & pour l'interest de Dieu. Ce n'est pas assez, non plus de desirer le Paradis, & de faire le bien pour y paruenir, si ce bien-là n'est fait pour aggreer à Dieu, & pour son interest, qui est sa gloire : assurement, tous ceux qui diront : Seigneur, Seigneur, n'entreront pas en son Royaume, mais ceux là seulement, qui feront sa volonté,] & quelle est sa volonté, sinon que toutes nos actions,

& intentions soient referees à sa gloire en fin derniere.

VIII.
Fin derniere ignoree.

Fin derniere, tellement ignoree des peuples, & oubliee par ceux qui les coduisent & les instruisẽt dãs les voyes de Dieu, & en la doctrine de salut, que c'est vne chose déplorable de voir la profonde mescognoissance que l'on a de ce but, auquel si l'on n'atteint, il ne faut point esperer de part au sort, c'est à dire, en l'heritage des Saints en la lumiere de la gloire, vrayement c'est icy que l'on peut dire auec le Sage, que l'homme ne sçait pas sa fin, (Eccles. 9. 12.) & dire auec le Psalmiste Seigneur faittes moy cognoistre ma fin, & que i'y voye mes deffauts comme dans la glace d'vn miroir, afin que ie pense aux moyens de les corriger.

On trompette par tout, & à tous propos, en particulier, & en public, la crainte de l'enfer & l'esperance du Paradis, pour retirer les pecheurs de leurs iniquitez, par l'apprehension de l'vn, & les porter au bien par l'attente de l'autre. Ces moyens de soy ne sont point mauuais, car c'est touſiours bien fait de fuyr la coulpe, & de pratiquer la vertu par quelque conſideration que ce soit, mais il arriue par la misere de l'infirmité humaine, & la surprise du propre amour, que l'on craint plus l'enfer, que le Dieu qui l'a fait, & par consequent, on apprehende plus la peine que la coulpe, & l'effect, que la cause. Et que l'on prend plus de plaisir à penser au Paradis de Dieu, qu'au Dieu du Paradis, c'est à dire, à la gloire que Dieu nous donne dans le Ciel, qu'à celle que nous luy rendrons, quoy que celle-cy soit la fin derniere de celle-là, & de tout ce que Dieu a fait au Ciel &

Premiere partie
en la terre, (Prou. 16.)

IX.
Maxime de Prudence humaine, defectueuse en matiere de Religion.

IL est vray qu'aux gouuernemens naturels & politiques, les deux grands ressorts qui meuuent tout sont les chastimens des fautes, & la recompense des bonnes action, de là cette maxime si rechantee.

Le meschant se contient de peur d'estre battu,

Et le bon, pour l'amour qu'il porte à la Vertu.

Cela est bon pour les actions exterieures, lesquelles ne sont punies, ou sallariees des hommes, que selon qu'elles sont faites.

Mais il n'en est pas ainsi au fait de la Religion Chrestienne, & des choses qui regardent Dieu, lequel discernant les pensees, ne nous juge pas

B iiij

seulement selon nos actions: mais selon nos intentions, ne se contentant pas que nous nous abstenions du mal, par la crainte des chastimens, ou temporels, ou eternels; d'autant que ce n'est le fuyr qu'à moytié, & plustost quant à l'execution, que quant à l'affection, puisque celuy qui ne s'en abstient que de cette sorte, seroit prest de le commettre, s'il en pouuoit esperer l'impunité.

Ce n'est pas assez, non plus au regard de Dieu, que nous fassions le bien, & que nous nous exercions aux œuures vertueuses à raison seulement des recompenses temporelles & eternelles qu'il promet à ceux qui les feront, entant qu'elles nous sont honnorables, vtiles, & delectables non entant qu'elles tournent à son honneur, & à sa gloire: Car nous nous trompons, & nous seduisons nous mesme, si nous nous imaginons que les promesses de Dieu n'ayẽt pour fin derniere, que nos aduãtages & non son honneur, puisque la saincte parole nous apprend qu'il a fait toutes choses pour soy-mesme.

Il est donc necessaire, si nous voulons arriuer à la fin souueraine de tous nos desirs, l'eternelle Beatitude, que nous debutions de plus haut en nos actions, ne nous contentans pas de rechercher nos interests seuls dans nos bõnes œuures; mais tendans principalemẽt, & en derniere visee, à celuy de Dieu, qui n'est autre chose que sa gloire. Car de s'imaginer que Dieu ait promis son Paradis à ceux qui ne feront le bien que pour leur interest propre, non pour son honneur, c'est se flatter à plaisir, & alterer, ou pluftost renuerser les paroles expresses de l'vn & de l'autre Testament, où la vie eternelle n'est promise qu'à ceux qui feront de bonnes œuures en famour, & pour l'amour de Dieu.

Et de fait, aux dernieres Assises du monde, & en l'Arrest diffinitif de nostre bien-heureuse ou mal-heureuse eternité, il ne sera pas dit aux Esleus, Venez les benits de mon Pere, qui auez fait l'aumosne aux pauures pour l'amour du pauure, ou pour vostre propre interest, mais venez, vous qui m'auez consideré dans le pauure, & qui l'auez assisté & soulagé en mõ nõ, & pour mon amour. Et aux reprouuez, il sera dit; Allez maudits; car i'ay eu faim, & vous ne m'auez pas donné à manger; & non pas le pauure a esté affamé, & vous ne l'auez pas nourry.

Si donc nous auons à estre iugez sur nos bonnes ou mauuaises actions, Dieu rendant à vn chacun selon ses œuures, il importe extremement de sçauoir de quelle qualité doiuent estre ces œuures, & à quel but doiuent

Premiere partie. 27

necessairement atteindre celles auquelles doit estre renduë la couronne de Iustice : Car de penser éuiter l'enfer, parce qu'on le craint, & auoir le Paradis, parce qu'on le desire; fondant sa crainte & son desir, sur son propre interest, non sur celuy de Dieu, c'est s'abuser entierement, & au lieu de prendre Elisee, c'est faire comme les Syriens, qui se trouuerent au milieu de Samarie, entre les mains de leurs ennemis, (4. Roys 6.).

X.
Force de l'Exemple.

POur éuiter ce mal-heur, & éclairer nos pas dans les sentiers de Iustice, & les addresser dans les voyes de la paix, & du salut : Ie me suis auisé d'employer à ce dessein, vne tres-excellente Histoire, & que ie puis appeller auecque raison le Phenix des Exemples de parfaite Pieté ; dans laquelle comme dans vn clair miroir, nous verrons & le Sommaire & le Sommet de la Religion, & de la Perfection Chrestienne, & qui porte en son imitation le plus haut point de la science des Saincts, & de la doctrine de salut.

Quand on veut enseigner quelque suiet notable, dit le grand Stoïque, le chemin est long & embarassé par les preceptes, mais il est court & beaucoup plus energique par les exemples, lesquels ont cela de propre, qu'ils mélét l'agreable auec l'vtile, & delectent en profitant. Ils ne môstrent pas seulement ce qu'il faut faire, mais comme il le faut faire, & nous donnent courage de pouuoir imiter auec la grace de Dieu, ce que la mesme grace a fait en autruy, & par autruy, le bras de Dieu n'estant pas racourcy, ny sa puissance diminuee.

Et c'est vne des raisons pourquoy

l'Eglise nous propose les Memoires & les Solemnitez des Saincts, afin que le plaisir de l'admiration de leurs vertus, nous pousse & nous presse à leur imitation. Car lors que nous pensons que la grace de Dieu n'a pas esté vuide, c'est à dire, inutile en eux (1. Cor. 15.) & qu'ils ne l'ont pas receuë en vain, (2. Cor. 6.) il semble que leurs actions nous dient, cela mesme que Gedeon disoit à ses soldats, qu'il menoit contre Madian, ce que vous me verrez faire, faites-le.

Ces Exemples font les mesmes impressions en nos esprits, que les baguettes de Jacob faisoient sur les toisons des aigneaux de Laban, (Genes. 30.) sainct Augustin recognoissant que rien n'auoit tant affermy la resolution qu'il prit de se conuertir, & de changer ses desordres en l'estat de continence, que la consideration de tant de Vierges, de tant de Martyrs,

& de Confesseurs, dont la pureté, la constance, & la pieté, luy frayoient les chemins, & luy marquoyent les routes par où il deuoit aller à Dieu, & retirer ses pieds, c'est à dire, ses affections, des lacqs & des liens du peché, & des creatures.

L'experience apprend que pour auoir des paons qui soient blancs, il ne faut que faire couuer les paonnesses en des lieux reblanchis, & sur les cimes des Alpes, où les neiges font vn eternel seiour, c'est chose commune d'y voir des liévres blancs, & des perdrix blanches, l'aspect continuel de la blancheur, leur faisant prendre cette liuree differente de celle dont la nature reuest, en d'autres lieux, les animaux de mesme espece. Rien n'imprime si fort le vice ou la vertu dans nos ames, comme l'Exemple & l'imitation de ceux que nous considerons, ainsi que les patrons de nostre vie, estant

Première partie.

aussi ordinaire de contracter les imperfections des mauuais en leur conuersation, comme de se hasler & bazanner le teint, estant souuent au soleil, d'où est venuë la maxime, que l'on est bon auec les bons, & meschant auec les meschans.

Ne vous estonnez pas si celuy-là qui hante

Les meschans, a comme eux vne vie meschante.

Ce qui a fait dire à vn graue Ancien, qu'encor que les Princes, il parle des Souuerains, soient grands en pouuoir, ils sont encore plus grands en exemples, d'autant, dit ce Poëte, que les actions des Monarques font plus d'impression sur les esprits des peuples qui leur sont suiets, que leurs Edits ny leurs Ordonnances.

Il semble que ce que Dieu dit à Moyse, touchant l'edification du Tabernacle, soit dit à chacun de nous, faites selon l'exēplaire qui vous sera mõstré sur la montagne de la perfection, & comme l'Apostre parle, soyez desireux des meilleures graces.] Et plaise à Dieu, que comme il donna par vne faueur speciale, l'addresse à vn cuurier appellé Besleel, de faire de la main les ouurages du Tabernrcle, selō la forme qu'il en auoit imprimee en l'esprit de Moyse, il me vueille aussi inspirer les industries necessaires, pour inserer dans la force d'vn exemple aussi notable qu'aucun que i'aye iamais remarqué, les instructions qui seront conuenables pour faire comprendre à ceux qui liront cette Histoire, quelle est la longueur, la largeur, la hauteur, & la profondeur de la sureminente Charité, de la science, ou de la science de la vraye Charité que Dieu respand en nos cœurs par son Esprit, qui nous est donné, au mesme temps que s'y fait cest espan-

espanchement de la grace habituelle & sanctifiante.

XI.
Difference entre Fable, Parabole & Histoire.

ET parce qu'à l'abbord elle sembleroit possible à quelques vns plustost vne fable, ou vne parabole, qu'vne veritable histoire, il est besoin auant que i'en entame le narré, & que ie marque les Autheurs, desquels ie l'apprends, de dire vn mot de la difference, qui est entre la fable, la parabole, & l'histoire.

La fable a deux enseignes qui la font recognoistre telle, l'impossibilité & le manquement de vray-semblance. Et si elle n'est inuentee pour en tirer vn sens moral, & pour voiler quelque secret sous son escorce, comme sous vne tapisserie, elle passe dans vne inutilité ridicule, & vn amuloir d'enfans: Mais quand elle sert d'enueloppe à quelque chose de serieux, elle ressemble à ces escrins que les Anciens appelloient Sylenes, qui representoient des figures hydeules & monstrueuses, mais qui renfermoient au dedans des pierres precieuses, & des ioyaux de grand prix, & on la peut comparer à ces pauillons des Nomades, ou à ces tentes de Salomon, couuertes de poussieres, & battues des pluyes & des orages de l'air, mais qui couuroient de grandes richesses.

Aussi voyons nous, que non seulement les Poëtes, qui sont pour l'ordinaire, les esprits les plus polis, & les plus delicats entre les lettrez, mais encore les plus sages d'entre les Philosophes Anciens, ne la mesprisent pas, mais s'en seruent vtilement, pour faire passer dans les esprits beaucoup de bonnes instructions par cette industrie, qui mesle le fructueux auec le delectable.

L'Escriture mesme, qui est le liure de Dieu, s'en sert quelquefois en maniere de parabole, comme il est manifeste en ce qui est escrit au liure des Iuges, (9.) de l'assemblee des arbres touchant l'eslection d'vn Roy, où vn buisson fut esleu au refus de l'oliue, du figuier, & de la vigne, & vn feu sortit de ce hallier qui deuora les plus hauts cedres du Liban, ce qui monstre qu'il ne se faut iamais iouer à son Maistre, & qu'vn Superieur de paille, mangera & domptera cent inferieurs d'aciers, & fussent-ils aussi hautains que les cedres du Liban.

Mais la parabole a cét aduantage sur la fable, qu'elle ne propose rien qui ne soit vray-semblable & possible, en quoy elle ressemble tellement à l'histoire, que souuent on a de la peine à les discerner, ie dis mesme dans l'Escriture sacrée: Car les Interpretes ne sont pas d'accord, si le fait du mauuais riche, est vne parabole ou vne histoire, comme aussi celuy de l'enfant Prodigue, le premier estant pris communement pour histoire, à cause que le Lazare y est nommé, & le second pour parabole.

Cette façon d'enseigner les veritez mesme diuines, a semblé si à propos au sainct Esprit, qu'il n'y a rien de plus commun dans l'Escriture saincte, iusques là que Salomon auoit debité vne grande partie de la Sagesse qui luy auoit esté infuse d'enhaut, dans vn liure qui en contenoit six mille, duquel & de plusieurs autres, nous regrettons la perte.

Les Paraboles de Nathan, & de la Thecuite, sont notables dans les cahyers de l'ancienne Alliance, quant au nouueau, tout l'Euangile en est remply. Celle des Talens, des dix Vierges, du Thresor caché dans le champ, de la Perle precieuse, de la brebis égarée, de la dragme perdüe, dela semence, du grain de moustarde, & tant d'autres en sont des marques euidentes.

La Parabole est, & possible & vray-semblable, mais l'euenement veritable luy manque, & l'empesche de passer pour histoire, laquelle n'est autre chose qu'vn euenement, non seulement vray-semblable : mais vray, & par consequent possible, qui est reellement arriué ; & que l'on raconte comme tel, pour seruir d'exemple & d'enseignemens à la posterité.

XII.
Verité de cette Histoire de Caritee.

TElle est l'Histoire que i'ay maintenant à raconter, laquelle n'a rié qui approche de la fable que son estrangeté, & qui ne laisseroit pas d'estre fort vtile, quand ce seroit vne parabole morale, inuentée à plaisir, mais elle a des fondemens plus solides que tout cela, estant appuyee sur la baze d'vne verité, aussi authentique qu'on la puisse desirer en aucune histoire certaine & bien verifiée.

Ce qui nous la doit rendre plus venerable & considerable, (principalement à nous autres François,) est qu'elle est couchee en la vie de nostre bon & grand Roy sainct Louys, escrite de son temps, par vn des meilleurs, des plus nobles, & des plus vertueux Cheualiers de sa Cour, le Sire de Ioinuille, qui en a esté tesmoin presque oculaire, & dont le courage & la noblesse n'eust iamais permis à sa plume, d'escrire vne fausseté, non plus qu'à son espee de faire vn coup de lascheté, & indigne de la gloire de sa naissance.

Que si nous adioustons tant de

foy à nostre bon Philippes de Commines, dont l'histoire est tant estimee, quoy qu'il ait escrit la vie d'vn Louys beaucoup esloignee de la saincteté & de la perfection de celuy qui a esté le neufiéme de ce nom entre nos Roys, & si sa franchise, sa candeur, & son iugement sont tant prisez par ceux qui ne cherchent dans l'histoire, que les maximes politiques, & les preceptes du gouuernement, combien plus d'estat deuons nous faire de celuy, qui ioignant la pieté auec la valeur, & la suffisance auec la conscience, a eu vn si beau & fertile champ pour exercer son stile, en traçant la vie d'vn des plus grands Roys, entre les Saincts, & d'vn des plus grands Saincts entre les Roys, que nous puissent fournir iusques les Annales de l'Eglise.

Aussi l'Histoire que ie mets au iour, a-t'elle trouué vne creance & vne approbation si vniuerselle dans tous les

C iiii

esprits qui ont ioinct la pieté auec la science, qu'il n'y a gueres d'Escriuains de deuotion depuis ce temps, qui ne l'ayent rapporté comme vn euenement, duquel non seulement il ne falloit point douter, mais qui comprenoit en son Exemple, & le sommaire, & ensemble, le sommet de toute la Perfection de la Religion Chrestienne.

Comme il y a peu d'Autheurs de ceux qui nous ont laissé par escrit des monumens de leur pieté, qui ne la recitent, il y a aussi fort peu de Predicateurs qui n'en facent retentir leurs chaires, & pour cela, tant s'en faut qu'estant si commune, elle s'en soit moins estimable, qu'au contraire, c'est son prix & sa valeur qui l'a rendüe si commune. Il n'y a point d'Astre dans le Ciel plus cognu ny plus remarquable que le Soleil. Est-ce à dire pourtant qu'il en soit moins prisable? Le sel, pour estre d'vn vsage plus vulgaire, que le succre, en est il moins necessaire & moins digne d'estime? Le dernier en date du temps, mais non pas en valeur, d'entre nos Historiographes qui ont escrit la vie de sainct Louys, c'est P. Matthieu, lequel n'a pas oublié d'embellir son Histoire de cet euenement signalé, duquel il est mes-huy temps, que ie commence à deuider la trame, & à deduire le fait, apres auoir possible trop longuement tenu en suspens l'attente du Lecteur.

Felicité du Regne de sainct Louys.

LEs loüanges des graces & des vertus de sainct Louys, & des felicités de son regne, ne peuuent sonner mal qu'à des oreilles, dont les affections ne sont pas vrayement Françoises. Et bien que i'eusse icy le champ ouuer-

pour y faire vne ample carriere, ie seray neantmoins contrainct de m'en
abstenir, pour ne donner occasion à
ceux qui la cherchent, de gloser sur
cét ouurage, & pour oster aux Micols
le suiet de reprendre les excez de mon
zele : car chacun sçait, que i'ay en teste certains esprits qui ne regardent
mes Medailles que par le reuers, &
qui sont en possession de ne prendre
que de la gauche, ce que ie presente
de la droite.

Ie me contenteray donc de dire,
que par la saincteté de ce grand Roy,
comme par vn maistre canal, la pour-
pre du Roy de gloire, c'est à dire, la
grace de Dieu, comme vne rosée du
Ciel, & vne graisse de la terre, se ré-
pandoit abondamment sur la France. Les combats n'estoient point au
dehors, ny les seditions au dedans, le
peuple iouyssoit d'vne multitude de
Paix, & d'vn repos opulent, la paix

estant l'œuure de la Iustice du Prince, lequel estant les delices de ses suiets, & l'amour des estrangers, estoit consideré de toute l'Europe, comme l'arbitre des differends qui naissoient entre les Princes Chrestiens, & le Pacificateur general de tout le Christianisme.

Mais quoy qu'il fut vn Salomon pacifique par sa pieté, son esprit ne laissoit pas d'estre Martial, comme celuy d'vn Dauid, & son courage deuot ne laissoit pas de luy suggerer des mouuemens genereux, qui le portoient à la guerre. Tout est net à ceux qui sont nets, & les Saincts n'ont que des resolutions sainctes ; il tourna donc ses desseins vers vne guerre saincte, en laquelle il pust donner de l'employ à son incomparable valeur, satisfaire à ses inclinations, seconder ses inspirations, & conquerir le Ciel par les armes de la terre : seruant à l'Eternel des armees, & au Dieu des batailles, dedás les exercices militaires, comme il le sçauoit seruir, comme Dieu de paix en des occupations plus douces & plus tranquilles.

XIV.
Sa guerre Saincte.

OR, quelle guerre plus saincte, que celle qui s'entreprend contre les Infideles & les ennemis du nom Chrestié. C'est pourquoi il fut aisé à son grád courage, qui se confiant parfaitement en Dieu, pouuoit tout en celuy qui le fortifioit, de conceuoir le dessein de la conqueste de ceste terre que nous appelons Ste, pour auoir esté honorée de la presence du Sauueur, durant les iours de sa chair, & de sa conuersation entre les hommes, pressee de ses vestiges, & foulee de ses plantes sacrees.

Quelle plus iuste & ensemble plus glorieuse entreprise pour vn Prince

Tres-Chreſtien, & fils aiſné de l'Egliſe, que retirer le Sepulchre de Noſtre Seigneur, duquel il a eſté prophetizé, qu'il ſeroit plein de gloire, des mains des Sarrazins, comme d'iniuſtes & d'iniurieux poſſeſſeurs: Que ne feroient les Muſulmans, pour reconquerir leur Mecque, où eſt le tombeau de cét impoſteur qui les a ſeduicts, s'il eſtoit tombé ſous la domination des Chreſtiens? Ie laiſſe à dire, que ny le delaiſſement d'vn ſi beau & ſi fleuriſſant Royaume que la France, n'y l'eſloignement d'vn Empire, où il eſtoit aymé & reueré comme vne viuante image de Dieu, tant pour ſa dignité Royale, que pour ſes ſainctes mœurs: ny la difficulté d'vn deſſein ſi hardy, ne rebutta point le courage de noſtre incóparable Louys; & ce qui eſt de plus remarquable, que le mauuais ſuccez du premier voyage, où il fut fait priſonnier, & receut des traitements fort rudes, nonobstant les predictions d'euenemens prosperes qui luy auoient esté faites par de saincts personnages, pour l'animer à vne si glorieuse entreprise, ne le destourna point de tenter vn second naufrage, ie veux dire vn second voyage, auquel il mourut d'vne maladie contagieuse au milieu de son armee, affligee de pestilence.

Ce sont les petits feux qui s'esteignent au vent, les gros s'y enflamment d'auantage, les petits vaisseaux qui sont engloutis des vagues, sur lesquelles se bercent les grands. Ce sont les foibles poissons qui s'enfoncent & se coulent au fond de la mer, tandis que l'orage en tourmente la surface, mais les Dauphins se ioüent parmy les flots les plus mutinez, & se plaisent parmy les tempestes. Les menus oyseaux se cachent dans des trous, ou parmy des hailliers, tandis que l'air est troublé d'esclairs, de tourbillons, & de nuages: mais les

Aigles se delectent parmy ces fracas, & estendent leur vol parmy les foudres & les tintamarres.

L'eau salee de la mer, est l'element & l'aliment des plus forts & des meilleurs poissons, à qui l'eau douce des riuieres est des-agreable, ce sont les grands courages & vrayement Chrestiens, qui se reiouyssent parmy les croix & les aduersitez, & qui ont les prosperitez & les faueurs de la fortune, pour suspecte: tesmoin celuy qui disoit qu'il se glorifioit en ses infirmitez, en ses playes, en ses souffrances, & qui mettoit tout son honneur en la Croix, qui le rendoit conforme à son Maistre, lequel l'auoit preferée au plaisir qui luy estoit proposé. Tesmoins les Apostres qui se retiroient tous ioyeux du milieu des tribunaux & des assemblees, où ils auoient esté iugez dignes de souffrir des opprobres & des iniures pour Iesus-Christ.

Tel fut le courage de nostre grand sainct Louys duquel on peut dire que les eaux, ny les fleuues des afflictions ne peurent iamais esteindre ny suffoquer la Charité, de laquelle les lampes estoiét toutes de feu & de flammes, plus fortes que la mort, & plus ardátes que l'enfer. Ie croy mesmes que si la machine de l'vniuers, eust esté mise en pieces, que le fracas & le desbris l'eust touché sans l'estonner.

XV.

Premier voyage de sainct Louys en la Palestine.

MAis laissant à part ceste ame saincte, vrayement & Chrestien-nement heroïque de laquelle Dieu mesme ne taira pas dans l'eternité, les iustes loüäges, chacun des Bien-heureux, estát loüé de Dieu dans le Ciel, selon le bon vsage qu'il a fait de la grace de Dieu en la terre, il me suffit pour mon suiet,

de

de remarquer que l'euenement que i'ay à desduire arriua durant le premier voyage que nostre Louys fit en la Palestine. En laquelle estant abordé auec son armee, malgré toutes les tempestes qui l'accueillirent sur la mer, & qui le tindrent quelque temps a la rade aux costes de Sicile, & ayant pris terre à la faueur de quelques ports qui luy furent ouuerts par des Chrestiens du pays, auec lesquels il auoit auparauant pratiqué des intelligences; non seulement les Sarazins ou Mahumetans, qui possedoient lors la terre saincte, en furent estonnez, mais l'allarme en fut si chaude que les Princes circonuoisins en furent saisis, chacun d'eux amassant des troupes, pour se ioindre aux Palestins, & repousser auec eux hors de leur territoire, cét estranger qui sembloit estre leur ennemy commun.

Sainct Louys, soit pour escarter ce

D

gros de diuerses armees, lesquelles estans vnies eussent fondu sur luy.

Tout ainsi qu'vn torrent, qu'vn gros orage verse.

Et comme vn tourbillon qui vient à la trauerse.

Soit qu'en verité son dessein ne regardast que la Palestine, nullement les principautez du voisinage, despescha soudain des Ambassadeurs aux puissances les plus proches, pour les informer de ses intentiõs, qui n'auoient aucune visée sur leurs estats, & pour faire paix & alliance auec les Princes qui desireroient son amitié, ou qui se voudroient ioindre à luy en vne si iuste entreprise.

Quelques vns estoient Chrestiens, Schismatiques, c'est à dire detachez de la Communion de l'Eglise Romaine, qui est la Metropole de l'Eglise Vniuerselle, Colomne, & firmament de la Religion Chrestienne. Entre autres le Caliphe ou Prince de Syrie, dont les estats estoient les plus voisins de Ierusalem, & qui pouuoit apporter le plus prompt secours aux Palestins, ou pour mieux dire aux Sarrasins, sous le ioug tyrannique desquels gemissoit la pauure Palestine.

Sainct Louys estima qu'il estoit necessaire de le gaigner, & de l'auoir ou pour associé en vne si saincte guerre, ou au moins pour amy, ou pour neutre ou spectateur de ses combats, affoiblissant d'autant ceux, qui s'opposoient à sa conqueste: pour se faciliter l'accez en sa confidence, il iugea ne luy pouuoir enuoyer homme de plus grande creance que son propre Confesseur, lequel cognoissant le fonds & les replis de son ame, qu'il luy ouuroit & communiquoit en toute candeur, & sincerité, il le pourroit rendre plus certain de la bonté de ses intentions, & que pour le Caliphe son entrée en la Palestine estoit paisible, & qu'il n'auoit pour luy que des pensées de paix, d'amour, & de societé.

XVI.
Ambassade vers le Caliphe de Syrie.

C'Estoit frere Yues le Breton de l'Ordre des freres Prescheurs, qui auoit lors en depost le tresor de la consciéce de nostre sainct Roy, & qui fust choisi pour porter cette Ambassade, digne d'vn homme qui par sa condition, & particulierement par la profession de son ordre, deuoit auoir les pieds chaussez de la preparation de l'Euangile de paix, se souuenant de ce qui est escrit, que les pieds sont beaux c'est à dire les affections pures & innocentes, de ceux qui euangelisent la paix, & qui annoncent le bien, cette

Premiere partie.

Colombe s'en va donc auec le rameau d'oliue, en la bouche, porter la paix, ou des paroles de paix, au Caliphe de la part de S. Louys, ce Prince egalement paisible que martial qui portoit comme l'abeille le miel auec l'aiguillon.

Et dans le champ de Mars sçauoit cueillir l'oliue,

Et ioindre le sainct myrthe auec que le laurier.

Il part auec vn equipage non pas conforme à la grandeur du Monarque qui l'enuoyoit, mais digne d'vn homme de qui le monde n'estoit pas digne, & qui ayant tout quitté pour suiure la nudité de Iesus-Christ, estoit d'autant plus riche en solide vertu & en bon exemple, qu'il estoit plus pauure en effect, & plus semblable à ce grand Sauueur, qui s'est fait pauure pour l'amour de nous affin de nous enrichir par sa pauureté, c'est à dire, nous rendre opulens des

D iij

graces que son indigence nous a meritées, & duquel il avoit esté dit en esprit de Prophetie, ie suis pauure, & dans les trauaux dés ma ieunesse, c'est à dire, ie passe mes iours dans vne pauureté laborieuse, portant sur mon dos la reparation de la faute du premier homme, auquel il fut dit qu'il mangeroit son pain en la sueur de son visage.

Le Soleil qui comme vn Geant va sans cesse à grands pas mesurant les vastes espaces du ciel porte la lumiere par tout où il passe, & auec sa lumiere, sa chaleur, deuant laquelle rien ne se peut cacher. Nostre vertueux Predicateur estant obligé par sa condition d'estre le sel de la terre & la lumiere du monde, porte par tout où il met le pied, le flambeau de l'Euangile, & de cette parole de vie qui est vne lampe à nos pieds, & vne clarté à nos voyes & ne se contente pas d'esclairer les entendemens, son principal but est d'eschaufer les volontez, & d'esmouuoir tous les Chrestiens, à qui ses remonstrances s'addressent, de se croiser pour l'amour de Dieu, & de ioindre leurs prieres, leurs larmes, & encor leurs armes à celles de son maistre, & de son Prince, qui estoit venu en ces sainctes contrees, plustost en qualité deliberateur que de conquerant pour leuer de dessus leurs espaules le ioug insupportable de l'esclauage où les Sarrasins les auoient reduits.

La Palestine n'estoit pas encore lors si deserte qu'elle est à present, & se trouuoit beaucoup plus fournie de Chrestiens, mesmes de ceux qui estoient attachez à la Communion de l'Eglise Romaine. Il y auoit des villes & des bourgades entieres qui n'estoient habitees que de Chrestiens Catholiques. Les Musulmans se contentans de tenir tout le pays en

D iiij

bride par le moyen des forteresses qu'ils occupoient, & y estoient les maistres.

Le Bon frere Yues estoit receu en tous ces lieux là, qui estoient Chrestiens, côme vn Ange de Dieu, & aussi tost qu'ils l'auoient ouy parlant du Royaume de Dieu & de sa iustice, ils le prenoient pour vn Prophete: car alors en cette contree on pouuoit dire que la predication de la parole de Dieu estoit d'autant plus precieuse, [qu'elle estoit rare, car il n'y auoit presque plus de Prophetes] c'est à dire, de Predicateurs qui annonçassent au peuple les veritez, & les volontez diuines, les Pasteurs estant frappez d'estonnement, & les oüailles dispersees, les fidelles croyoient plus par Coustume que par enseignement: ô quelle liesse à leur ouye, quelle ioye à leurs os humiliez, [d'entendre parler du Dieu de leur salut,] & qu'vne si douce lumiere se leuast parmy leurs tenebres.]

Le bon frere Yues experimentoit bien tous les iours l'effect de cette infaillible promesse du Sauueur, faite à ses Apostres, & en leur nom à tous les ouuriers qui voudroient trauailler à la vigne de l'Eglise, & à l'Instruction des peuples. Allez prescher, & enseigner les nations, sans porter ny besaces, ny malettes, ny argent, ny or, ny autres prouisions, car pourueu que vous vous adonniez serieusement & fortement à ce trauail, les choses necessaires à la vie ne vous manqueront pas, d'autant que l'ouurier est digne de son salaire, & de sa nourriture. (Mat. 10. Luc 10.) par lesquelles paroles il ne leur conseille pas vne mendicité oysiue (laquelle est deffendue par toutes les Loix diuines, & humaines sous peine de peché & de punition corporelle) mais vne pauureté laborieuſe, c'eſt à dire, qui tire ſa vie de ſon trauail ſpirituel, ou corporel, ce que ces mots marquent expreſſement car l'ouurier eſt digne d'eſtre recompenſé, & nourry, ils diſent l'ouurier qui trauaille, non celuy qui demande ſans trauailler, ce que l'Apoſtre reprend en tant de lieux (1. Cor. 4. 12. 1. Theſſal. 2. 9. 2. Theſſal 3. 8. Act, 20. 34. Epheſ. 4. 28.)

XVII.
Reception honorable de l'Ambaſſadeur en vne Bourgade.

MAis en aucun des lieux ou paſſa noſtre frere Yues auec que les compagnons de ſon Ambaſſade, il ne fut receu auec tant de teſmoignages de ioye, & vn tel appareil comme en vne petite ville, le nom de laquelle, c'eſt dommage qu'il ait eſté oublié dans l'hiſtoire, d'autant qu'il meritoit d'eſtre tranſmis au souuenir de la posterité, le public ayāt interest de conseruer la memoire des lieux où se passent des actions remarquables principalement quand elles sont faites par le concours vnanime de tout vn peuple.

Tous les habitans de cette ville, qui se pouuoient porter sur leurs iambes, ieunes & vieux, hommes & femmes, peres meres & enfans, maistres & maistresses, seruiteurs & seruantes, de tous aages, de tous sexes, de toutes conditions, sortirent de leur ville en belle ordonnance, pour venir à la rencontre du seruiteur de Dieu, & de ses confreres, & pour tesmoingner leur foy, & leur allegresse, ils tacherent d'imiter le peuple de Ierusalem, qui vint au deuant du Sauueur auec des rameaux de palmes & d'oliuiers, au iour de son triomphe. Ils portoient tous en leurs mains des branches des mesmes arbres, qui sont communs en cette contree, & chantans des Hymnes & des Cantiques à la gloire du Dieu des armées, ils n'oublioient pas cette acclamation des Israëlites. Beny soit celuy qui vient au nom du Seigneur, loüange à Dieu aux lieux tres-hauts.

XVIII.
Des Prosperitez & Adversitez

C'Est vne chose fort ordinaire mesme aux moindres courages de loüer & de benir la bonté de Dieu dans les prosperitez, voire mesme dans les premieres apparences du bon heur. Le laboureur qui durant la seicheresse souhaitte la pluye auec impatience pour le desir de la recolte, tressaut d'aise dés qu'il voit que le ciel se couure de nuages, & les signes qui presagent vne prochaine rosee. Ces peuples voyans approcher leur deliurance, par la main puissante, & le bras relevé, de nostre Louys & se voyans visitez par vn homme qui auoit tant de part aux secrets de sa conscience, & de son conseil, loüent Dieu de cette faueur de l'homme de sa droite, & se voyans sur le poinct de changer de maistre, s'efforcent de gaigner la bien-vueillance de leur nouueau Seigneur, en receuant auec les plus grands honneurs qu'ils se pouuoient imaginer celuy qui estoit enuoyé de sa part.

Que de gens confessent Dieu, c'est à dire le loüent (car il y a vne confession de loüange) quand il leur fait du bien, ô que sa bonté est cherie quand elle est fauorable, combien y a t'il de personnes semblables à ces oyseaux de passage qui ne se tiennent que dans les regions chaudes de la prosperité, & qui abandonnent le seruice de Dieu dans les aduersitez. Quand Iesus-Christ multiplie les pains dans le desert aux multitudes qui l'y suiuent, elles le veulent faire Roy, chacun se presse pour l'aborder quand il guerit les malades, quand il fait des miracles, quand il dit des paroles de vie eternelle & qui sont autant d'oracles, mais quand il va à la Croix tous l'abandonnent iusques à ses disciples.

Vne ame forte & qui aime vrayment Dieu le benit en tout temps, sa loüange est tousiours en sa bouche, elle le glorifie par les armes, c'est à dire, par les œuures de iustice, soit à droitte, soit à gauche, & ne se monstre pas moins fidele à Dieu dans les afflictions, par la patience que dans les commoditez, & les aises, par moderatió Quád Dieu me tueroit, disoit vn grand S. encor espereroi-ie en luy. Sa verge & son baston, c'est à dire, ses chastimens me consolent disoit le Psalmiste. Si nous auons recueilly autresfois des biens de la main de Dieu, pourquoy, dit Iob, ne receurons-nous pas de la mesme main les maux de peine qu'il nous enuoye: cette main est paternelle, elle ne nous corrige que par amour & pour nous amander, elle ressemble à celle du Chirurgien qui ne blesse, ne coupe, ne brusle, ne tranche ne perce que pour guerir, son dessein est de nous bien-faire mesme en nous faisant du mal.

Aimer Dieu dans la prosperité est à la verité vn bon amour, pourueu que l'on aime plus le Dieu qui enuoye la prosperité, que la prospérité enuoyee de Dieu, ce seroit vne extreme ingratitude de ne l'aimer pas & de ne le benir point en ses dons: mais l'aimer par les espines des aduersitez, & afflictions, sans que le feu de nostre dilection s'esteigne dans ce buisson tout herissé de pointes, & que nostre charité s'amortisse dans les eaux des angoisses, c'est le haut point de la fidelité, & le raffinement de l'amour qui se purifie comme l'or dans le creuset de la souffrance.

Ce malicieux demon qui entreprit de tenter & d'esprouuer Iob, l'entendoit bien, quand il dit à Dieu que cet homme iuste ne demeuroit pas pour neant en sa iustice, d'autant que le ciel le combloit de tant de prosperitez qu'il eust esté bien ingrat de se reuolter contre ses Loix, mais il vouloit que l'essay de sa loyauté se fist par les trauerses & les calamitez, qui furent comme autant de vagues contre le roc de la constance de ce grand courage, qui demeura immobile parmy ces secousses, & tousiours inuariablement attaché au seruice de Dieu sans l'offencer d'vne seule parole.

Voire sa pieté alla iusques à tel poinct de reconnoistre la main de Dieu

Premiere partie.

Dieu dans celle du demon mesme, qui auoit eu permission de l'affliger, ne disant pas, le Seigneur m'auoit donné beaucoup de biens, le demon me les a rauis, mais le Seigneur me les a ostez, son sainct Nom soit beny. Voyez comme il reçoit d'vn mesme cœur, & d'vn mesme visage, les afflictions que les consolations : parce que les vnes aussi bien que les autres, procedent de la main de Dieu également aimable en la distribution des vnes, que des autres.

XIX.
Suitte du sujet precedent.

Es esprits vulgaires reçoiuent tres-volontiers, & à bras ouuerts, les biens qui leur viennent de la part de Dieu, & luy en font des actions de graces, mais auec plus d'esgard à leur interest, qu'à la gloire de la main qui leur est si liberale. Mais c'est le propre des ames mieux faites, & fondées & enracinées en la charité, non feinte de receuoir les maux de peine, qui n'ont d'eux mesmes rien d'aimable, sinon l'adorable & fauorable main, qui les distribuë comme il luy plaist, & qui ne permet iamais, tant elle est amiable, que nous soyons tentez par dessus nos forces, au contraire, nous faisant tirer profit de nos tribulations.

Le voyageur qui ne sçait pas bien son chemin, a peur de s'égarer, & demande à chaque passant, s'il va droit où il pretend d'arriuer, mais celuy qui connoist sa route, va sans crainte, & auec allegresse, sans s'amuser à tant d'enquestes. Aller à Dieu par la voye des roses & des prosperitez, est vn sentier, duquel les plus iustes se doiuent deffier : d'autant qu'à chaque pas ils peuuent prendre le change, & mettre la prosperité que Dieu donne, au lieu de Dieu qui donne la prosperité.

Mais aller à Dieu par le sentier des afflictions, c'est frayer la trace de tous les Saincts, & du sainct des Saincts, Iesus-Christ nostre Seigneur, lequel patissant pour entrer en vne gloire qui luy appartenoit par toutes sortes de tiltres, nous a laissé cet exemple de patir pour entrer au Royaume qui n'est preparé qu'à ceux qui se feront violence.

Quand nous souffrons pour Dieu, ou que nous rapportons nos souffrance à son amour, nous sommes en bon chemin, nous pouuons auancer hardiment vers le Ciel, sans crainte de nous fouruoyer, asseurez par cette diuine parole que c'est par beaucoup de tribulations qu'il y faut auoir accez, & que pour suiure Iesus-Christ, il faut porter sa croix apres luy. Dieu, dit au pecheur par quelqu'vn de ses Prophetes, qu'il enuironnera sa voye d'espines, pour l'obliger de retourner à luy.]

Cette maniere de parler est fort à propos, car côme celuy qui marche entre deux hayes bien espaisses, va droit sans s'escarter, ny s'esgarer dans les champs çà & là, ainsi celuy qui marche par le sentier espineux des tribulations, ne se fouruoye pas si aisement de la route du salut, que celuy qui s'esgaye, ou se perd dans les delices des prosperitez. Ce qui faisoit dire au Psalmiste, que pour mille qui tombent à gauche, c'est à dire, qui perdent la patience dans les aduersitez, dix mille tombent dans le desordre, & se laissent emporter au torrent des vices dans l'abondance & les prosperitez: L'iniquité sort ordinairement de la graisse, & le cheual trop refait regimbe & se fait si rebours qu'on ne le peut dresser au manege. Au côtraire l'affliction donne l'intelligence, & quand Dieu nous afflige, iusques à nous tuer, ou à nous mener iusques aux portes de la mort, alors nous retournons à luy.

XX.
Mauuais vsage des aduersitez.

I'Ay respandu mon ame sur cette vtile pésee, en considerát ce peuple de nostre Histoire, qui se resioüit voyāt paroistre l'aube de la prosperité en l'espoir de sa deliurance, qu'il attend des armes, & de la valeur de nostre sainct Roy, & pour luy tesmoigner le ressentiment des obligations immortelles qu'il acquerra sur luy par vn si notable bien-fait (la vie ne pouuant estre qu'ombreuse sous vne dure seruitude) ils taschent de rendre à son Ambassadeur des marques visibles, & sensibles de la consolation qui les remplit, & de la ioye qui surabonde en eux.

O mais helas! que les voyes & les pensees de Dieu sont distantes des nostres, autant certes, & plus que l'Orient n'est esloigné de l'Occident, s'il nous enuoye des prosperitez, c'est pour attirer nos gratitudes, & nos recognoisances, & afin que nous le benissions de ses dons, & de ses faueurs. Et au contraire nous adiouſtõs l'abus à la mescognoissance, & nous nous seruons de ses biens pour offenser sa bonté, & pour raualer sa gloire.

S'il nous fait sentir les verges des aduersitez, c'est afin que nous nous conuertissions à luy dans les angoisses, tandis que des espines nous piquent, & nous au contraire, comme si nous estions affermis en vn mauuais propos recourbez comme vn arc qui a pris son ply, & tombez en sens reprouué nous prenons de là occasion de deuenir pires, comme si la misere qui est autant la Mere de la vertu que la prosperité est sa maraſtre, nous seruoit d'aiguillon pour nous porter au vice, & nous rendre d'autant plus meschans que nous devenons plus miserables.

De là ces plaintes que Dieu fait par vn de ses Prophetes, surquoy frapperai-ie ceux qui à mes fleaux adioustent leurs prevarications, ils ne sont que playe depuis la plante du pied iusques au sommet de la teste, & cependant ils regimbent contre l'esperon, & ils empirent sous la verge, & leur mal plus opiniastre que le chastiment, s'augmente par les remedes, ainsi que le feu des forgerons se rengrege & se rend plus ardent par l'eau qu'ils iettent dessus.

Nostre frere Yues, receut avec beaucoup de ioye les festes, & acclamations de ce peuple, non par le mouuement de la vanité qui estoit autant esloignee de son esprit que sa profession estoit humble, mais les prenans pour des presages du bon heur des armes de son Prince, qu'il voyoit desia regner dans les cœurs de ces bonnes gens

E iiij

qui en sa consideration luy faisoient vne reception si honorable. Certes celuy qui reçoit le Prophete au nō du prophete receura le salaire de la main du Prophete, mais celuy qui le reçoit pour l'amour de Dieu qui l'enuoye, & qui le rēd tel (car la Prophetie veritable est vn don, qui ne peut proceder que d'en-haut du pere des lumieres, de qui prouient tout bon present, & tout don parfait) aussi celuy qui recüeille vn Ambassadeur au nom de son Maistre honore le Maistre qui l'enuoye en l'honorant, & doit attendre des effects de la bien-vueillance de celuy que le monde, quand il sçaura le recit du bon traittement qui luy aura esté fait en sa consideration.

XXI.

Inconstance du peuple.

MAis las! combien est inconstante la faueur populaire: il n'y a point de poulpe ny de cameleon changeant comme cela, c'est vne mer (car plusieurs eaux denotent les multitudes des peuples) qui diuersifie ses couleurs selon la varieté des vents qui l'agitent. Le mesme peuple de Ierusalem qui crioit au triomphe des palmes à Iesus-Christ Ozanna, beny soit celuy qui viët au nom du Seigneur, loüinge à Dieu dans les hauts lieux, six iours apres qui fut celuy de sa passion ignominieusement douloureuse, crie, crucifiez le, crucifiez le : & puis bastissez sur ce sable mouuant, semez sur cette arene marine.

O Cieux soyez saisis d'estonnemens sur cela ! & que vos portes en soient enleuees de leurs gonds, ce peuple fait deux maux en vn mesme instant, il laisse la source de vie, pour se creuser des cisternes mal cimentees incapables de contenir les eaux de la grace, & pour comble d'aueuglement il prefere en fin Barrabas voleur insigne à IESVS le Roy des innocens.

Ce peuple qui tesmoignoit par ses acclamations tant de ioye & de contentement à Frere Yues, peu de temps apres, lors que les euenemens de la guerre qui sont si pleins d'incertitude, tournerent la chance contre nostre bon Roy S. Louys, iusques à le rendre prisonnier entre les mains des infidels, & toutes ses armes en desroute, chanta bien sur vne autre note, & au lieu de le recogoistre pour son liberateur, & luy prester assistance, luy manqua au besoin ne le secourant ny d'hommes ny d'argēt en sa necessité, tesmoignant bien qu'il estoit du nombre de ceux qui n'adorent que le Soleil leuant de la prosperité, non le couchant de l'aduersité, abandonnant laschement celuy qui s'estoit mis en tant de despenses & de dangers pour le mettre en liberté, & le deliurer de la tyrannie.

Premiere partie. 75

Moyſe auoit autrefois experimenté les meſmes legeretez dans le peuple d'Iſraël, quand il luy parla de ſecoüer le ioug de la ſeruitude de Pharaon, & qu'il luy en ouuroit le pas, par tant, & tant de prodiges, que la main de Dieu luy fit operer. O que de benedictions ce peuple de dure ceruelle donnoit à ce Legiſlateur qui le tiroit de cet eſclauage auec vne main puiſſante & vn bras eſleué. Mais auſſi toſt qu'il euſt veu la face du deſert qui luy ſembla hydeuſe, au prix des graſſes & fertilles campagnes d'Egypte, il commença à murmurer contre ſon conducteur, iuſques à aigrir ſon eſprit aux eaux de contradiction, iuſques à haïr la Manne qui eſtoit vne nourriture toute miraculeuſe, iuſques à regretter les oignons & les chairs des marmittes des Egyptiens, iuſques à eſtimer pour rien la terre deſirable qui leur eſtoit promiſe. Eſt-ce ainſi que tu recognois les graces de ton Dieu peuple fol & indiscret, à ma volonté, disoit son guide, que tu fusse sage, intelligent, & preuoyant les choses futures.

Lorsque les Sarrasins insolens de leur victoire, & de la captiuité de nostre Roy, cõmencerét à descharger leur colere sur les Chrestiens de la Palestine qui l'auoient reçeu à bras ouuerts, & auec tant d'accueil, luy donnant entrée dans leurs portes, & accez en leurs villes, ils firent comme S. Pierre qui renia son maistre en sa Passion, & au lieu de compatir aux liens de ce Prince affligé & captif pour eux, ils le blasmoient de temerité, & iettoient sur luy la cause des maux que le despit des Sarrasins leur faisoit souffrir C'est ainsi que le peuple a de coustume de payer les bienfaits par ingratitude, & de faire comme l'asne sauuage, qui donne des coups de pieds à sa mere, apres qu'il la tétée, ou comme la cruche qui tourne son fonds vers la fontaine apres s'estre remplie de son eau. Ceux qui establissent leur bon heur sur la reputation, & sur la bonne opinion du peuple, ressemblent à ces peuples, appellez Astomes, qui ne viuent que de fumée, ils bastissent sur la glace d'vne nuit, & s'appuyent sur vn roseau creux & vain, qui leur fait prendre le sault, lors qu'ils pensent estre les plus establis. Heureux celuy qui n'a point mis son appuy sur ces vanitez, ny regardé de si fausses folies.

XXII.

Caritée paroist, & s'il faut écouter le conseil des femmes.

AV milieu de la troupe de ce grand peuple qui faisoit vne longue haye du frere Yues, pour le conduire dans leur ville, parmy des applaudissemens, & des allegresses merueilleuses, parut vne Dame auancee en âge, modestement, mais fort honnestement vestüe, dont le pas graue, & le maintien venerable, tesmoignoit qu'elle auoit quelque dessein d'importance & serieux. Elle se mit au milieu du chemin, & arresta tout court le Frere Yues, & ceux qui l'accompagnoient, luy demandant audience, pour luy declarer à la face de tout ce peuple, quelque chose de fort considerable.

Bien que ce ne soit qu'vne femme, ne vous imaginez pas pourtant, qu'elle eust mieux fait de se tenir en silence, (l'Apostre condamnant celle de son sexe de se taire en l'Eglise,) que de parler deuant vne si grande assemblee. Il est vray que pour l'ordinaire, ceste femme est la plus loüable, qui parle le moins, mais il y a des femmes extraordinaires dont Dieu se sert pour dire & pour faire de grandes choses.

Si nostre protoplaste eust mieux fait de fermer les oreilles à nostre premiere Mere, qui auoit ouuert les siennes à la sifflade du serpent, hommicide dés le commencement. Ce n'est pas à dire, qu'il ne faille iamais écouter les femmes ny se seruir de leur conseil: il est vray qu'Herodes fit mal d'écouter celuy de la mal-heureuse Herodias, & qu'il eust peu, ou pour mieux dire, qu'il eust fait son deuoir de ne luy tenir pas la promesse temeraire qu'il luy auoit faite.

Mais aussi Pilate eust mieux fait d'écouter l'auis de la sienne, qui l'auertissoit de se deporter de l'inique iugemét qu'il prononça contre le Sauueur. Dauid se trouua bien de suiure les conseils d'Abigail, & de la Thecuite. Assuere, ceux d'Esther: Naaman pour n'auoir point negligé l'auis de la petite esclaue Iuifue qu'auoit sa femme, se trouua purgé de sa lepre. Et chacun sçait combien fut salutaire aux Bethuliens, la prudence & la vaillance de cette Sage vefue, à laquelle ils donnerent ce triomphant eloge, qu'elle estoit la gloire de Ierusalem, la liesse d'Israël, & l'honneur de son peuple.

Ne dedaignant donc pas d'écouter cette femme, qui pour estre femme n'en est pas moins sage, ny moins forte; puisque comme vn autre Debora, elle nous doit prononcer ses oracles celestes sous vne palme; & nous apprendre à remporter vne glorieuse victoire de l'Amour propre, à la gloire de l'Amour de Dieu, dont elle nous doit monstrer l'excellence, la pureté, la perfection, & nous souuenans de ce que nous dit le grand Apostre, que Dieu choisit les choses infirmes pour confondre les fortes, les folles pour confondre les sages, & celles qui ne paroissent rien, pour
destruire

destruire celles qui semblent fort grandes.

XXIII.
Equipage de Caritee.

Ais outre que c'est vne femme, ie crain que son equipage ne vous rebutte, & que vous ne la preniez plustost pour vne Eumenide, que pour vne personne bien rassise, & à laquelle vous deussiez prester audience, son habit est dans la simplicité, son action fort reglee, ses yeux dans la pudeur, son front dans l'humilité, tout son exterieur dans vne composition fort honneste, mais ce qu'elle tient en ses deux mains, est si different de tout le reste, que si vous ne vous donnez la patience d'entendre ce qui est de son dessein, si vous precipitez vostre iugement sur l'etiquette, vous la condamnerez d'extrauagance.

F

Elle portoit en vne de ses mains vn flambeau allumé, d'autres disent vn reschaut, ou vn vaisseau d'vne braize ardante, & en l'autre vne cruche pleine d'eau, ne penseriez-vous pas qu'elle voulust dire, par ce Hierogliphe à nostre Ambassadeur. Voyla que ie mets deuant vous la guerre, & la paix, le feu & l'eau, afin que vous estendiez la main où il vous plaira vostre ame est en vos mains, c'est à dire, vostre liberté est en voustre pouuoir, portez-là où vous voudrez selon vostre franchise.

Cecy ne vous estonnera point, si vous vous souuenez de la parabole des dix Vierges qui auoiét chacune la lápe à la main, mais il n'y en auoit que cinq qui eussent de l'autre le vaisseau d'huille: gardez bien de mettre cette femme au rang des cinq folles, quoy que son vase ne soit remply que d'eau. Souuenez vous de cette femme auisée qui alluma sa chandelle pour chercher sa dragme perdue, & qui fit tant par ses diligences qu'elle l'a trouua.

Apprenez icy à l'auantage, que cette prudente femme porte vn flambeau qui doit mettre le feu dans les moissons de nos propres interests, comme fit Samson dans celles des Philistins par le moyen de certains animaux.

XXIV.
Considerations sur cet equipage.

REmettez vous en memoire le stratageme du Capitaine Gedeó, quand il defit cette prodigieuse armee des Madianites qui estoient venus fondre sur le peuple de Dieu il fit choix selon le commandement du ciel de trois cens soldats ausquels ils fit prendre d'vne main des cruches de terre, au dedans desquelles il y auoit des lampes allumees, & de l'autre vne trompette, les menant sans autres armes contre le camp des ennemis, dans le milieu de la nuict, il ne leur fit autre commandement que celuy-cy, ce que vous me verrez faire, faites-le. Que fit il approchant des tentes, & pauillons de Madian, il froissa le premier sa cruche contre vne pierre, & tenant en main sa lampe allumee, & de l'autre mettant sa trompette à la bouche, & la faisant retentir, ses compagnons au mesme instant firent le mesme.

Et lors les Madianites se reueillans en sursaut, & oyäs trois ces tropettes, & voyans trois cens flambeaux, comme autant de furies infernales, furent saisis durant les tenebres de la nuict d'vne terreur si panique, qu'ils commencerent à mettre la main aux armes, & se ruans les vns sur les autres s'entretuerent d'vn carnage si grand qu'vn seul d'entre eux ne resta vif, dit le Texte sainct, pour porter en leurs pays les nouuelles de leur defaitte, & ainsi sans donner vn coup d'espee, trois cens hommes, en defirent trois cens mille, tel estoit le nombre des combattans en l'armee de Madian.

Ne vous imaginez pas que l'entreprise de nostre vaillante femme soit moindre, elle a encor vn plus haut dessein auec sa cruche, & son flambeau: mais donnez-moy loisir de vous l'expliquer. Que cette cruche ne vous fasse point hocher la teste, & ne mette point dans vostre fantaisie, qu'elle soit elle mesme vne cruche viuante, & que ce soit quelque humeur melancholique & hippocõdriaque qui luy ait mis ces armes dans les mains, ce qu'elle en fait est par inspiration diuine.

Rebecca tenoit bien vne cruche

dont elle venoit de puiser de l'eau à la fontaine, quand elle fut recognuë par le signe que Dieu donna à Eliezer qu'elle devoit estre la future Espouse d'Isaac. La Samaritaine tenoit vne cruche quand le Sauueur s'arresta à parler à elle, & par l'eau materielle qu'il luy demande, l'apprit à demáder la spirituelle de la grace, d'où s'ensuiuit l'admirable conuersion de cette pecheresse.

Ne mesprisez point vne maschoire d'asne, car en la main de Samson, animé, par l'esprit de Dieu, d'vne force surnaturelle, il mettra six mille Philistins sur la place: ce que n'eust peu faire le plus vaillant homme auec la meilleure espeé du monde, par les seules forces de la nature. C'est auec vne fonde de berger, non auec les armes de Saül que Dauid terrasse ce grand Geant qui brauoit les armees d'Israël. Ce fut auec des sandales que Iudith rauit les yeux & par les yeux le cœur, d'Holopherne, auquel elle trancha la teste auec son propre glaiue. C'est le propre de Dieu de faire de grands coups auec de foibles armes. Auec vne baguette de berger il subiugue toute l'Egypte, & ruine Pharao auec ses bataillons & ses chariots.

XXV.
Discours de Caritée au Frere Yues.

MAis escoutez ce que dira nostre Thecuite au Frere Yues, en cet equipage. Vous vous estonnerez possible, luy dit-elle, Seigneur Ambassadeur, que ie me presente à vous, en ce lieu, & en cette desmarche mais vostre estonnement cessera, quand vous sçaurez le suiet qui m'a fait equiper de la sorte pour me presenter deuant vous à la face de cette grande assemblee, parauanture vous imaginez vous d'estre icy au milieu d'vn peuple vraymét Chrestien, & tel que ses acclamations, & ses applaudissemens vous le tesmoignent, mais prenez garde qu'il ne soit de luy comme de ces Syriens, qui voulans saisir Elisee se trouuerent au milieu de Samarie entre les mains de leurs ennemis (4. Rois 6.) ce peuple est semblable à celuy dont le Seigneur se plaint qui ne l'honoroit que des leures, mais auoit vn cœur fort esloigné de luy, c'est à dire, priué de son amour.

Si vous en voulez faire l'espreuue, demandez au plus habile de cette troupe, pourquoy il s'abstient du peché (si encor il cesse de mal faire) ou pourquoy il fait le bien (si encor il apprend à pratiquer la vertu,) & ie m'asseure que vous serez contraint, si vous les examinez l'vn apres l'autre & tous ensemble sur ce suiet, de vous escrier, apres leur responsse, auec le Psalmiste. Le Seigneur, a regardé du haut des cieux sur les enfans des hommes, pour voir s'il y en a quelqu'vn qui entende & qui sçache comme il le faut seruir & chercher: mais il a recogneu que tous declinent & se fouruoyent du droit chemin de son seruice, & que nul ne fait le bien de la sorte qu'il veut qu'il se fasse non pas iusques à vn.

Non certes, car ie sçay de certaine science, & par vne experience de plusieurs annees que ie suis habitante au milieu de ce peuple, incirconcis de cœur, & de levres, de pensees & de paroles, qu'il n'y en a aucun qui serue Dieu en la maniere qu'il veut estre seruy, ny qui l'ayme en la façon qu'il veut estre aymé des Chrestiens, ny selon l'estat viuifiant & iustifiant de l'Euangile.

Tout ainsi qu'Israël estant au

milieu des Egyptiens, des Moabites, & autres peuples Idolatres, se laissa aller, soit par la contagion insensible de la conuersation, soit par inaduertance, soit par vne lasche condescendance: soit par oubly du vray Dieu, soit par aueuglement, à plusieurs de leurs superstitions. Aussi vous diriez que la frequentation ordinaire auec les Sarrasins, qui nous gouuernent & dominent en cette contree, le commerce iournalier que nous auons auec les Iuifs qui gemissent icy auec nous, sous vne mesme seruitude, luy ait appris leur langage, & ce qui est de pis, leurs sentimens; au regard du salut & de la Religion, d'autant que la plus part de ceux qui se disent Chrestiens, & qui par le Baptesme sont entez dans le corps mystique de Iesus-Christ, & entrez dans son Eglise, dont ils sont les mébres, ayent caché leurs pensees sous la fueille de l'Euangile, par la hantise des Musulmans, ou caché Moyse sous la robe de Iesus-Christ, par la frequente communication auec les Iuifs.

XXVI.
Suitte de ce discours, & quelle est la vraye Iustice Chrestienne.

SI vous me demandez la preuue de cecy, ie la vous feray voir dans les pensees de leurs cœurs, qui se manifestent par leurs paroles, (car la bouche parle de l'abondance du cœur,) au regard des principaux fondemens de la iustice Chrestienne, sans laquelle il ne faut point esperer de salut Or cette iustice, comme vous le sçauez trop mieux que moy, consiste en deux chefs, qui est de s'abstenir du mal, & de faire le bien : mais pour estre iustice vrayement Chrestienne, il faut que cette fuitte du peché, (qui est le mal des maux, & le souuerain mal, parce qu'il est directement opposé au souuerain bien, qui est Dieu,) & cette suitte de la vertu, se fasse pour l'amour de Dieu, c'est à dire, en charité qui est l'ame, la vie, & la racine des vrayes & solides vertus Chrestiennes, le fondement necessaire de l'edifice de l'essentielle perfection du Christianisme.

Or cette vertu a cela de propre & par preciput sur toutes les autres, qu'elle attaint la derniere fin, auec des dispositions tres suaues parce qu'elles sont amoureuses, & nulle autre qu'elle n'arriue à ce but, & n'y peut ioindre sans elle, & que par elle, de plus elle a cette marque qui la distingue essentiellement de toutes les autres, c'est qu'elle ne cherche point ses profits, mais le seul interest de la gloire de celuy qu'elle nous fait aimer qui est Dieu: sans cette vertu il ne faut point attendre de salut, & qui le promet sans elle, nous amuse, & nous abuse, c'est à dire, nous seduit par de vaines paroles, & nous destourne de la voye, de la verité, & de la vie.

Cependant au lieu de cette charité saincte, qui nous mene au ciel, par les sentiers de la veritable Iustice Chrestienne, la conuersation des infideles fait errer les Chrestiens dés le ventre, c'est à dire, dans ce principe si necessaire à salut, leur fait dire des choses fausses, & vaines, & les fait parler en vn cœur, & en vn cœur, subrogeans en sa place vne charité feinte & interessee, qui comme vn faux Phare, les fait donner dans des escueils, & des brisans, tous noircis de naufrages de la foy, & de la pieté: & comme vn ardent infortuné les escarte du droict chemin pour les egarer en des precipices.

XXVII.
De la Loy de Moyse, & de l'Alcoran.

LA Loy de Moyse, loy de seruitude dont le ioug a esté si dur à Israël n'auoit que des menaces, & des promesses temporelles, par lesquelles Dieu destournoit ce peuple de dure ceruelle de mal faire, par la crainte des chastimens, & le poussoit au bien par le desir des recompenses temporelles. Voila iusques où alloit ce peuple, tout enseuely dans l'esprit ou seruile, ou mercenaire.

Le Moine Sergius qui a fabriqué l'Acloran, & qui a accomodé quelques pieces tant de l'ancienne que de la nouuelle alliance, aux resueries & impostures du faux Prophete des Musulmans, n'ayant eu ny la vraye foy, ny par consequent la charité qui ne peut entrer en vne ame que la foy

& l'esperance ne luy en preparent les voyes, & ne marchent deuant comme ses fourrieres & ses Ambassadrices, n'a pû ny attaindre au blanc de la verité, ny au but de la fin derniere, ce qui est reserué à la foy viue, & operante par charité.

C'est pourquoy ou il ne destourne du mal, ou il n'inuite à faire le bien, les Sarrazins que par les promesses, & les menaces de la Mosaïque, ou s'il passe les bornes de cette vie, il ne leur propose en enfer que des supplices sensibles, & en Paradis que des delices materielles, n'ayant pris de l'vne, & l'autre alliance, Mosaïque, & Chrestienne, que la lettre qui tue, non l'esprit qui viuifie.

XXXVIII.
De l'Esprit du Christianisme.

LE vray Christianisme nous inspire des sentimens de Dieu, &

de la Religion, c'est à dire, du culte de Dieu, de son amour & de son seruice, de la pratique des vertus, de la fuitte des vices, des sentiers de iustice, & du salut eternel; bien plus, purs & plus esleuez que tout cela: l'esprit seruil & mercenaire, dont la charité Chrestienne se peut seruir vtilement, n'est point le but de sa carriere, ny la fin derniere de ses pretétions, ces rets & ces filets n'arrestent point les oyseaux qui volent haut; l'esprit Chrestien va plus outre, & ne s'arreste qu'à la fin derniere, qui est Dieu & sa gloire, c'est là que se doiuent terminer tous les desseins du vray Chrestien, lequel doit aymer & seruir Dieu pour l'amour de luy mesme, & d'vn amour si des-interessé, que quand il n'auroit ny enfer pour punir ceux qui se reuoltent contre ses loix, ny de Paradis pour recompenser de la couronne de iustice, te, ceux qui se soufmettent à ses volontez, il n'en seroit ny moins aymable, ny moins estimable, & ces ames genereuses, qui sçauent craindre amoureusement le Dieu qui a fait l'enfer, plus que l'enfer que Dieu a fait, & aymer le Dieu qui a fait lo Paradis, plus que le Paradis que Dieu a fait, redoutant plus la coulpe que la peine, & prisans incomparablement plus le bien faicteur, que ses bien-faits, quelques grands qu'ils puissent estre, soient temporels, soient eternels.

C'est à faire à des Iuifs, d'auoir, au regard de la pratique de la vertu, leurs sentimens bornez dans les recompenses des biens de cette vie, & à des Sarrazins de ne considerer en l'autre que leurs propres interests, c'est à dire des felicitez qui se terminent en eux, non en la gloire de Dieu qui les donne, prenans ainsi le change

& passans du donateur au don du bienfaiteur au bien-fait, & du maistre au salaire, les vns & les autres craignans dans les chastimens soit de cette vie, soit de l'autre, plus la peine que la coulpe, plus le tourment que le peché, plus l'effect, que la cause.

Ce qui est extremement au dessous de l'esprit Chrestien, qui est celuy de la vraye charité, lequel, & en ce monde, & en l'autre nous fait incomparablement estimer l'interest de Dieu que le nostre, sa gloire que la nostre: le Fils de Dieu mesme, durant les iours de sa chair, & de sa conuersation entre les hommes, se disant venu pour chercher la gloire de son Pere, non la sienne entant qu'homme, car entant que Dieu, luy & son Pere ne sont qu'vn, & comme ils n'ont qu'vne mesme nature diuine, leur appartient mesme gloire souueraine.

Que si nous attendons le Paradis pour la bien-heureuse espérance, qui est la viue & animee de charité, & doit estre pour la gloire que nous rendrons à Dieu en l'eternité, que pour celle qu'il nous y donnera, plus pour l'y loüer au siecle des siecles, que pour y receuoir de la loüange de sa bouche car si nous preferions nostre interest au sien, nous changerions la fin derniere en moyen, & la prochaine qui n'est qu'vn moyen, en fin derniere, & par ce renuersement d'ordre nous esteindrions en nous la charité, laquelle est incompatible auec ce desordre, qui postpose le bien du Createur à celuy de la creature, le sainct Espoux n'introduisant dans le celier de la gloire, que ceux qui sont establis dans vne charité bien reglee, & bien ordonnee.

Et si nous redoutons l'enfer par vne crainte chaste, saincte, & procedante du vray amour de Dieu, nous deuons auoir plus grande horreur de la coulpe qui y meine, que de la peine eternelle que l'on y souffre, parce que, sans le peché, l'enfer ne seroit pas, & detester l'offense de Dieu sur toutes les choses detestables, & le haïr d'vne haine parfaite, d'autant que Dieu le hayt, & qu'il luy deplaist beaucoup plus que l'enfer qui est le theatre de sa souueraine iustice.

Mais pour vous faire connoistre que ces gens icy que vous prenez pour des Chrestiens, n'en ont que la monstre & le nom, & ont pluftost des sentimés de Iuifs, & de Sarrazins sur ce suiet, qui regarde l'eternité heureuse ou malheureuse, que dignes du Christianisme duquel ils font profession. Quant à l'exterieur ie vous prie d'en interroger quelques vns en particulier, ou si vous l'aimez mieux ainsi, tous en general, pour sçauoir s'ils s'abstiennét du peché pour quelqu'autre motif que de crainte seruile ou de peur d'estre dánez, ou s'ils s'adónent aux exercices des vertus pour quelqu'autre fin que pour l'espoir mercenaire des biens de cette vie, ou de l'autre, entant qu'ils leur sont honorables, vtiles, ou delectables. Que si vous rencontrez que leur visee ne soit pas plus haute, mais qu'elle se termine dans leurs interests & dans l'amour d'eux-mesmes, non dans celuy de Dieu, tenez mon accusation pour veritable, sinon ie consens de passer en vostre estime pour vne fausse Prophetesse, i'estime pourtant tres-certainement que ie ne ments point, & qu'en ce que ie vous auance ie parle selon l'esprit de Dieu, qui est celuy de verité.

XXIX. *Dessein de Caritee.*

Maintenant il faut que ie vous declare en la presence de tous ce monde, vn grand dessein qu'il y a beaucoup d'annees que ie medite pour la plus grande gloire de Dieu, ie sçay qu'il est bon de cacher, & de taire le secret des Roys, vous le sçauez bien aussi, vous qui portez la qualité d'Ambassadeur d'vn des plus grands Princes du monde, mais vous sçauez encor estant de l'Ordre des Predicateurs, qu'il est honorable de manifester les choses qui sont auantageuses à l'honneur de Dieu.

Vous voyez l'equipage auquel ie me presente deuant vous, ayant en cette main cette torche ardante, en l'autre ce vase plein d'eau, vous vous estonnerez de l'vsage que i'en veux faire, & possible d'abord le condamnerez vous, mais si vous me donnez le loisir de vous expliquer mes raisons, ie ne doute point que vous ne reuoquiez vostre sentence, & que vous ne prononciez iugement en ma faueur:

Je vous diray donc en deux mots qu'auec flambeau allumé, ie desire mettre le feu au Paradis, & le reduire tellemēt en cendre qu'il n'en soit plus parlé. Et respandant cette eau sur les flammes de l'enfer ie pretends les esteindre, & qu'il n'y ait plus de tourmens ny de supplices en ce lieu mal-heureux; afin que desormais Dieu soit aimé, & serny pour l'amour de luy mesme, sans seruilité, & sans mercenaireté, & d'vne maniere si pure & si des-interessee que ce ne soit plus la crainte de l'enfer qui nous retire principalement, & en fin derniere du peché : mais son amour, & parce que la coulpe l'offense, & luy deplaist, & que nous nous addonnions aux bonnes œuures sans mettre nostre derniere & souueraine visee dans la recompense, mais en la dilection, & en la gloire de Dieu qui en est honoré, & à raison qu'elles luy plaisent.

Alors les Chrestiens agiront par le vray esprit du Christianisme, qui les fera adherer à Dieu, & à sa volonté, volonté par laquelle il se veut soy-mesme, & toutes choses pour soy, ayant fait toutes choses pour soy-mesme. Or ceux qui sont meus par cet esprit là, qui est l'esprit de la pure dilection, qui ne se trouue qu'en la vraye, & non feinte charité, sont vrayment enfans de Dieu, si enfans donc heritiers, ouy heritiers de Dieu, & co-heritiers de IESVS-Christ. Que vous semble, Seigneur Ambassadeur, de ma proposition, & de mon entreprise, faites moy cette grace de vous en declarer librement, & de manifester vos sentimens deuant tout ce peuple, pour lequel Iesus-Christ est mort, & duquel vous & moy desirons le salut comme le nostre mesme.

XXX.
Sage folie de Caritee.

AVtant que le commencement du discours de cette Dame sembloit non seulement raisonnable mais sublime, & releué, au Frere Yues, autant la fin luy sembla donner dans l'extrauagance, mais se souuenant que Dieu auoit voulu sauuer les croyans par la folie de la foy,] & que comme la sagesse humaine est vne folie deuant Dieu, souuent aussi les actions qui paroissent folles deuant les hommes, sont fort sages deuant ceux de Dieu, il aima mieux prendre le tison par où il ne brusloit pas, & loüer la premiere partie de ce discours, que blasmer la seconde auec des termes de precipitation.

Le Pere des lumieres ietta dedans son souuenir, que le grand Prestre Hely auoit trop promptement iugé de l'yuresse d'Anne mere de Samüel, femme tres-sage, & si sobre qu'elle n'auoit iamais beu aucune liqueur, qui peust troubler le sens & la raison, à cause qu'elle remüoit les lévres sans parler, respandant ainsi son ame & sa priere deuant le Seigneur, (1. Rois 1.), Que Micol auoit eu tort de se mocquer de Dauid, le voyant dancer deuant l'Arche, ne penetrant pas dans l'esprit de Dieu, qui luy causoit ses mouuemens extraordinaires de ioye en son cœur & en sa chair. Que les Iuifs accuserent auec temerité les Apostres d'estre pris de vin, leur oyans parler diuers langages.

La folie qui vient d'enhaut est vne sublime sagesse, incognüe aux hommes animaux, qui ne conçoiuent pas ce qui est de l'esprit de Dieu. Ce qui faisoit dire à l'Apostre, nous sommes fols pour Iesus-Christ, plusieurs estiment que le trop de litterature luy eust fait tourner le cerueau. Et le Sauueur mesme Sagesse Eternelle, & en qui estoient cachez tous les tresors de la science & sapience de Dieu, ne fut-il pas tenu pour furieux par quelques vns durant sa vie, (Marc 3. 2.) & renuoyé par Herodes en equipage de fol, (Luc 23. 11.)

Tout ce qui le mettoit en peine, estoit de conceuoir par quel moyen ceste femme mettroit le feu au Paradis auec son flambeau, & de quelle sorte auec si peu d'eau, que celle qu'elle portoit en son vase, elle pouuoit esteindre les vastes flammes de l'enfer. Cette cruche qu'elle tenoit en sa main, le tentoit de s'imaginer qu'elle en eust vne autre dans la teste, & qu'elle fust blessee en l'imaginatió, ou atteinte de quelque maladie hyppocondriaque.

Mais s'il luy eust plû de considerer que c'est le propre de Dieu, qui de rien a fait tout l'Vniuers, de faire de grandes choses auec de petits & foibles instrumens, que la petite pierre de Daniel abbatit vn grand Colosse, (Dan. 2. (que la petite source de Mardochee deuint vne mer, & cette mer vn Soleil. Que la baguette de Moyse fit tant de merueilles pour la deliurance d'Israel. Que les gerbes & les estoilles que Ioseph vid en songe, furent des presages de ses grandeurs, & que les murailles de Ierico allerent par terre au son des trompettes. Il n'eust pas trouué si estrange la parabole de cette Sage Dame qui luy parloit en figure, comme autrefois la Thecuite à Dauid.

A la fin apres auoir recueilly ses esprits, & penetré le fonds de ce genereux dessein; il estima toutes les raisons de cette vertueuse femme, & approuua egalement les deux parties de son discours. La premiere, comme estant fondee sur les maximes,

& les principes de la foy Chrestienne, & la cognoissance de la pure & vraye charité : La seconde, comme representant au naif, par vne expression fort sensible, les veritez de la premiere, & confirmant par exemple la force du raisonnement.

XXXI.
Sentiment du Frere Yues.

IL recogneut tout haut que l'on s'arrestoit trop à l'esprit seruile & mercenaire, c'est à dire, à la consideration des chastimens, & des recompenses, dans les actions qui regardent le seruice de Dieu, & qu'ainsi l'amour de nous mesmes, donnoit le change, & se mettoit insensiblement à la place de celuy de Dieu, que les fins prochaines qui sont fort bonnes, quand elles seruent de moyés pour arriuer à la derniere, qui est la gloire de Dieu, ressemblent à ces vapeurs que le Soleil attire de la terre, lesquelles changees en nuages rebouchent & voilent à nos yeux la lumiere de ce mesme Astre qui les a esleuees. Qu'il arriue de là que les moyens prennent la qualité de fin, & que de là naissent tous les desordres qui sont au monde, quand, selon que l'enseigne sainct Augustin (liu. de la doctrine Chrestienne. chap. 4. & 5.) on vse de la chose dont il faut iouyr, qui est la fin derniere, & l'on iouyt de celle dont il ne faut qu'vser, qui sont les moyens, ou les fins prochaines: car c'est mettre, ainsi que parle vn Prophete, la lumiere en la place des tenebres, & les tenebres en celle de la lumiere, & renuerser de fonds en comble l'ordre de la droitte charité, qui veut que nous aymions Dieu incomparablement plus que nous mesme, & que nous preferions son interest, qui est sa gloire, à tous nos aduantages.

Le Frere Yues prit occasion de la harangue de cette femme, d'en faire vne à ce peuple, & de l'exhorter à la vraye perfection Chrestienne qui consiste essentiellement en la charité, sans negliger pourtant la crainte seruile, laquelle peut compatir auec la grace, mais non pas sa seruilité, qui est tousiours mauuaise, & sans reietter l'esperance mercenaire, laquelle peut subsister auec la d'lection, mais non pas sans la mercenaireté qui ne vaut rien, ainsi que nous le monstrerons plus commodement en son lieu, cy-apres. Et loüa hautement l'entreprise parabolique de cette genereuse Amazone Chrestienne, recommandant à ce peuple d'honorer sa vertu, & de faire bon vsage de ses enseignemens & de son exemple.

Depuis il confessa en particulier à ses freres qui l'accompagnoient en son Ambassade, qu'il auoit beaucoup profité de la leçon de cette saincte femme, & qu'elle auoit remis en sa memoire, ce qu'il s'oublioit souuent, qui estoit de purifier ses intentions, & de rapporter ses actions à la vraye charité, qui est vn amour de Dieu, pur & des-interessé, qui ne cherche point ses profits, mais la seule gloire du Createur.

XXXII.
Exemple memorable de sainct Chrysostome.

Cecy me fait souuenir de ce qui auint vn iour à cet excellent Pere de l'Eglise, à qui sa merueilleuse éloquence, acquit le surnom de bouche d'or. Il auoit accoustumé en ses Sermons, de dire des choses si hautes & si rares, & de les expliquer d'vne façon si exquise, que ses auditeurs rauis d'estonnemens, ne sçauoient ce qu'ils deuoient estimer d'ad'aduantage ou la matiere, ou la maniere, car quelquefois l'ouurage surmontoit la matiere d'autrefois le suiet estoit audessus de tous les ornemēs du langage. Et souuent l'excez du rauissement & de l'admiration estoit tel que les auditeurs iettoient des cris & des acclamations, battans des mains comme aux theatres; ce qu'il tesmoigne en quelques vnes de ces Homelies, & il estoit contraint de se taire par quelque espace, pour laisser passer ces exclamatiōs populaires, qui estoient comme des flots esmeus par des tourbillons, & c'estoient les peuples, & luy faisoit ses operations parmy plusieurs eaux, c'est à dire, dans les multitudes.

Au sortir d'vne de ces fameuses predications, en laquelle il auoit esté diuerti plus que iamais, par ces opportuns, diray-je ou importuns applaudissemens, vne bonne vieille le vint trouver, & luy dire tout froidement qu'elle estoit bien marrie de ce qu'elle, & plusieurs autres femmelettes de ses semblables seroient desormais privées du bien d'entendre ses ravissantes predications, ce discours jetta diverses idees en l'esprit du sainct, & fit monter plusieurs pensées en son cœur,

―― Animum nunc huc, nunc dirigit illuc.

In partesque rapit varias, perque omnia versat.

Sçachant qu'il avoit quantité d'envieux, & beaucoup d'ennemis à la Cour, d'autant qu'il reprenoit avec vn courage hardy les vices des plus grands, parlant des tesmoignages de Dieu à la face des Roys, sans confusion, & que mesme il estoit fort mal dans l'esprit de l'Imperatrice, qui depuis procura son exil, il estima qu'on luy voulust interdire l'administration de la diuine parole, par laquelle il trainoit apres soy les multitudes captiues, & leur imprimoit tels sentimens & telles passions qu'il luy plaisoit.

D'autre part il examinoit s'il n'auroit point repris trop aigrement les deffauts des femmes, & irrité ces mousches à miel, selon l'ancien prouerbe, & que cela les degoustant de ses sermons les fist abstenir d'y apporter leur assistance, s'estant donc enquis de cette bonne vieille du suiet de son mescontentement & de celuy de ses compagnes, protestant n'auoir eu aucun dessein que de porter deuant les yeux des pecheurs le flambeau de la verité, sans offenser personne. Non, luy dit cette pieuse femme, ce n'est pas ce que vous pensez qui nous retire de vostre auditoire, c'est que vous y entretenez le monde de choses si hautes, & les debitez auec des paroles si estudiees, que nous autres petits & foibles esprits n'y entendans rien, nous en sortons aussi sçauantes que nous y sommes entrees, de sorte que c'est du téps perdu, que nous ferons mieux d'employer au tour de nos mesnages, & à filer dans nos maisons. Que ceux qui vous entendent y perseuerent au nom de Dieu, pour nous qui sommes incapables de gouster cette Manne nous sommes résoluës de ne faire plus la presse iusques aux coins des autels ny d'augmenter inutilement le nombre de la multitude qui a tant d'ardeur pour vous ouyr.

XXXIII.
Suite de cet exemple.

CE grand Sainct faisant vne serieuse reflection sur la candeur, simplicité, & sincerité de cet aduertissement de bonne foy, pouuoit bien dire comme cét ancien. O amis il n'y a point d'amy : protestant que iusques alors nul ne luy auoit dit la verité auec tant de naïueté & de franchise, & en faisant vn vsage tel que sa conscience, luy dicta, il consola cette bonne Thecuite, la remercia auec beaucoup d'affection de son aduis, & la priant de ne se descourager point ny ses amies, l'inuita de continuer son assiduité à son auditoire luy promettant de s'accommoder desormais tellement à la capacité des moindres esprits, que comme il estoit redeuable à tous, il tascheroit de contenter vn chacun.

Il n'y manqua pas, car depuis il partagea ses sermons en deux traittes donnant la premiere à la doctrine plus sublime & plus esleuee, & la seconde à la morale, en laquelle il se rendoit si populaire, & par des similitudes si vulgaires expliquoit ses sentimens, que quelques vns eſtimerent qu'il ſe demettoit & raualoit trop, & que la baſſeſſe des penſees de la fin derogeoit à la hauteſſe de celles du commencement, & que cét oyſeau ne voloit plus que d'vne aiſle : mais en cela ils ſe trompoient beaucoup, n'auiſans pas qu'il eſt plus aiſé de voler en grand air que de raſer la terre par la ſeule viuacité, & preſteſſe de l'aiſle.

Ce ſainct ſçait eſgalement donner aux aigles la moëlle du Cedre, & repaiſtre les colombelles, c'eſt à dire, donner aux grands & aux petits eſprits la paſture, qui leur eſt proportionnée, ſe faiſant infirme auec les foibles, begayãt auec les enfans, donnant du lait aux vns, aux autres vne viande plus ſolide, eſtant vn vray ſel qui aſſaiſonne tout auec vn iuſte temperament, ſe rendant tout à tous pour les gaigner tous à Ieſus-Chriſt.

Combien de fois remontant en la chaire blasma-t'il ces acclamations & ces applaudissemens populaires, les renuoyant aux theatres, & pleurant quelquefois de déplaisir de s'en voit persecuté, touché du sentiment du grand Apostre qui disoit, si ie plaisois aux hommes, ie ne serois pas seruiteur de Iesus-Christ. l'amitié de ce monde est ennemie de Dieu & l'estime du monde est le mespris de Dieu qui regarde les choses humbles au ciel & en la terre, & dedaigne ce qui paroist haut & releué aux yeux des mortels. Le mesme vaisseau d'election qui ne se glorifioit qu'en ses infirmitez & bassesses, & en la Croix de son maistre, pour lequel le monde luy estoit crucifié, & luy au monde, protestoit que sa predication n'estoit point appuyec sur les paroles artificieuses de la sagesse humaine, mais sur la demonstration de l'esprit, & de la vertu d'en haut.

Noſtre Chryſoſtome en diſoit autant, & il n'eſt iamais ſi fleury, ny ſi eloquent, que quand il meſpriſe les fleurs de l'eloquence, combien de vehementes inuectiues, ou pour mieux dire de iuſtes reprehenſions fit-il à ſes flatteurs, qui iuſques à l'auertiſſement de la bonne vieille luy auoient caché ſes deffauts, & ne luy auoient pas fait voir qu'il quittoit le corps de l'vtile, pour ſuiure l'ombre du delectable : combien de fois leur dit-il auec le Sage, qu'il preferoit les bleſſeures de l'amy aux trompeurs baiſers du flateur, & auec le Pſalmiſte, que le Iuſte luy feroit vne miſericorde inſigne de le corriger & le reprendre, mais que l'huyle du pecheur, c'eſt à dire, la complaiſance iniuſte, gaſtoit vne teſte, au lieu de l'oindre & de la parfumer.

Et à dire le vray, il en eſt de la flatterie, comme de ces animaux qui estouffent leurs petits à force de les caresser, ou pour mieux dire, comme de Ioab, qui tuë en embrassant, ou comme du traistre Disciple, qui vendit son Maistre en le baisant: Bien heureux celuy, qui comme vn sage aspic, ferme ses oreilles à ce doux enchantement: mais quoy? il est plus aisé de blasmer ce vice-là, que de le hayr, de le décrier que de le decrediter, de le mesestimer, que de l'éuiter. On luy ferme la porte comme à vn cher amy, qui nous rend aises quand il y vient, plus aises quand il y bat, tres-aises, quand il l'enfonce, dit vn Ancien Stoïque.

Remarquez cependant, tant de l'exemple de cette vieille, remonstrant à sainct Chrysostome, que de celuy de nostre Caritée, disant vne si importante verité à Frere Yues, comme Dieu se sert des choses infirmes pour confondre les fortes, des personnes ignorantes pour enseigner les sçauantes, afin que nulle chair ne se glorifie en sa presence. Mon Pere, disoit le Fils de Dieu, à son Pere Eternel, ie vous loüe, de ce que vous auez caché vos secrets aux sçauans & aux prudens, & les auez reuelez aux petits, c'est à dire, aux simples, & aux humbles de cœur.

XXXIV.
Autres Exemples.

IE ne me veux point arrester icy à demonstrer cette verité par exemples, celuy des Apostres est notable, que Dieu, de pescheurs presqu'aussi muets que les poissons, a fait pescheurs d'hommes, par les filets de sa parole, confondant la science & l'eloquence des Philosophes & des Orateurs, par des Prescheurs si rudes & si peu versez en l'art de bien dire.

Je pourrois exaggerer celuy du Docteur Thaulere, l'vn des sçauans hommes qui fust de son temps, en l'Ordre des Freres Prescheurs, lequel auec toute sa science, fut conuerty par vn paysan, qui deuint son maistre, en la parole sublime de la Theogie Mystique: Cet exemple meriteroit fort d'estre consideré, mais parce qu'il est commun, ie ne l'appuyeray pas d'auantage.

Qui n'admirera la conduitte de l'esprit de Dieu, qui se seruit de sainte Catherine de Sienne, pour ramener les Papes d'Auignon à Rome, d'où ils s'estoient absentez par l'espace de tant d'années, cette simple fille, surmonta par sa simplicité, toute la prudence & la science du siecle, qui s'opposoit lors à cette translation.

Et de nos iours, qui ne benira Dieu, de l'affluence de son esprit, & des dons de sagesse, de science, &

d'entendement, dont il a remply la grande saincte Terese, luy donnant ſſez de courage & de force, pour entreprendre la reforme de tout vn Ordre, qui a produit, & enfante tous les iours spirituellement à l'Eglise de Dieu, tant de rares miroüers de saincteté, & de bonne vie.

Cependant on reputa pour folles ces deux grandes Sainctes, que nous venons de nommer, au commencement de leurs entreprises, d'autant que les hommes, pour la plus part animaux, ne comprennent pas ce qui est de l'Esprit de Dieu : Car la prudence de la chair, que l'Apostre appelle mort, ne pouuoit conceuoir que Dieu eust donné de telles commiſſions à de simples filles, que leur condition, & leur sexe, sembloit auoir releguees dans l'obscurité, le silence, & la suiettion, sans considerer que le mystere fondamental de la

Redemption du monde, qui est celuy de l'Incarnation, fut operé dans l'ombre & les cachettes, estant dit pour cela mystere caché dés le commencement du siecle, & remis au consentement d'vne Vierge.

Certes nostre Frere Yues, voyant nostre Caritée en vn equipage en apparéce si extrauagant, & luy entendant declarer vn dessein si farouche, de brusler le Paradis, & d'esteindre l'enfer, afin qu'il ne fust plus de mention de l'vn n'y de l'autre, s'imagina d'abort, que cette femme fust en l'esprit plus cruche que celle qu'elle tenoit en sa main, & prit son discours pour vne meditation creuse, procedante de quelque Theologie alambiquée, ou de quelque speculation hyppocondriaque. Mais s'estant donné le loisir de peser plus meurement ses raisons, il recognut que sous cette folie, qui n'estoit qu'en apparence, estoit cachee en effect vne profonde sagesse, & qu'elle ressembloit aux tabernacles de Cedar, & aux pauillons de Salomon, qui sous de meschantes peaux, battües de la pluye & de la poussiere, & de toutes les iniures de l'air, couuroient des tresors & des richesses inestimables.

XXXV.

Excellence de l'exemple de Caritée.

C'Est à nous maintenant de creuser ces mines d'or, & de nous garnir de ce pur metail, si nous voulons estre opulens, & posseder les vrayes richesses qui meinent dans la gloire & l'abondance de la maison de Dieu, en la saincte eternité. Et certes, ie vous puis asseurer, & sans grande exaggeration, que toute la plus pure, la plus haute, & la plus excellente perfection du Christianisme, est comprise en ceste Histoire, ce qui me sera aisé à prouuer par les diuerses moralitez, c'est à dire, par les diuers enseignemens pour les mœurs & les instructions de verité & pieté, que ie pretends en tirer. Vous verrez sortir la clarté de ces tenebres, & la lumiere de ce flambeau éclairant nos pas, nous cheminerons en la splendeur de l'Orient d'enhaut, comme vrais enfans du Pere des lumieres, & de celuy qui se nomme la lumiere du monde, & qui promet à ceux qui le suiuront, qu'ils ne marcheront point dans les obscuritez, ny dans la region de l'ombre des morts.

Ne m'alleguez point d'abord pour obscurcir son éclat, que cette pensee vous semble basse, de brusler le Paradis auec vn flambeau, & d'esteindre tout le feu d'enfer auec vne potee d'eau. Souuenez-vous que c'est le procedé de l'Esprit de Dieu, de nous faire cognoistre non seulement les choses inuisibles de Dieu, par les choses qu'il a faites visibles, mais de voiler les grandes sous les symboles de si petites, que nous ne sçauons ce que nous deuons admirer d'auantage, ou tant de hautesse, en tant d'humilité, ou tant d'humilité en tant de hautesse.

Representez vous la simplicité des paraboles, tant de l'ancienne que de la nouuelle Alliance. Celle de la Thecuite, (2. Rois.) de l'assemblee des arbres, (Iug. 9.) Celles du Semeur Euangelique, des zizanies, du tresor caché dans le champ, de la perle precieuse, de la brebis & de la dragme perduë, du negotiateur iniuste, des dix Vierges, des talens, du mauuais Riche, de l'enfant Prodigue. Et particulierement, celle du Royaume des Cieux, comparé à vn grain de moustarde. Et iugez de tout cela, si

ce

ce que nostre Caritee propose auec son flambeau & sa cruche, n'a pas beaucoup de rapport auec ces simpliciteez, & deconuenance auec le stil de l'Euangile.

XXXVI.
Energie de l'histoire.

NE me dites point que c'est prendre ses mesures trop courtes de vouloir renfermer toute la perfection de l'esprit du Christianisme dans les estroites bornes d'vne histoire ou d'vne parabole, puisque vous voyez que le Royaume des Cieux qui n'a ny limites en son estenduë, ny fin en sa durée, est proposé sous tant de moindres Symboles.

La pluspart des liures sacrez, que nous appellons l'Escriture sainte, sont historiques, & Dieu par ces narrez nous y apprend ses volontez, & nous reuele ses mysteres, mais sans debuter

I

de si haut, ne voyons nous pas que c'est le procedé des plus saincts personnages, & des autheurs de la meilleure marque de nous apprendre à bien viure par le recit historique des actions de ceux qui ont esté eminens en vertu, & qui ont fait des choses dignes d'estre escrites, & d'estre consignees de cette façon à la memoire de la posterité.

Sainct Iean Damascene dans l'histoire de Balaam, & de Iosaphat ne nous a-t'il pas tracé le parfait abandonnement & mespris de toutes les grandeurs du monde, & les douceurs de la vie solitaire, & contemplatiue. Sainct Athanase en la vie de sainct Anthoine ne nous a-t'il pas descrit le parfait Anacorete, & dans ce sainct imitateur des vertus de tous les autres ne nous fait il pas voir le sainct de toutes les vertus.

Sainct Hierosme n'a point plus

Première partie.

heureusement exercé son stil, ny fait paroistre son eloquence auec plus d'appareil, & de pompe que quand il a descrit les vies d'vn Malchus, d'vne Paule, d'vne Eustochion d'vne Melanie, & de tant d'autres sainctes ames qui auoient eu ce bon-heur d'estre conduites par luy dans les voyes de leur salut & de la iustice.

Et qui ne sçait qu'apres la lecture de l'Escriture diuinement inspirée, qui sont les Cahiers sacrez, nous n'auons point de liure duquel nous tirions plus d'instructions spirituelles à la vraye pieté que de la vie des Saincts dont les actions, sont ainsi que dit vn grand personnage, comme l'Euangile mis en pratique.

Nous auons depuis quelques années la vie du P. Baltazar Aluarez de la Societé des Iesuittes escrite par le P. Louys du Pont ce grand Escriuain des choses spirituelles, de la mesme

Compagnie, en laquelle il nous a presenté l'Image du parfait Cenobite & de l'homme spirituel vrayment accomply, & cette vie est comme le chef d'œuure de cet excellent autheur & l'abbregé de tous ses escrits, pourquoy ne pourrions nous pas essayer de reduire sous l'Histoire de cette Caritee l'abregé de la doctrine de perfection, & de la science des saincts, puisque cette saincte femme en monstre le vray but, & la derniere fin d'vne maniere si addroitte.

XXXVII.
Des actions Heroiques.

SI autrefois Apelles iugea par vne ligne l'excellence de Protegene en l'art de la peinture, pourquoy ne ferons nous pas vn iugement fauorable de la haute saincteté de cette Dame, par le tesmoignage qu'elle rend de la pureté de son amour enuers

Dieu. Les Historiens Catholiques rapportent bien la grandeur de la maison d'Austriche, & cette eleuation de puissance, & d'honneur, où on la voit auiourd'huy, à cét acte Heroïque en pieté de Rodolphe Comte d'Aspurg, qu'il fit enuers le sainct Sacrement, accompagnant vn Curé qui le portoit à la campagne dans la cabanne d'vn pauure villageois malade, vn acte de vertu fait à son sublime degré de perfection, (& quand ie dis perfectiō, & perfection Chrestienne, i'entends tousiours la charité & l'amour de Dieu) en vaut vne infinité d'autres faits auec lascheté & tiedeur.

Nous ne lisons gueres d'actions de vertus Heroïques, & exemplaires qui ne soient suiuis d'issuës & d'euenemens remarquables,

Fortes creantur fortibus, & bonis.
Est in iuuencis, est in equis patrum

Virtus, nec imbellem feroces
Progenerant aquilæ columbam.

Le sacrifice d'Abraham durera dans la memoire des hommes, non seulement iusques à la fin des siecles, mais poussera son souuenir iusques dans l'eternité. Dieu mesme touché d'vne determination si releuee & d'vne obeissance si exacte, luy promet de faire naistre le Messie de sa semence, Messie Fils eternel de Dieu qui fait homme seroit immolé en effect pour le salut des hommes, Isaac ne l'ayant esté qu'en la volonté d'Abraham, Dieu voulant que son amour surpasse incomparablement celuy de ses creatures.

Iette toute ta pensée en Dieu, dit le Prophete Roy, & il te nourrira, reposant sur le sein de sa prouidence, tu ne flotteras point dans les incertitudes. Qui marche simplement, c'est à dire, dans le seul regard de Dieu, son nort, & sa belle estoille marche confidemment, le iuste n'en est iamais abandonné, & mesme sa posterité n'en est iamais delaissee, c'est dequoy le Sauueur nous auertit dans l'Euangile cherchez premierement & principalement le Royaume de Dieu & sa iustice, c'est à dire, son amour pur, & des-interessé, & toutes les choses necessaires vous arriueront, comme accessoire de ce principal, comme ombres inseparables de ce corpslà.

Pense à moy, disoit nostre Seigneur, à vne de ses fidelles seruantes, saincte Catherine de Sienne, & ie penseray à toy. Tandis que ie dors, dit la sainte Amante du Cantique, & que ie repose paisiblement, sur le sein & le sein de mon Espoux, mon cœur qui est mon Espoux, ou mon Espoux qui est mon cœur, qui est tout desirable, & tout mon desir, veille sur moy, & preside à ma garde. O Dieu des vertus que bien heureux est celuy qui met toute son esperance en toy.

Voila le ton sur lequel nostre Caritee chante le Cantique du sainct Amour. Ce n'est point le Paradis de Dieu qu'elle regarde, c'est le Dieu de Paradis. Ce n'est point en la consolation de Dieu qu'elle espere, c'est au Dieu de toute consolation, & au Pere des misericordes, qu'elle a logé toutes ses esperances. Ce n'est point tant l'enfer que Dieu a fait qu'elle craint, comme l'offense du Dieu qui a fait l'enfer. La Coulpe luy est incomparablement plus en horreur que la peine, & si cela estoit remis à son election elle choisiroit plustost l'enfer auec l'amour de Dieu, que le Paradis sans ce viuant & regnant amour, qui tient le sceptre de toutes ses affections.

XXXVIII.
Abbregé de perfection.

NE me dittes point ie vous prie, que c'est reduire à vn bien petit pied le sommaire & le sommet de toute la perfection du Christianisme de l'enfermer dans vne parabole, car outre les paraboles Euangeliques que nous auons marquees, i'ay encore d'autres raisons à faire bouclier pour parer ce coup.

Les plus sages d'entre les Philosophes anciens, ont autrefois reduit toute leur sagesse en vn dicton, comme le bon Epictete en ces deux mots *soustien & t'abstien*, comme si toute la science des bonnes mœurs tournoit sur ces deux poles, de supporter les maux de peine, & de fuir ceux de coulpe. Le Psalmiste Roy, semble nous insinuer cette doctrine quand il nous dit que nous euitions le mal, c'est à dire, le peché, & que nous fassions le bien, c'est à dire, que nous nous exercions à la pratique des vertus.

Vn autre Philosophe reduisoit toute sa sagesse à faire & à souffrir. *Agere & pati*, à faire le bien, & à endurer le mal, & la doctrine de l'Euangile nous enseigne, t'elle pas à rendre bien pour mal, amour pour haine, & à bien-faire à ceux qui nous persecutent.

Crain Dieu, & garde ses Commandemens, dit le sage entre les Rois & le Roy des sages, mais sage de la sagesse d'enhaut, & voila le tout de l'homme.

Toute la iustice de la loy de nature n'est-elle pas comprise en ces deux preceptes de ne faire à autruy ce que nous ne voudrions nous estre fait, & luy rendre les mesmes bons offices que nous desirons nous estre rendus.

Et le Sauueur ne nous declare-t'il pas que toute la Loy & les Prophetes sont compris sous cét abregé, d'aimer Dieu de tout son cœur, & son prochain comme soy-mesme, & a celuy qui luy demandoit ce qu'il falloit faire pour auoir la vie eternelle, il ne recommande que l'obseruation de ce commandement, & luy dit, fay cela, & tu viuras à iamais, la dilection est la plenitude & l'accomplissement parfait de la Loy, & comme celuy qui ne l'a pas est en la mort, celuy qui l'a est par elle transferé de la mort à la vie.

XXXIX.
But de nostre Caritee.

Qvelques-vns ont estimé, que comme les republiques vont droict à la perfection politique, qui consiste en la paix des citoyens, sur les deux pieds des chastimens, & des recompenses, il en estoit ainsi de la Cité de Dieu, la Hierusalem Celeste & Terrestre, mais quoy que l'esprit seruile & mercenaire, pourueu qu'il soit sans seruilité & mercenaireté, puisse rendre en cette vie des bons seruices à la charité, si est-ce que cet esprit n'a point d'entrée dans la Hierusalem celeste, où tout est de pur or, c'est à dire, de pur amour de Dieu, où Dieu est toutes choses à tous, où la foy & l'esperance n'ont plus d'accez & si la crainte chaste, & saincte y est, c'est vne crainte filiale & amoureuse pleine de respect & d'honneur, qui est non seulement compatible auec le pur amour, mais qui est vn de ses plus excellens effects, & qui fait que, mesme dés ce monde nous seruons Dieu auec apprehension, & nous reiouissons en luy auec tremblement, selon ce que dit le Psalmiste.

*Prenez instruction de ce qu'il vous
 faut faire,
En crainte, & sans orgueil servez
 le Tout-Puissant,
Esgayez-vous en luy, mais vous
 esiouyssant,
Que vostre cœur soumis, en trem-
 blant le revere.*

Ce n'est donc pas pour bannir la saincte & chaste crainte de nos cœurs, que nostre Caritee veut esteindre l'enfer, ô certes nullement cette pensee seroit sacrilege, veu que la crainte de Dieu, mesme servile, (mais sans servilité) nous est cent, & cent fois inculquee & recommandee dans les sacrez Cahyers, mais c'est seulement pour rendre la servile filiale, & luy oster sa grossiereté interessee, pour la conduire à la vraye perfectió, qui consiste en cette pure charité, qui ne cherche point ses aduantages.

Ne vous imaginez pas non plus, que ce flambeau dont elle veut brusler le Paradis, soit pour leuer de nos cœurs, l'esperance mesme mercenaire, (mais sans mercenaireté) qui est tant, & tant de fois recommandee dans les sainctes pages, son dessein seulement est de la purifier, & rendre la vertu d'esperance de morte, viue, d'interessee, des-interessee, en l'animant de l'esprit de cette pure charité, qui n'a point d'attention à ses interests, mais à la seule gloire de celuy qui a creé toutes choses, & leur a donné sa gloire pour fin derniere & souueraine. Son but est de rendre viues nos craintes, & nos esperances, en les animant de cét esprit viuifiant, qui se trouue en la grace iustifiante & sanctifiante, c'est à dire, en la charité.

XL.
Sommaire de la doctrine de Salut.

Souuenez-vous donc (& i'espere vous en faire vne ample & euidente demonstration) que dans ceste Histoire, nous trouuerons vn plan racourcy de la vraye perfection, vne Panacee qui guerira tous nos maux, vne Manne, qui aura tous les gousts necessaires pour nous faire sauourer combien l'esprit de Dieu, qui est celuy du pur amour, est suaue. Vne Pandore composee de tous les dons du ciel, & de toutes les plus precieuses promesses de celuy duquel procede tout bon present & tout don parfait, veu que les dons & les fruicts du sainct Esprit, & mesme les Beatitudes Euangeliques, sont compris en la charité, & ne sont que comme les actes de ceste Reyne des Vertus.

Nous y trouuerons ce premier fondement de la saincte Cité, qui est estoffé de iaspe, pierre qui en sa marqueterie embrasse les couleurs de toutes les autres pierres precieuses. L'Herbe Dodecatheos, ou des douze Dieux, dont le suc tout seul a la vertu de douze simples. Cét or pur de l'Apocalypse, qui est le poids & le prix de toutes choses, & dans lequel sont toutes les richesses desirables. Cét arbre du mesme liure, qui porte des fruicts tous les mois de l'an, vray arbre de vie, vraye oliue fructifiante en la maison de Dieu, bon arbre qui ne peut produire de mauuais fruicts.

Que la petitesse de l'expedient proposé par ceste saincte femme, ne vous rebute point, imaginez-vous que c'est le point hors de la terre, que demandoit Archimede, pour y asseoir le pied de ses machines, & arracher rachier toute la terre de son centre. Que c'est la sphere de ce mesme Mathematicien, qui faisoit voir en abregé tous les astres & tous les mouuemens des Cieux. Que ce sont ces grands miroüers ardans, auec lesquels il mettoit le feu aux nauires Romaines qui assiegeoient le port de Syracuse, sa patrie.

Et les faisoit perir dans leur propre remede,

En les faisant brûler au milieu de la mer.

Imaginez vous que vous regardez le Soleil dans vn bassin, comme l'on fait au temps d'vne eclypse. Que c'est vne carte Geographique, qui vous demonstre tous les cantons de la terre en vn fort petit espace. Que c'est Hierusalem depeinte sur vne brique, ainsi qu'il fut commandé au Prophete (Ezech. 4. 1.) c'est la nauire de Myrmecides, auec tous ses assortis-

K

semens, mais si petite qu'elle estoit à couuert sous l'aisle d'vne mousche. Que c'est l'Agathe de Pyrrhus qui dans vn chaton fort estroit, representoit les neuf Muses auec leur Apollon. Que c'est la fontaine de Mardochee obscure en sa source, petite en sa course, mais qui se termine en vne mer de vaste lumiere. Que c'est ce filet de fumee aromatique composé de toutes les poudres du parfumeur dont l'Espouse fait tant d'estat en son Epithalame, comme d'vne excellente pastille. Que c'est l'ouurage de l'abeille qui d'vne infinité de fleurs compose son rayon.

XLI.
Pureté de l'intention de Caritee.

N'Admirez vous point la pureté de l'intention de cette femme qui ne s'arreste point en ses actions de vertu à ces puissans motifs de la grace ny de la gloire, mais qui va droit au Dieu de la gloire, & de la grace. Si despoüillee de ses interests, non seulement proprietaires (qui sont tousjours mauuais comme engeances du propre & vicieux amour de nousmesme) mais encore des iustes & legitimes qui regardent mesme le salut eternel, pour n'enuisager que le Dieu de son salut, dans lequel elle perd heureusement son ame auec toutes ses craintes & toutes ses esperances.

Ne diriez-vous pas que c'est vn Phœnix qui se consume dans vn buscher de parfums allumé aux rayons du Soleil pour renaistre à vne meilleure vie. Que c'est vn aiglon qui regarde fixement le grand astre qui fait le tour sans siller les paupieres, ny rabattre ses prunelles contre terre. Que c'est vn Gyrosol, ou vne fleur de Soucy
Dedaignant de monstrer à son loüable orgueil,

D'autres flambeaux du ciel que celuy du Soleil.

Que c'est vn autre Anaxagoce qui ne se disoit estre au monde que pour contempler le Soleil & le ciel, puis-qu'elle reduit en vne si ferme pratique cét aduis de l'Apostre que nostre conuersation soit dans les cieux. Ne diriez-vous pas qu'elle veut imiter cét ancien Philosophe qui s'aueugla volontairement pour regarder trop long-temps le Soleil, & se glorifier d'auoir perdu la veuë de toutes choses par les rais de celuy qui les rend visibles.

Ie m'imagine que l'Amant de nos cœurs, & qui les cherit principalement quand ils sont purs, & nets de toutes intentions obliques, deuoit dire interieurement à celuy de sa fidelle seruante, ce qu'il disoit à celuy de son Espouse feruente, tu as blessé mon cœur d'vn seul de tes regards, & auec vn de tes cheueux, en ramassant en moy seul tous tes esgards, toutes tes pretensions, toutes tes pensees.

XLII.
Histoire d'Aspasie.

TYgranes Roy des Armeniens auoit espousé vne Princesse appellee Aspasie, d'vne beauté si eminente, & d'vne vertu si exquise, que l'on ne sçauoit si l'on deuoit admirer d'auantage en elle.

Ou la rare beauté des vertus de son ame.
Ou la rare vertu des beautez de son corps.
L'vne & l'autre iettant par differens ressorts,
Dans les cœurs, & les yeux, vne innocente flame.

Aussi l'aimoit-il plus que soy-mesme ny que son sceptre, estant assailly par Cyrus Roy des Perses, il fut vaincu en bataille rangee, & luy & sa femme rendus prisonniers de ce conquerant, lequel plein de generosité ne laissa pas de traitter son captif & de le faire souuent manger à sa table auec la Royne Aspasie, s'estant apperceu de l'extreme affection que Tygranes auoit pour sa femme, luy estant aduis que la perte de sa couronne luy estoit peu, l'ayant pour compagne de ses liens & de sa captiuité, Cyrus luy demanda vn iour si la captiuité de cette Princesse compagne de son infortune ne luy faisoit point de peine, à quoy Tygranes respondit que s'il auoit plusieurs Royaumes pareils à l'Armenie non seulement il les donneroit volontiers, mais mesme sa vie propre pour la rançon & la liberté d'Aspasie.

Cyrus admira cét amour coniugal & en cette consideration, le remit dans le trosne des Armeniens moyennant quelque tribut, & qu'il releuast de celuy des Perses, estant restably dans ses estats auec autant de pompe & d'esclat qu'il eut iamais, comme il loüoit deuant Aspasie la liberalité & la magnificence de Cyrus, le prisant comme le plus grand & le plus vertueux monarque de la terre, & mesme se iettant sur les loüanges de sa personne, comme du Prince le mieux fait & le plus accomply de corps, & d'esprit, que la nature eust pû former. Cette Princesse ne repartant rien à tout cela, il luy dit, quoy, madame est-celà l'estat que vous faites, & que vous deuez faire de vostre liberateur, & si magnifique bien-faitteur, certes l'ingratitude ne peut auoir d'accez en vne telle ame que la vostre. A quoy elle repartit, apres celuy qui a voulu donner son diademe & sa vie pour ma liberté, il n'y a point d'homme soubs le ciel qui puisse entrer dans mon estime, ny qui puisse arrester mes regards.

O Dieu eternel deuant qui tous les Cyrus & les Tygranes, & tous les Roys de la terre, ne sont que des moucherons, qui leur estes terrible, & qui leur ostez l'esprit quand il vous plaist, leurs cœurs estans en vostre main, pour les tourner où vous voulez cóme le decours des eaux, c'est vous qui nous auez donné vostre fils & en luy toutes choses, & qui l'auez liuré à la mort pour nous racheter de la captiuité du vice, hé! seroit il bié possible que nous eussiōs des pésees & des affections pour d'autre que pour vous qu'en vous laissant, vous qui estes la fontaine de vie, nous nous creusassions des cisternes mal cimentees, & incapables de retenir les eaux de la grace du ciel, qui est la pluye volontaire que vous respandez sur ceux que vous appellez à l'heritage de salut.

A n'en point mentir ce seroit vne ingratitude punissable si nous ne rendions à Dieu le reciproque de tant de rettributions, & si ses yeux s'arrestans sur nous, qui sommes ses images, & les ouurages de ses mains, nos yeux aussi ne s'attachoient à luy, comme à nostre Prototype.

C'est à quoy nous conuie nostre Caritee destournant nos regards interieurs des deux obiects les plus pressans, & les plus puissans de tous, qui sont les peines, & les recompenses eternelles, pour ne les appliquer qu'à celuy qui sçait enuoyer le corps & l'ame de ses rebelles à la gehenne qui ne finira iamais, & accueillir dans vn Royaume qui n'aura point de fin, & dont la couronne est infletrissable, ceux qui auront combatu vn bon combat, & acheué leur course dans la fidelité de son obeissance, & sans regarder ses supplices, ny ses couronnes si ce n'est auec rapport à la gloire de sa iustice, & de sa misericorde.

LXIII.
Bonté de la crainte seruile, & de l'espoir mercenaire.

MAis dira-t'on, n'est-ce pas vne bonne chose de se destourner du mal pour la crainte de ces effroyables peines, & de se porter au bien par l'espoir de ces recompenses eternelles, dont la grandeur surpasse la capacité de nostre ouye & de nos pensees. La crainte de Dieu, mesme la seruile, n'est-elle pas vne faueur du ciel, & l'esperance du salaire, n'est-ce pas vne vertu infuse & diuine : Ceste crainte n'est-elle pas nommee le commencement de sagesse, & cette esperance n'est-elle pas loüable, qui incline nos cœurs à faire les volontez de Dieu, en veuë de la retribution, qui est abondante à ceux qui gardent ses commandements.]

Sans offenser la verité, on ne peut dire que cette sorte de crainte, & d'esperance ne soit bannie, puisqu'en effect, il est tousiours bon de quitter le mal, pour quelque motif que ce soit, mesme imparfait & de faire vn bien naturel, que de n'en point faire du tout. Mais la mesme differéce qui est entre le bien & le mieux, le moins parfait & le plus parfait, le moins pur, & le pur se trouue entre la crainte seruile, & la filiale, l'esperance mercenaire, & la noble & ingenüe. Et c'est à ceste derniere espece de crainte & d'esperance que nous porte nostre Caritee, & à la fin de la consommation, non au commencement de la sagesse Chrestienne.

Non qu'elle blasme ny mesprise ceux qui s'acheminent à la voye de Dieu, & de la perfection par la crainte servile & l'espoir mercenaire, mais elle blasmeroit ceux qui voudroient mettre la fin dans le commencement & le but de la carriere dans son ouuerture, elle condamneroit non ceux qui font simplement le bien, & qui quittent le mal, mais ceux qui reietteroient le mieux, & qui ne voudroient quitter le peché que par des motifs de propre interest, non parce qu'il deplaist à Dieu, & qu'il le deshonore, preferans la peine à la coulpe & le bien de la creature, au bien exterieur du Createur.

La volonté qui embrasse le bien simplement est fort bonne, dit vn grand, & sainct Prelat, mais si elle l'embrasse en reiettant le mieux elle est certes desreglee, non pas acceptant l'vn, mais en repoussant l'autre, ainsi le vœu de donner auiourd'huy l'aumosne est bó, mais le vœu de ne la donner qu'auiourd'huy seroit mauuais parce qu'il forclorroit le mieux, qui est de la donner auiourd'huy & demain, & tousiours quand on pourra.

„ C'est bien fait certes, & cela ne
„ se peut nier, de se repentir de ses
„ pechez, pour éuiter la peine de
„ l'enfer, & obtenir le Paradis : mais
„ qui prendroit resolution de ne se
„ vouloir iamais repentir pour aucun
„ autre suiet, il forclorroit volontai-
„ rement le mieux, qui est de se re-
„ pentir pour l'amour de Dieu & có-
„ mettroit vn grand peché. Et qui
„ seroit le pere, qui trouuast mau-
„ uais que son fils le voulut voirement
„ seruir, mais non iamais auec
„ amour, ou par amour ?

„ Le commencement des choses
„ bonnes est bon, le progrez est meil-
„ leur, & la fin est tres-bonne : tou-
„ tefois le commencement est bon
„ en qualité de commencement,

„ & le progrez, en qualité de pro-
„ grez, mais de vouloir finir l'œuure
„ par le commencement, ou au pro-
„ grez, c'est renuerser l'ordre.
„ L'enfance est bonne, mais si on
„ ne vouloit iamais estre qu'enfant,
„ cela seroit mauuais: car l'enfant de
„ cent ans est mesprisé. De com-
„ mencer d'apprendre, cela est fort
„ loüable; mais qui commenceroit
„ en intention de ne iamais se perfe-
„ ctionner, il feroit contre toute
„ raison. La crainte, & les autres
„ motifs de repentance, dont nous
„ auons parlé, sont bons, pour le
„ commencement de la sagesse Chre-
„ stienne, qui consiste en la peni-
„ tence: Mais qui voudroit de pro-
„ pos deliberé, ne point paruenir à
„ l'amour, qui est la perfection de
„ la penitence, il offenseroit gran-
„ dement celuy qui a tout destiné à
„ son amour, comme la fin de toutes
„ choses.

XLIV.
Usage de cette crainte & de cette esperance.

CE n'est pas que la crainte, mesme seruile, ne soit vtile pour rappeller à leur cœur, c'est à dire, à leur deuoir, les preuaricateurs, & pour presser les brebis esgarees de rentrer dans la bergerie de la grace, plusieurs ayans conceu par cette crainte l'horreur du peché, ou par apres, auec l'aide de la grace, enfanté l'esprit de salut (Esa. 26.) mais il y a bien de la difference entre la crainte seruile qui precede la iustification, & celle qui l'a suit, car celle là ne fait tout au plus que disposer à la reception de la grace iustifiante, sans pouuoir produire aucune œuure qui merite dignement ceste premiere grace, laquelle est tousiours (nonobstant toutes les dispositions qui la precedent) purement gratuite. Mais celle-cy estant entee dans la Charité, sur le motif de cette Reyne des vertus, en qualité de seruante, & s'employe à repousser le mal du peché, suiuant son commandement, selon que les occasions en sont presentees par des tentations violentes. Neantmoins, à mesure que la charité croist en vne ame, cette crainte seruile diminüe, ainsi que les ombres s'accroissent, plus le soleil s'esleue sur nostre orizon, & quand elle est parfaite, elle met cette sorte de crainte hors de l'ame, de mesme que le soleil ne fait point d'ombre où il bat en son midy, à raison dequoy le sentier du Iuste, est comparé par le Sage, à vne ombre resplendissante qui s'auance & qui s'accroist par vn progrez continuel, iusques à ce qu'elle ait amené le iour à sa perfection, (Pro. 4. 18.)

Ce que nous venons de dire de la crainte

crainte servile, se peut aussi estendre à la crainte, & à l'esperance mercenaire, & i'appelle crainte mercenaire, l'apprehension de perdre les salaires eternelles, & espoir mercenaire, l'attente de cét ample loyer, qui est promis dans le Ciel. (Matth. 5. 12)

Ces craintes, & cette esperance, tant deuant qu'àpres la iustification, sont tousiours bonnes, & se peuuent rapporter à la charité, pourueu qu'elles soient exemptes de seruilité & de mercenaireté, qui sont des deffauts si notables, qu'ils ne peuuent iamais estre rapportez à l'amour de Dieu, d'autant que la seruilité, prefere volontairement, & malicieusement la peine & la coulpe ; & la mercenaireté la recompense à celuy qui la donne, & en vn mot l'interest de la creature, à celuy du Createur, desordre tout à fait opposé à la charité, & qui en esteint la saincte flamme : mais hors cette preference deliberee, & volontaire, qui est vne iniustice manifeste, ces craintes, & cette esperance sont bonnes & vtiles de leur nature, & n'ont rien qui ne puisse estre rapporté à l'amour de Dieu.

XLV.
Crayons du pur amour de Dieu.

L'Espouse sacree du Cantique, ne trouua pas son Amant dans les frayeurs de la nuict de la crainte seruile, ny dãs le lict de son propre interest, ny mesmes parmy les gardes qui la blesserent, & luy osterent son manteau, ny parmy les campagnes, c'est à dire, dans les interests creés, mais ayant passé vn peu plus outre, & declaré qu'elle languissoit du vray Amour, qui ne cherche point ses propres auantages, aussi tost elle le trouue, & l'empoigne si fortement qu'elle proteste de ne le lascher point.

Sainct Paul saisi de cet amour pur & des-interessé, iusques à protester qu'il tenoit toutes choses pour bouë & ordure, à comparaison de cette dilection genereuse qui met tout profit propre sous les pieds, ne pensant point encor auoir atteint le but, declare qu'il s'estend toufiours plus auant, animé de ce grand courage, qui faisoit dire à l'Amante saincte, que si l'homme distribuë toute la substance de sa famille pour la dilection, il pensera n'auoir rien fait, qui soit digne de son affection, ny qui corresponde à l'ardeur de sa saincte flamme.

Ceux qui tendent à Dieu sur les aisles de ce pur amour, ressemblent en quelque façon à ces Seraphins que vid le Prophete, qui auoient six aisles, voilans leurs yeux de deux, & leurs pieds de deux autres, & volans seulement avec deux: car ils ferment leurs yeux, c'est à dire, leurs regards, & cachent à leurs pieds, c'est à dire, à leurs affections, leurs propres interests, pour ne viser qu'à Dieu en deux manieres, sçauoir n'aimant que luy en toutes choses, & toutes choses qu'en luy.

Ainsi que des Phœnix, ils se renouuellent de iour en iour, reduisant en cendre tous leurs interests propres, & leur ieunesse se raffraischit comme celle de l'aigle, esprouuans leurs yeux aux rayons du soleil du pur amour de Dieu. Sainct Paul reuenant de ce spectacle du Pere des lumieres, au troisiesme ciel, ne voyoit plus rien en la terre, quoy qu'il eust les yeux ouuerts; Dieu l'ayant transporté des tenebres de la terre à la merueilleuse splédeur de sa conuersation esclattante. Et Moyse retournant auec vn visage tout brillant, d'vn commerce si lumineux; estimoit comme rien la terre desirable que Dieu auoit promise à Israel.

Certes ce n'est point dans le tourbillon, ny dans le bruit des eaux, ny dans la voix du tonnerre des propres interests, ny des craintes seruiles que Dieu, c'est à dire, la fin derniere, se rencontre : mais dans le vent doux & gracieux du pur & desinteressé amour de Dieu. (3. Rois 19.)

Quoy que la charité soit comparée à l'or, il n'en est pas pourtant de ce sainct Amour, comme des pieces d'or, dont les plus pesantes sont les meilleures, c'est à dire, de plus grand prix, mais plustost il en est comme de la flamme, dont la plus excellente est la plus pure, & celle qui est la plus détachée de la matiere.

XLVI.
De ceux qui l'alterent.

ENquoy s'abusent beaucoup ceux qui mesurent la grace par la nature, & la perfection essentielle qui consiste en la charité, par les instrumens dont elle se sert pour exercer ses operations, comme si l'ouurier tiroit la qualité qui le fait exceller en son art de ses outils, & nō les outils de la main & de l'industrie de l'ouurier.

Ceux qui tiennent cette doctrine, & qui conduisent les ames par ce sentier si destourné des droittes voyes, par lesquelles Dieu meine les Iustes vers son Royaume, ressemblēt à ces guides aueugles, dōt N. S. parle qui se font suiure par des aueugles, & les vns & les autres tombent dans la fosse du propre interest, ce sont ceux dont l'Apostre dit, qu'ils cherchent leurs aduantages, nō ceux de I. C. (Phi 2. 21.)

Ils font comme ceux qui syringuent

des balons & les emplissent de vent, pour apres s'en ioüer; car ayans remply les testes de ceux qui reçoiuent leurs enseignemens d'vne deuotion craintiue, mercenaire & interessee, ils se ioüent en suitte à leur gré de ces ames captiues & chargees d'entraues, cachans, côme cette Reyne d'Egypte, l'aspic sous la figue, & couurans leurs interests de ceux dont ils ont reduces ames proprietaires. C'est à de telles personnes que S. Paul parle. (1. Tim. 5. 6.) blasmât leur procedé, & à elles encore que se peuuent appliquer les paroles du Prophete Isa. (1. v. 23.) & du Psalm. (49. 16.) Y a-t'il sorte de commoditez que l'on ne puisse tirer d'vn esprit effrayé par des menaces & des terreurs, & amorcé par des promesses & des esperances, l'homme, dit Iob, ne donnera-t'il pas librement tout ce qu'il a pour sauuer son ame. (Matt. 5. 35.) que ne baille-t'on à ceux

L iiij

qui ont les clefs qui ferment les abyſ-
mes des ſupplices, & qui ouurent les
portes du Ciel.

Quelques grands Capitaines ſe
ſont autrefois ſeruis de ce ſtratage-
me militaire, aſſiegeants des places,
qu'ils deſeſperoient de prendre à viue
force. Attendans les ſorties des aſſie-
gez, ils faiſoient prendre à leurs gens
d'armes des eſcharpes conformes à
celles de leurs aduerſaires, & ſous ce
déguiſement ils ſe meſloient parmy
eux, & rentroient en foule dans la
forteresse, apres la charge de la ſortie,
& ſe ſaiſiſſans de quelque porte, s'en
rendoient les maiſtres.

Ces conducteurs Spirituels dont
ie parle, imitent cette ruze de guerre, parce qu'ayant remply les ames
qui ſe confient à leur direction de
craintes & d'eſperances intereſſées,
& les ayans rendues vuides du pur
amour de Dieu qui ne cherche point

ses aduantages, ces courages ne seruans Dieu que pour la crainte des supplices, & pour l'espoir des recompenses; il leur est aisé de mesler leurs interests particuliers dans ces ames qui ne marchent que dans des voyes interessees, & de cette sorte, ils se rendent maistres des biens & des fortunes des moins auisez, changeans la pieté en lucre. (1. Tim. 6. 5.) faisant vn honteux trafic des choses les plus sacrees, (Act. 8. 20 & 1. Tim. 3. 6.) & faisans de la maison d'Oraison, vn lieu de commerce. (Iean 2. 16.) à eux s'addresse ce paquet de Iob, (Iob 40. 18.) ils auallent les fleuues sans s'estõner, car il leur est auis que le Iourdain, sans les suffoquer, peut passer par leur gorge.

Ceux qui veulent prendre des oyseaux se seruent de deux sortes d'artifices, ou d'appeaux, qui contrefont leur chant, ou ils meslent aux lacqs

& aux pieges qu'ils leur tendent des appasts conformes à leurs appetits. Ceux-cy de mesmes, sçachans que rien n'esmeut si puissamment l'esprit humain, que le ressort de l'interest propre, & que rien ne le touche si fort que la crainte seruile ou l'esperance mercenaire, ils taschét d'esleuer leurs nourrissons dans ces sentimens, qui les rendent tendres & susceptibles de toutes les impressions qu'ils desirent par apres grauer dans leurs ames, impressions, qui regardent plustost leurs propres profits, que l'aduancement du Royaume de Dieu, dedans les cœurs de ces colombes seduites. (Osee 7. 11.)

Ce sont ceux-là dont parle sainct Paul. (Rom. 16. 18. Philipp. 3. 19.) lesquels raualans la grace sous la nature, & assuiettissans le ciel à la terre, accommodent les regles de la conscience, à ce qui leur est le plus vtile, s'imaginans qu'ils parent le Sanctuaire des despouilles des Egyptiens ou des Amalechites. Ceux-là doiuent bien benir Dieu auec le Psalmiste. (Pseau. 123.) qui ne tombent point sous leurs dents, qui, comme des passereaux, ne donnent point dans leurs filets, & qui comme fortes mousches, percent ces toilles d'araignee.

Fin de la premiere Partie.

LA CARITEE
OV LE POVRTRAICT DE LA VRAYE CHARITE.
PARTIE SECONDE.

SECTION. I.
De la Passion de Crainte.

MAIS il est temps que desormais, nous entrions dans les considerations Morales, que nous peut suggerer l'Histoire de nostre Caritée, dans lesquelles nous descouurirons la nature & l'essence de la vraye, pure, & parfaite Charité, laquelle bannit totalement du cœur où elle est respandüe, la seruilité de la crainte & la mercenaireté de l'esperance, quoy qu'elle soit compatible auecque la crainte seruile, & l'espoir mercenaire, & dans les occasions, qu'elle se puisse vtilement seruir de l'vne & de l'autre.

La crainte estant vne passion dans nostre appetit sensitif, & vne affection dans le raisonnable, creée de Dieu, en l'vne & l'autre qualité est bonne, les œuures de Dieu estans fort bonnes. (Gen. 1.) voire parfaites, il n'y a que nostre mauuais vsage qui puisse rédre ceste passió ou céte passió mauuaise, Dieu la mit en nous afin que par elle nous euitassions le mal, soit corporel soit spirituel, soit temporel, soit eternel, soit de coulpe, soit de peine, autant qu'il nous seroit possible, selon l'ordre & la conduite de la droite raison.

Il seroit donc fort des-raisonnable de blasmer la iuste crainte ; puisqu'elle a le mal pour obiect, lequel, comme tel, ne peut iamais estre admis par nostre volonté, que si quelquefois elle s'y porte, c'est tousjours sous quelque apparence de bien, trópee par le iugement & l'intellect qui est son flambeau, lequel luy découure vne fausse lumiere, au lieu d'vne vraye.

La crainte naturelle n'est donc point mauuaise, pourueu qu'elle soit moderee, & conduitte par la raison. Beaucoup moins la crainte surnaturelle, qui prouient de la lumiere de la foy, & nous fait apprehender les menaces de Dieu, qui se rencontrent à chaque page des Escritures sacrees. Qui d'entre vous, dit vn Prophete, pourra demeurer parmy vn feu deuorāt, & parmy des ardeurs eternelles. O

Dieu, dit le psalmiste, i'ay fait iugemēt & iustice, parceque i'ay redouté vos iugemens. Qui craint Dieu fera le bien, dit le Sage. Le souuenir de la mort, qui est la plus terrible des choses terribles, est vn frein puissant pour nous empescher de mal faire. En vn mot, c'est vne bonne chose, parlāt simplement, que la crainte, soit naturelle, soit surnaturelle, des peines, soit temporelles, soit eternelles; & ceste crainte, estant sans seruilité, n'est poins contraire au S. amour de Dieu.

II.
Instance.

MAis n'est-ce pas vne imperfection notable, & possible coupable de ne s'abstenir de mal faire que pour la crainte des peines soit de cette vie, soit de l'autre. Il est malaisé de répondre absolument & sans distinction à cette demāde. Neātmoins on peut dire que si cette crainte est sans aduertance, & sans mespris du mieux, qui est de s'abstenir de mal faire, en consideration de la turpitude du vice ou de l'honnesteté de la vertu, ou par ce que le peché déplaist à Dieu, elle n'est point mauuaise, puis qu'en tout cas; c'est tousiours vne bonne chose de s'abstenir de mal faire, pour quelque motif que ce puisse estre, pourueu qu'il ne soit pas exclusif d'vn meilleur: car lors le mal seroit, non dans le motif qui nous fait quitter le peché, mais dans l'exclusion du mieux, qui ne peut estre sans le mespris de ce qui est non seulement bon, mais meilleur.

III.

Degré de seruilité: le Premier.

CE qui nous monstre combien est non seulement vile & seruile, mais aussi accompagnée de seruilité

uilité vicieuse, la crainte de ceux qui disent, si ce n'estoit l'apprehension des peines eternelles, il n'y a sorte de peché que nous ne commissions, parce que ne s'abstenans de malfaire que comme des forçats, s'ils ne sont dans l'offense quant à la volupté du corps, ils y sont, quant à la volonté du cœur, semblables à ces Israëlites, qui ne laissoient l'Egypte & leur captiuité que de presence corporelle, regrettans ses marmites & ses oignons, & ayans à dégoust la Manne celeste, ce Pain des Anges que Dieu leur faisoit pleuuoir tous les matins.

Et c'est cette seruilité-là, qui est tousiours mauuaise, dit l'Ange de l'Eschole (2.2. q. 19, a. 4, 7, 9.) laquelle est incompatible auec la charité, parce qu'elle s'accroist volontairement & deliberément à l'interest de la creature, au preiudice de la defference qui est deüe à celuy du Createur

M

IV.

La seconde.

Ceux-là aussi commettent vn nouueau peché, qui ne craignent que la peine qui suit le peché, comme l'ombre le corps, & non le peché mesme, mais i'enten ceux qui ne craignent que la peine auec exclusion de la coulpe, disants en leur cœur de propos deliberé, ie ne crain que la peine & nullement la coulpe, ny pour sa turpitude, ny en tant qu'elle offense Dieu, & qu'elle est contraire à sa gloire exterieure.

Ie dy que cette exclusion est vn nouueau peché, d'autant qu'elle ne peut estre sans vne malice expresse qui mesprise expressement l'interest de Dieu, qui est dans la coulpe. Mais sans ce mespris & cette exclusiō, il n'y auroit pas de peché, de s'abstenir du peché par la seule consideration de la peine, soit temporelle soit eternelle.

V.
Le troisiesme.

Mais aussi pecheroit grandement celuy, qui preferant l'interest de la creature à celuy du Createur (ce que i'enten d'vne volonté determinee & non ignorante) se retiendroit de pecher plus pour le respect de la peine qu'il luy faudroit souffrir, que pour la coulpe, qui porte auec soy l'iniure & l'offense de Dieu, parce qu'vn tel, ne diroit pas seulement comme ce premier Ange reuolté, ie seray semblable au Tres-haut, mais ie veux estre plus que le Treshaut, preferant mon aduantage au sien, & faisant moins d'estat de diminuer sa gloire que de souffrir la peine deüe à mon offense.

Si l'on demande icy quel peché peut commettre, & quelle peine meriter celuy qui s'abstient de pecher, ie respon, que ce n'est pas l'abstinence du peché, qui fait ce nouueau crime, digne d'vn supplice nouueau, mais le motif de cette abstinence, lequel contenant vne preference extremement iniuste de la creature au Createur, merite vn chastiment exemplaire ; parce qu'elle renuerse tout ordre de raison, de nature, & de grace.

VI.
Le quatriesme,

PEcheroit encore celuy qui mettroit en égale balance son interest auec celuy de Dieu, disant en soy-mesme, c'est autant pour la crainte de la peine, que pour celle de la coulpe, que ie retire mes pieds des mauuaises voyes, c'est à dire, mes affections du peché. La raison de cette faute, est que l'on égala en cela, la creature au Createur, par vne confrontation effrontee.

Dieu est tellement vn & seul, qu'il ne peut souffrir ny de compagnon, ny de superieur, il veut estre, ou Roy, ou Rien,

Nec regna socium ferre, nec tedæ queunt.

L'amour & le trosne ne peuuent endurer de riual.

Riualem possum non ego ferre Iouem.

disoit celuy-là. Ce sentiment diuin nous est declaré en diuers lieux des Pages sacrees, & c'est à cette occasion que le Seigneur en sa loy, se nomme vn Dieu ialoux, & par ses Prophetes, il declare que le lict est trop estroit pour contenir l'Espoux & l'adultere, & la couuerture trop courte, pour en couurir deux : Estant plus grand que nostre cœur, il ne peut receuoir le partage de nostre mour: Il proteste mesme dans le Cantique, de se retirer de son Espouse, si elle écarte & destourne tant soit peu ses yeux de luy; Il fait de grandes plaintes du mespris de ses enfans, de ce que les voyes de Syon pleurent, peu de gens venans à ses solemnitez, de ce qu'il est abandonné de son peuple, comme vne terre deserte & en friche, & de ce qu'il est delaissé pour des cisternes seches, quoy qu'il soit la fontaine de vie, dont les eaux reiallissent iusques à l'eternité.

Et qui ne sçait, que comme la preference de Dieu, à toutes choses, est la grande & la plus essentielle marque de son amour en vn cœur, aussi la preference de quoy que ce soit à Dieu, est vn tesmoignage euident de la perte de la charité, voire mesme, de luy esgaler en amour estimatif quoy que ce puisse estre, de tout ce qui est creé. O Dieu! tresgrand vous estes vn puissant Roy, dominant sur tous les autres Dieux, qui sont esleuez puissamment sur la terre, les plus hautes montagnes, voire les Cieux ne sont que vostre marchepied. Seigneur, qui vous est semblable entre les forts : En vn mot, qui est comme Dieu ?, ainsi que disoit le Prince de la milice celeste. Egaler donc la peine à la coulpe, c'est à dire, l'interest de la chetiue creature, à celuy du Createur, c'est la temerité des Geants de la Fable, qui voulurent escalader les Cieux.

VII.
Consolation à vne ame scrupuleuse.

POssible quelque ame scrupuleuse & timorée, dira, que les terreurs de l'enfer, la saisissent de telle sorte, qu'il luy est auis que cette frayeur luy est vn plus violent motif pour la retirer du mal, que la consideration de l'offense de Dieu, & qu'ainsi elle apprehende de commettre vne nouuelle coulpe, mesme en s'abstenant de la coulpe : Mais pour donner le calme à sa pensée, elle doit se seruir de ce raisonnement, qu'il ne faut pas mesurer des choses si spirituelles, par le sentiment, mais par la raison.

Vne once d'amour, que l'on appelle estimatif & raisonnable, vaut mieux que cent liures de sentimens: tout ainsi qu'vne goutte d'huyle de baume, vaut mieux qu'vn vaisseau d'huyle commune. Tel enfant versera vn torrent de larmes sur la mort de son pere, qui n'en respandra pas vne seule, lisant, ou oyant prescher la Passion du Redempteur, demandez luy neantmoins, s'il estime son pere plus que Iesus-Christ, s'il est Chrestien, il aura honte de respondre affirmatiuement à cette deman-

Seconde partie.

de, & il vous dira que le finy n'a aucune proportion auec l'infiny, ny la creature auec le Createur : car qu'est-ce que l'homme, si vous le comparez à Dieu, (Iob 9. 2.) sinon vn Rien deuant le Tout ? le Psalmiste protestant que sa substance est comme vn neant deuant Dieu. (Ps. 38. 6.) & que l'homme n'est qu'vne vanité vniuerselle.

Il ne faut donc pas que cette bonne ame s'estonne de se voir plus sensiblement apprehender la peine que la coulpe, pourueu que sa raison tenant tousiours le dessus, luy fasse cognoistre que son interest ne doit iamais estre estimé plus que celuy du Createur, autrement elle tremble de crainte, où il n'y a nul suiet de craindre.

Et quoy qu'il luy semble, que, mesme dás sa raison, elle estime presqu'autant la peine que la coulpe, cela pourtant ne peut eſtre, tant que ſa vertu ne la delaiſſe point tout à fait, & que la lumiere de ſes yeux eſt touſiours auec elle, parce qu'il eſt impoſſible qu'vne ame qui n'a entierement perdu la clarté de la raiſon & de la foy, prefere la creature au Createur, qui eſt la plus haute folie, & le plus haut degré d'ignorance & d'aueuglement où le peché puiſſe reduire vn eſprit.

Et quoy que l'on apprehende la peine, principalement l'eternelle, à toute extremité, & la coulpe, ce ſemble, froidement, pour peu neantmoins que l'on craigne la coulpe plus que la peine, de la crainte eſtimatiue & raiſonnable, cela ſuffit, non ſeulement pour empeſcher le peché, mais pour rendre ceſte crainte agreable à Dieu, pourueu qu'elle ſoit accompagnee de la charité habituelle.

VIII.
De la crainte purement charitable.

MAis quand la charité a fait quelque progrez en vne ame, c'est alors, qu'elle prefere incomparablement l'interest de Dieu, à celuy de la creature, & par consequent, qu'elle s'abstient de pecher plus pour l'horreur de l'offense qui deplaist à Dieu, & qui des-honore sa gloire: que pour toutes les peines ny temporelles ny eternelles, que la iustice diuine prepare aux pecheurs, comme de iustes fleaux. (Pseau. 31. 10.) Et c'est ce que nous enseigne nostre Caritee, quand elle veut que l'on fuye le mal, simplement, & purement, parce qu'il déplaist à Dieu, & que l'on pratique les œuures de vertu, seulement, parce que Dieu en est honoré; sans s'arrester en fin derniere, à la consideration des peines & des recompenses mesmes eternelles.

Digne sentiment d'vne bonne ame qui ayme Dieu en la maniere qu'il veut & doit estre aymé, & seruy; & qui peut dire en cét estat, auec le Prophete Roy : Que veux-ie au Ciel, ou en la terre, ô le Dieu de mon cœur, sinon que vous soyez la part de mon heritage pour iamais? Et quelle est la part de cét heritage? Escoutez comme le mesme Psalmiste, s'explique en vn autre lieu, Ma portion, ô Seigneur, i'ay dit que c'est de garder vostre loy, c'est à dire, de faire vos iustifications, & vos volontez eternellement.

IX.

De l'horreur de la coulpe, & de l'oubly de la peine.

IL y a quelques ames qui s'abstiennent du peché pour la seule horreur de la coulpe, dans vn profond oubly des peines que Dieu, a preparées aux preuaricateurs, qui se reuoltent contre ses volontez. Et il faut remarquer que cét oubly de l'interest de la creature, c'est à dire, de la fuitte de la peine, peut-estre de deux sortes, l'vne d'vn pur don de Dieu, qui peut estre mise entre ces graces, que les Theologiens appellent gratuitement donnees, à la reception desquelles l'ame est plus passiue qu'actiue, n'estant qu'vne simple capacité à receuoir, sans contrainte neantmoins, de telles faueurs : Et bien que ces graces-là puissent estre communiquees à des pecheurs, témoin Balaam, Saül & Cayphe, qui ne laisserent pas d'estre de vrays Prophetes, quoyqu'ils fussent de mauuais hommes, neantmoins quand elles tombent dans les iustifiez, elles sont autant de marques & de tesmoignages de leur saincteté.

Et certes, c'en est icy vn signalé de

grande perfection, de s'abstenir du mal, & de faire le bien dans la seule consideration de la gloire de Dieu, sans aucun souuenir de son interest particulier, & ce don de Dieu est de tel prix, qu'il oblige celuy qui le reçoit, à des actions de graces, & à vne recognoissance notable.

Toutesfois il y a vne autre espece d'oubly de nostre interest que i'estime d'autant plus qu'il est plus volontaire, & qu'il se pratique auec plus d'effort, & vn plus grand desir de plaire à Dieu. Il se pratique de cette façon, nous sommes pressez de la tentation qui nous induit, & nous pousse vers le mal, neantmoins nous y renonçons & nous en abstenós en veüe que l'offéce à laquelle la tentatió nous incite, desplaist à Dieu, & quoy que nous apperceuiós aussi les peines que la foy nous dicte estre preparees à ceux qui cómettront de telles fautes, toutefois outre que nous preferós incóparablement, l'offense à la peine, nous voulons d'abondant oublier la pensee de la peine, pour reietter le mal par la seule consideration qu'il est des-agreable à Dieu, cõme estant vn motif d'autant plus excellẽt, qu'il est plus pur, & d'autãt plus pur qu'il est moins meslé de nostre interest, qui est en la peine, non que la pensee de la peine soit mauuaise, ny que ce meslange de nostre interest à celuy de Dieu, soit desplaisant à Dieu, pourueu que celuy de Dieu surnage, & soit preferé au nostre, & que le nostre soit rapporté en fin derniere, à celuy de Dieu, mais parce qu'il est plus plaisant à Dieu que nous ne quittions le mal, & ne fassiõs le bien que par l'vnique motif de son amour, motif qui cõprend en eminẽ-ce tous ceux qui luy sont inferieurs, & qui les engloutit de sa splendeur ainsi que l'esclat du soleil efface celuy des autres astres.

Et c'est pour cela que le diuin

Amant recognoist que sa bien-aymee, luy a plus touché le cœur pour vn seul de ses regards, & vn seul de ses cheueux, qu'auec ses deux yeux, & auec toute sa cheueleure; d'autant que cét Espoux sacré est tellement ialoux & desireux d'estre aymé de tout le cœur & de toute la pensee, que pour peu qu'on le partage, il estime qu'on luy rauit ce qui luy appartient vniquement, ne voulant point que le vin de nostre amour enuers luy, soit mixtionné de l'eau de nos interests. (Esa. 1. 22.)

X.
Question sur cét oubly.

QVe si vous me demandez s'il est absolument necessaire, de bannir toute crainte de la peine, & toute consideration de nostre interest, pour auoir la vraye charité. Ie respondray auec cette distinction, que

que ie fonderay sur cette sentence du diuin oracle, que la parfaite charité met la crainte dehors. (1. Iean 4. 18.) sçauoir que la vraye charité n'est pas incompatible auec la crainte, mesme seruile, pourueu qu'elle soit sans seruilité, tout ainsi que l'or qui sort de la miniere, ne laisse d'estre vray or, quoy qu'il soit accompagné de crasse & de terre. Tel est la crainte que les Theologiens appellent initialle. (Sainct Thom. 2.2. q. 19. ar. 2.) & des Commençans, qui mesle nostre interest à celuy de Dieu, mais celuy-cy preuaut & tient le premier rang, autrement l'ordre de la charité seroit violé.

Mais quand la charité est en son progrez à mesure qu'elle s'auance, la crainte seruile diminüe, & mesme elle cesse tout à fait quand la charité est en son haut point, tout ainsi que les ombres s'accroissent à mesure que le soleil s'esleue sur nostre orizon, & cessent entierement quand il est arriué en son Apogee, c'est à dire, au plein midy.

Ie dy plus, qu'il y a vne espece de crainte qui est appellee dans les sainctes Lettres, tantost chaste, tantost saincte, & par les Theologiens amoureuse, reuerentielle, ou respectueuse, qui demeure au siecle des siecles, mesme parmy les Bien-heureux, & les Anges, desquels l'Eglise dit que les Puissances tremblent deuant la Maiesté de Dieu. Ce n'est pas qu'ils craignent la peine ny de descheoir de leur beatitude, ny mesme de desplaire à Dieu, auquel ils sont vnis par vn parfait & inuariable amour, mais c'est que la grandeur de l'infinité de Dieu, les fait fremir, comme à la veuë d'vn abisme, duquel ils ne peuuent descouurir le fonds ; d'autant qu'encor qu'ils voyent tout

Dieu, parce que nul ne voit Dieu, qui ne le voye tout, estant vn Tout qui n'a point de parties, neantmoins, aucun des Esleus, ny tous ensemble ne le peuuent voir totalement, autrement qu'elle seroit pas infiny & incomprehensible.

XI.
De l'espoir mercenaire.

CE que nous venons d'auancer, touchant la crainte seruile, se peut par conformité rapporter entierement à l'esperance mercenaire; puisque l'espoir seruile & mercenaire procede de mesme source, c'est à dire, de nostre propre interest. Si la crainte nous fait apprehender la peine comme vn mal, l'espoir nous fait regarder la recompense comme vn bien qui nous est auantageux: Or desirer le bien, parce qu'il nous plaist, & fuir le mal, parce qu'il nous des-agree, n'est-ce pas tousiours nous rechercher nous mesme, en toutes ces deux façons.

Il est vray que ce n'est pas vne chose mauuaise de fuir le peché, dans l'apprehension de perdre les recompenses temporelles, ou eternelles, que Dieu promet à ceux qui se tiendront dans son obeyssance. Et c'est tousiours vne bonne chose de faire des actions de vertu, dans la veuë du salaire, soit temporel, soit eternel, que Dieu promet à ceux qui feront bien. L'esperance, quoy que morte, c'est à dire, sans Charité, ne laisse pas d'estre vne vertu Theologique & infuse, & vn don de Dieu fort precieux, qui d'informe, peut estre rendu formé & viuant, par l'epanchement de la grace sanctifiante dans vn cœur.

Ce motif qui nous tire du mal, & qui nous met dans le bien, quoy qu'imparfait & mercenaire, pourueu qu'il soit sans mercenaireté, bien qu'il soit sans charité, ne laisse pas d'estre bon ; puisque la vertu d'esperance, mesme la morte, & informe, est vne bonne chose.

XI.
Que cét espoir est bon.

IL arriue quelque fois qu'vn pecheur qui est sans charité, s'abstient de peché, de peur de perdre les faueurs temporelles, que Dieu fait à ceux qui viuent moralement bien, & se garde dans cette veuë de commettre des crimes notables, qui pourroit blasmer ce frein, quoy qu'il soit assez bas & imparfait, puisque c'est tousiours bien fait de retirer ses pas des mauuaises voyes par quelque motif que ce puisse estre.

Il y en a d'autres qui sans estre en estat de grace, ne laissent de pratiquer les vertus acquises & morales, l'espoir que Dieu (qui ne laisse laisse aucun bien fait, sans recompense, soit temporelle, soit eternelle,) les fera prosperer; au moins temporellement, & les preseruera des maux & des fleaux, dont cette vie mortelle & passagere est assiegee; peut-on blasmer ce procedé, quoy qu'imparfait, sans se declarer ennemy de la vertu morale; laquelle selon son espece, ne peut estre mesestimee par aucun homme de bon sens.

Il y en a d'autres qui s'exercent à la vertu, sans autre veuë que des salaires, ou temporels ou eternels, que Dieu luy promet, n'ayant point de plus haute visee, & font cela par inaduertance, & sans aucun mespris de le fin derniere, qui est la gloire de Dieu. Il faudroit estre bien rigoureux pour blesmer les actions honne stes de telles personnes, quoy qu'elles n'arriuent pas au dernier & souuerain but, où doiuent tendre les œuures du vray Chrestien, qui est la gloire de celuy qui l'a creé.

XII.
De l'honnesteté de la vertu Morale & Naturelle.

IE sçay bien que quelques Theologiens nient qu'il y ait des actiōs humaines indifferentes en leur indiuidu, voulans qu'elles soient, ou toutes bonnes, si elles arriuent à la fin derniere, ou toutes mauuaises, si elles n'y paruiennent pas, opinion seuere, quoy que venerable, & qui n'est pas receuë de plusieurs autres, qui sont plus indulgens.

Ie sçay, qu'entre plusieurs qui tirent au blanc, il n'y a que celuy qui donne dedans, lequel emporte le prix; mais les autres pourtant ne sont pas chastiez, qui n'y donnent pas, pourueu qu'ils ne se comportent point auec desdain, à ceste sorte d'exercice, comme mesestimant l'honneste emulation, qui doit estre entre les contendans.

Quiconque fait le bien moral, pour vne fin humainement honneste, & conforme à la droite raison, ne fait pas mal, quoy qu'il manque d'atteindre la fin derniere, pourueu que ce soit sans la mespriser: car s'il la mesprisoit, il pecheroit, non pas certes en faisant le bien moral, mais en desdaignant la fin derniere qui doit estre plus estimée comme la plus excellente de toutes les fins, & le plus noble de tous les motifs.

Celuy là certes, conuertiroit vne action qui seroit bonne de sa nature, en peché, qui diroit, ie ne fay ce bien cy que pour la recompense, ou temporelle, ou eternelle, que i'en attends de Dieu, sans me soucier ny de la gloire de Dieu, ny de l'honnesteté de ceste action. Non que cet acte (par exemple d'aumosne) soit mauuais de soy, mais à raison de l'exclusion du motif diuin, ou honorable, pour s'arrester volontairement à vne sordide & proprietaire mercenaireté, par laquelle on prefere son interest à celuy de Dieu.

Les Philosophes Payens, qui, priuez de la lumiere surnaturelle de la foy, n'auoient aucune veüe de la fin derniere, n'ont pas laissé d'apperceuoir, que la vertu morale n'auoit point de plus exquise recompense que soy mesme, & que le plus doux contentement qui peut estre gousté par celuy qui la pratiquoit, estoit le souuenir de l'auoir exercé. Sentiment noble, & genereux, & qui fait honte à beaucoup de Chrestiens, qui dans la merueilleuse clairté de la foy, sont accueillis de telles tenebres interieures, qu'ils se font vn Dieu de leur ventre, c'est à dire, de leur propre interest, ne s'addonnans aux actions de vertu, que par vn espoir mercenaire, d'en tirer des aduantages vtiles, delectables, & honorables.

XIII.
De la mercenaireté.

Celuy-là aussi commettroit sans doute, vn nouueau peché, & tomberoit dans cette mercenaireté de l'amour propre, que l'Ange de l'Escole dit estre tousiours mauuaise, (2.2.qu. 19. art. 4 ad. 3.) qui diroit, soit de bouche, soit de cœur, si ce n'estoit la recompense qui est promise à la vertu, ie la seruirois aussi peu qu'vn maistre ingrat, duquel on n'attend aucune beneficence. Car cela est referer le salaire au maistre, & le présent à celuy qui le donne, & qui ne seruiroit Dieu, qu'en cét esprit mercenaire, & de mercenaireté, postposeroit par vn desordre insupportable le bien-fait, au bien-faiteur; & la grace, qui n'est qu'vne qualité creée, à celuy qui en est l'autheur & le liberal donateur. Et ne faut point alleguer contre cecy, que l'espoir du salaire nourit les arts, & est vn grand aiguillon pour faire embrasser la vertu.

—— quis enim virtutem amplectitur ipsam,
Præmia si tollas ——

Car bien que cela soit vray, au regard de la vertu morale acquise, dont la fin, quoy qu'honneste, ne passe point les bornes de l'interest de la creature, si est-ce que ce regard est trop court pour arriuer à la fin derniere, qui a pour but l'interest du Createur; qui est sa gloire.

Et quoy que la vertu infuse & diuine de l'esperance, regarde Dieu comme nostre Souuerain Bien, si est-ce que sans la charité, elle est morte & informe, & ne peut atteindre Dieu, comme fin derniere, & comme Souueraine Bonté en soy, que par le moyen du sainct Amour, auquel seul il appartient, comme au grand Prestre, d'entrer dans ce Sanctuaire, & d'y introduire les actes des autres vertus, quand ils sont exercez par son commandement.

XIV.
Du regard du salaire.

IE ne dy pas que le regard du salaire ne puisse seruir d'aiguillon, mesme à l'ame iustifiee, & qui a la charité, pour la faire cheminer auec plus de viuacité & d'allegresse, dans les sentiers de la iustice : Et qu'ainsi le Psalmiste mesme, (homme selon le cœur de Dieu,) n'ait incliné son cœur à faire les volontez diuines, en veüe de la retribution. Mais ce seroit auoir de basses pensees de la perfection, d'vn si sainct personnage, d'estimer qu'il mit la fin derniere, & son souuerain motif en obeyssant à Dieu, dans le salaire, preferant le don du Pere des lumieres (quoy que tres-bon & parfait) à Dieu mesme, qui le presente; veu qu'il proteste en tant de lieux, que Dieu est sa portion, & sa volonté, le lot de son heritage pour iamais, ne voulant rien, ny au ciel ny en la terre, sinon de faire en tout & par tout, le bon plaisir de Dieu.

Le mesme deuons nous penser de Moyse, ce grand Legislateur des Hebreux, dont l'amour sainct estoit si pur & si des-interessé, qu'il s'offroit à estre effacé du liure de Vie, pour le salut de ses freres, car bien que sainct Paul dise de luy, qu'il prefera l'opprobre à la royauté, ayant esgard à la promesse du salaire eternel. (Heb. 11. 26.) il ne faut pas pourtant s'imaginer qu'il mist la fin derniere de son action, dans la seule recompense, autrement il eust fait son Dieu de son propre interest, ce qui est tout à fait indigne de la perfection d'vn si sainct personnage.

Et quand le vaisseau d'Election, le Docteur des Nations, porte à toutes les creatures le cartel de deffi, protestant que nulle, ne seroit capable de le separer de la pure charité de Dieu (Rom. 8. 35.) & mesme mesprisant de telle sorte son interest, qu'il en vint iusqu'au point, de souhaitter d'estre comme anatheme pour ses freres, qui osera dire qu'il ait eu l'esprit mercenaire ; en mettant la couronne de iustice, c'est à dire la recompense, pour fin derniere, de ses combats, de ses courses, & de sa foy. (2 Tim. 4. 8.)

Et quand sainct Pierre, ce feruent & amoureux Apostre, qui proteste d'aimer son maistre iusques à ce degré de la plus grande charité, qui est de donner sa vie pour luy, demande neantmoins quelle sera la retribution de ceux qui auront tout quitté pour le suiure, qui voudra tirer de là, que le salaire ait esté le dernier motif de cet abandonnement de biens terrestres en luy, & en ses condisciples,

Nous deuons auoir de ces grands seruiteurs de Iesus Christ, des sentimens plus esleuez, & croire leur charité plus eminente, leur or plus espuré & sans escume: & qu'ils ont regardé le seruice de Dieu, d'vn œil plus simple & plus lumineux, c'est à dire, d'vne intention plus droitte & plus accomplie.

Tels furent les regards de ces purs

& chastes amans de la diuinité qui difsoient, l'vn: Mon Dieu m'est toutes choses; l'autre, que la terre me semble abiecte, quand ie considere le Ciel: & l'autre encore; Tout ce qui n'est point Dieu ne m'est rien: Et le bien-heureux François de Sales, conformement à nostre Caritee, quand Dieu n'auroit ny enfer pour punir, ny Paradis pour recompenser, il n'en seroit ny moins aymable, ny moins estimable, ny moins digne d'estre seruy: car ce n'est pas tant le Paradis de Dieu, qu'il faut aymer, comme le Dieu de Paradis, & il faut plus craindre le Dieu qui a fait l'enfer, que l'enfer que Dieu a fait.

XV.

Degrez de mercenaireté.

Vne ame donc qui ne s'abstiendroit que de pecher, de peur de perdre la couronne du Ciel, entant qu'elle

Seconde partie. 207

le luy est aduantageuse, preferans ceste couronne à Dieu, feroit vn nouueau peché, non certes en s'abstenant de pecher, car ce n'est pas pecher que de ne prêcher pas, mais en postposant l'interest de Dieu au sien par vn desordre inexcusable.

Ie di plus, qu'vne personne qui s'abstiendroit du mal autant pour son interest que pour celuy de Dieu esgalant l'vn à l'autre commettroit vne grande faute, non pas certes pour se retirer du mal pour son interest, mais pour faire entrer son interest en partage auec celuy de Dieu, lequel doit estre preferé à toutes choses : car comme nous sommes obligez de l'aymer sur toutes choses & par consequent plus que nous mesmes, aussi deuons nous estimer son interest incomparablement plus que le nostre, & ne dire jamais auec ces malheureux & inconsiderés dans le Psalmis-

O

te parle nos, leures sont à nous qui est nostre Maistre? (Pſ. 11. 5.)

XVI.
De l'Amour eſtimatif.

Que ſi nous nous trouuons ſenſiblement plus eſmeus, ſoit à quitter le mal, ſoit à faire le bien, par la conſideration de noſtre intereſt, & par la veuë du ſalaire, que par le motif de la gloire de Dieu, nous ne deuons pas pourtant nous deſcourager, pourueu qu'en la faculté de noſtre raiſon, il y ait vne lumiere qui nous dicte que l'intereſt de Dieu eſt, ſans comparaiſon, plus eſtimable que le noſtre, puiſ-que le iugement nous dicte, que l'Amour eſtimatif eſt celuy par lequel il faut prendre les meſme de noſtre procedé & non pas le ſenſible.

Et meſme Dieu eſt ſi bon que pour peu que nous eſtimions plus

Première partie. 209

son interest que le nostre, il ne laisse pas d'aggréer l'œuure qui aura esté faicte en sa grace par ce motif, estant assez pour plaire à sa toute-bonté, que nostre interest rende la preference au sien, & le recognoisse pour superieur.

Tant qu'Ismael se ioüa modestement auec Isaac, Abraham le souffrit dans sa maison, & Agar aussi tât qu'elle se tint en deuoir vers Sara, mais quand celle-cy fut arriuée à ce degré d'insolence & d'immodestie de mespriser sa maistresse, & celuy à ce point de temerité de porter Isaac par terre, & le fouler aux pieds, Abrahá dit à Sara, chasse ta seruante & son fils, tant que nostre interest cede à nostre cœur à celuy de Dieu, & luy est referé, & sousordonné, la chatité l'endure & permet qu'il soit de son train & de sa suitte comme son seruiteur & son esclaue, qu'elle peut reduire, quand il luy plaist, à la gloire

O ij

de Dieu, mais quand il veut faire bande à part, & dire auec ce temeraire, dont le Prophete parle, (Ierem. 2. 2.) qui secouë son ioug, & dit : Ie ne seruiray, ny ne me sousmettray point, alors, ou elle sort du cœur, qui commet vne telle audace, ou elle en fait sortir vn sentiment si outrecuidé.

Mais la charité qui est la Reyne des vertus, regne alors comme elle doit dans vne ame, quand on estime incomparablement plus le bon-heur de plaire à Dieu, par vn seruice raisonnable, que toutes les recompenses imaginables de la terre & du Ciel.

XVII.
De la veuë ou de l'oubly du salaire.

ET lors ses espaces sont largement estendus, quand Dieu par

vne grace speciale & extraordinaire, fait cette faueur à vne ame de luy donner vn saint oubly de tous ses interests, pour n'auoir autre visee que celle de donner gloire à Dieu par toutes ses actions. Le don certes est cher & precieux, & duquel ceux qui le possedent, doiuent rendre de grands remercimens à la misericorde du pere celeste, qui ne fait pas ainsi à toute nation.

Il ne faut pas pourtant entrer en chagrin de s'en voir priué, & de souffrir les veües, & les reflexions importunes sur nos interests dans l'exercice des bonnes œuures, mesmes faites en grace, parce que la volonté humaine est vne faculté raisonnable qui tient le sceptre sur toutes les autres auec vn tel empire, que non seulement elle les domine, comme Ioseph ses freres, mais elle a domination sur elle mesme, pouuant ne vouloir pas absolument ce qu'elle semble vouloir en le regardant.

Exemple, faisant vne aumosne en estat de grace, & pour l'amour de Dieu, l'ennemi de nostre salut, & de nos bonnes actions, qui ne cherche qu'à les deuorer, à les enclauer, qui dresse des embusches à nostre talon, c'est à dire, à nos intentions, & qui ne pretend qu'à mettre des pailles dans nostre pain, & du mauuais leuain dans nostre paste, ou nous suggerera des pensees de vanité pour alterer la bonté de cette œuure, ou a moins il nous grossira tellement auec ses fausses lunettes, l'obiect de nostre propre interest, qu'il nous semblera que celuy de Dieu ne luy soit point comparable en nostre estime, mais nous pouuons d'vn reuers, comme fit Alexandre, trancher ces nœuds gordiens, par vn oubly volontaire de tous nos auantages, ou par vn fort renoncement, pour faire regner vniquement celuy de Dieu dans nos cœurs. Ouy certes, car comme vouloir, c'est doublement & puissamment vouloir, aussi vouloir oublier, c'est oublier, sinon effectiuement au moins affectiuement, & c'est cette affection, & preparation du cœur que Dieu escoute & regarde, fort amoureusement.

Certes comme l'ennemy de nostre salut à beau par ses tentations battre à la porte de nostre sentiment, si nostre consentement ne la luy ouure il s'en retournera sans nous nuire auec sa confusion, aussi quoy que la veuë de nostre interest, dans vne bône œuure, emplisse nostre memoire & nostre entendemét, il n'y a rien de fait tât que la volonté desagree cette veuë & la repousse, que si elle ne peut entierement la reietter, c'est son office de la referer à la gloire de celuy qui doit estre le dernier but de toutes nos pretensions.

XVIII.
Rapport du salaire à la derniere fin.

Il n'est donc pas absolument necessaire d'oublier tous nos interests, n'y ayant que les proprietaires & exclusifs de celuy de Dieu qui puissent alterer & corrompre nos bonnes actions, mais il est mieux, si on ne les peut oublier, de souhaitter, desirer, & vouloir autant que l'on peut les oublier, sinon d'y renoncer, de les repousser, rejetter, mespriser, que si tous ces efforts ne nous en peuuent destacher, le meilleur moyen est de faire seruir au Tabernacle ces vaisseaux d'Egypte, & d'appliquer l'or prophané d'Ophir à l'ornement du Temple en rapportant tous nos interests à celuy de Dieu, afin qu'ils luy rendent les hommages que les gerbes, & les estoiles des enfans de Iacob, rendirent à la gerbe & à l'estoile de Ioseph.

Comme cela se peut il faire? c'est en mettant la crainte mesme seruile, mais sans seruilité, & l'espoir mercenaire, mais sans mercenaireté, entre les mains de la charité, cette vertu conuertira leur plomb en or, & nous en fera faire vn tres-bon vsage.

Elle tiendra auec tant de iustesse le gouuernail de nostre cœur, qu'elle nous fera voguer sans danger de naufrage entre ces deux abysmes de Scylle & de Carybde, ie veux dire la seruilité, & la mercenaireté, noircis de tant de funestes naufrages.

XIX.

Dexterité de la charité en l'vsage de la crainte seruile & de l'espoir mercenaire.

ELLE sera comme le balancier en l'horloge de nostre interieur qui en conduira tous les reſſorts auec-que droitture, car elle eſt la lumiere des iuſtes, & la ioye de ceux qui ont le cœur droit. Elle nous fera repoſer entre ces deux voyes de la crainte ſeruile & de l'eſpoir mercenaire, & à noſtre reueil elle nous donnera des aiſles argentees de colombe, dont le dos eſt rebruny d'vn bel or (Pſ. 67. 14.)

Elle nous apprendra à nous ſeruir comme il faut, des menaces qui ſont reſpanduës dans les ſacrez Cahiers, c'eſt à dire, à redouter plus le menaçant que ſes menaces. Et d'effect quel eſt le maiſtre qui menaçant ſon ſeruiteur, ou ſon eſclaue n'ait intention de ſe faire craindre ſoy-meſme plus que ſes paroles, ny ſes coups, l'enfant qui craint la verge plus que ſon pere ne s'abſtient du mal que de peur d'eſtre battu, non pour aucun amour qu'il porte à ſon pere, car s'il l'aymoit il apprehenderoit d'aduantage de luy deplaire que d'en estre frappé.

C'est là ce que fait la charité dans vne ame, elle reduit peu à peu la crainte seruile en filiale, & apres auoir mis le menaçant audessus de ses menaces, elle fait que l'on craint plus la coulpe que la peine, & l'offense de Dieu parce qu'il est bon, que les traits de son indignation & de sa iustice.

Elle fait que l'esperance deuient de morte viue, & qu'elle iette nostre atteinte en la bonté du promettant, plus qu'en la bonté de ses promesses, preferant le donateur au don, & le bienfaiteur au bien-fait.

Elle fait que non seulement on prefere l'interest du Createur à celuy de la creature, mais que peu à peu on oublie celuy-cy, pour n'auoir attention qu'à celuy-là, & que l'on dit auec le fils de Dieu (duquel elle nous rend freres adoptifs) nous ne cherchons point nostre propre gloire, mais celle de nostre Pere celeste, veu que le propre effect de la vraye charité: c'est de ne chercher point ses profits (1. Cor. 13.)

La premiere chose que fait la charité quand elle prend possession d'vne ame c'est d'en bannir toute proprieté, c'est à dire toute seruilité, & mercenaireté, qui est tousiours proprietaire, que si elle ne destruit pas tout à fait la crainte seruile, ny l'esperance mercenaire, pour s'en seruir dans les occasions plus pressantes, elle fait comme ceux qui laissent viure les couleuures apres leur auoir limé ou arraché les dents, ausquelles consistoit leur venin.

La charité est comme cét Aod (Iug. 3.) ambidextre qui se seruoit auec egale force de l'vne & de l'autre de ses mains employans tantost la crainte seruile, tantost l'espoir mercenaire pour le seruice de la gloire de Dieu : imitant l'abeille qui des fleurs les plus ameres, ne laisse de composer vn miel qui est fort doux.

Elle fait comme les bons mesnagers, qui font vn bon vsage des espines, pour la closture de leurs champs, & pour la conseruation de leurs ieunes plantes. Quand la grace iustifiante est nouuellement plantee dans vn cœur, elle a besoin de la crainte, mesme seruile, & de l'esperance, mesme mercenaire, pour sa conseruation.

XX.

Secours de la crainte seruile dans les tentations.

Qvand les larrons entrent en vne maison durant la nuict, le pere de famille n'appelle pas seulement ses enfans à son secours, mais encore ses seruiteurs, voire ses esclaues s'il en a, & met tout cela en deffense, pour repousser la violence des violens. Lors que les violentes tentations de colere, d'impatience, de vengeance de def honnesteté, & semblables attaquent vne ame qui est fondee, & enracinee & fondee en la charité, de peur que ces brigands ne rauissent le tresor de la grace qu'elle porte dans vn vaisseau de terre, c'est à dire, dans vn corps enuironné d'infirmité, elle ne se contente pas de produire des actes du seul amour de Dieu, pour repousser ces assaults impetueux, mais encor elle met en exercice les motifs de la crainte seruile, & de l'espoir mercenaire, pour se fortifier d'aduantage contre les artifices, & les tyrannies de ces ennemis de son salut.

Exemple elle ne se contente pas de dire auec le Psalmiste, Seigneur i'ay iuré & determiné de garder inuiolablement voſtre Loy. Retirez-vous de moy malings, car ie veux obseruer les commandemens de mon Dieu. Seigneur i'endure violence respondez pour moy, & auec l'Espouse, ie tiens le bien aimé de mon ame, non ie ne le quitteray point, il vaut mieux mourir en l'aimant que de viure en l'offensant, qui est vne belle sentence de S. Augustin.

Lors que ces actes, & ces considerations du pur amour ne sont pas assez fortes pour repousser la tentation on peut appeller au secours celles de l'esprit seruile, & dire à son cœur, ô miserable pensee aux annees, & aux peines eternelles (Pse. 76.) pourras tu bien demeurer à iamais parmy des feux deuorans, & en des ardeurs qui n'auront point de fin en leur duree (Esa. 33. 14.) le plaisir d'vne vengeance d'vne volupté, est passager, mais le repentir & la douleur du supplice sont choses qui durent à perpetuité, il faut

estre bien fort en bouche si ce mords
& ce camors n'arrestent la course de
celuy qui court à toute bride au precipice de son malheur

XXI.
Autre secours de l'espoir mercenaire.

ON peut encor appeller à son ayde vn autre renfort qui est celuy
de l'espoir mercenaire & se mettre
deuant les yeux les biens celestes &
eternels, ausquels on renonce pour la
bassesse des biens faux, trompeurs, &
momentanés que la tentation nous
propose, afin de s'induire à ne quitter
pas l'eternité pour des momens, &
Dieu pour des chetiues creatures.

On peut peser à ce dessein, ces
mots qu'vne tardiue repentance tire
de la bouche des inconsiderez, dans
les saintes pages. Dequoy nous a seruy la vanité, & la pompe des richesses, tout cela est passé comme l'om-

bre, ou comme vn poſtillon qui court (chap. 5. 9.) que nous ſommes inſenſez d'auoir tenu la route des iuſtes, & leur maniere de viure pour vne folie, & vne vergogne, & maintenant nous voyons que leur ſort eſt parmy les ſaincts (Sap. 5. 4.) ce qui delecte icy bas eſt paſſager, ce qui tourmente en enfer eſt eternel, dit vn pere ancien, & au rebours, ce qui afflige en la terre, ne ſont que des legers momens de tribulation, qui operent en nous le poids eternel d'vne gloire excellemment excellente (2. Cor. 4. 17.)

Quand vne Galere eſt attaquee par pluſieurs vaiſſeaux, & qu'il en faut venir aux priſes, le Capitaine ne ſe contente pas de diſpoſer au combat & ſes ſoldats, & les paſſagers, mais il donne encore des armes aux forçats, & les anime à ſe porter vaillamment par la promeſſe de la liberté, dans les attaques des tentations vehementes, la grace qui est dans vne ame, comme vn fort armé qui garde vn chasteau, se sert de toutes sortes de motifs pour se maintenir en possession de la place, en laquelle Dieu qui est la mesme charité, tient vn souuerain empire, tant que la charité y commande de sa part, & quand les propres motifs de cette Royne des vertus viennent à se debiliter par vne longue resistance, elle appelle à son aide ceux de la crainte seruile & de l'espoir mercenaire, comme de forçats & d'esclaues, pour conseruer l'esprit de Dieu dans la liberté qui luy est si naturelle, (2. Cor. 3. 17.) & si opposée à la seruitude & aux liens qui sont attachez au peché (Pse. 118. 61.)

XXII.
De la crainte servile & de l'espoir mercenaire devant, & après la justification.

LA crainte servile & l'espoir mercenaire auant que l'ame soit iustifiee, sont comme les fourriers qui marquent les logis à la grace sanctifiante, & preparent les voyes au Seigneur (Marc. 1.3.) i'ay fait iugement & iustice, dit le Psalmiste, parce que i'ay redouté le tribunal de Dieu. O Dieu percez ma chair de vostre crainte, & me faites apprehender vos iugemens, & c'est pour ce suiet que S. Augustin compare la crainte servile à l'aiguille qui introduit la soye de la charité dans le cœur, lequel estant vne fois ouuert nous courons aisement, & nous marchons au large dans la voye des commandemens diuins (Pse. 118.)

Mais quand Dieu par son sainct amour, nous a tirez des portes & de la region de l'ombre de la mort, pour adresser non pas dans les sentiers de la Iustice (Pse.) alors la Charité sçait employer à de plus hauts vsages, & l'espoir mercenaire comme son seruiteur à gages, & la crainte seruile cõme son esclaue, meslant tellement l'amour de Dieu auec la crainte de la peine & le desir de la recompẽse, que l'amour prenant tousiours faisant comme l'huile son symbole, qui surnage toutes les autres liqueurs.

La Myrrhe premiere qui coule de l'arbre par forme de sueur & de transpiration est bien plus douce que la seconde qui n'en sort que par incisions & par egratignemẽs, mais aussi ceste seconde, comme elle est plus amere & plus forte, aussi a t'elle plus de pouuoir de preseruer de la corruption les corps qui en sont frottez, & du meslange de l'vne & de l'autre se fait vne composition temperée non moins vtile que suaue.

Les motifs du pur amour ont incomparablement plus de douceur, que ceux ny de la crainte, ny de l'esperance: selon ce que sainct Iean nous enseigne (1. Iean 4.) disant, que la crainte donne de la peine, qui est mise dehors par la parfaitte charité, laquelle, dit sainct Augustin, ou oste la peine ou elle en rend le sentiment aymable. Neātmoins les aigres motifs de la crainte seruile, & les aiguillons de l'espoir mercenaire, quand ils sont assaisonnez de charité, ne laissent pas d'exciter vn saint appetit de faire le bien, pour l'amour de Dieu, principalement, dans le seruice duquel on ne laisse pas de trouuer ses interests auec grand auantage.

Ainsi le vin prend quelque sorte de force quád on mesle la mere goutte auec la liqueur qui sort de la grappe sous l'estreinte du pressoir, &

le sainct Espoux dans le sacré Cantique fait estat de la douceur aigrette, & de l'aigreur doucette des pommes de grenade, côme prisant le meslange des pointes de la crainte & de l'esperance, auec la douceur du pur amour, & c'est possible ce vin meslé de laict, & ce miel succré dedans la cire, dont il est parlé dans le mesme Cantique, c'est l'huyle & le vin que le bon Samaritain verse dans les playes du blessé, c'est l'huyle & le vinaigre qui fait vn si agreable temperament dans les salades.

XXIII.

La crainte & l'esperance entre les mains de la charité.

A Ceux qui ayment Dieu, c'est à dire, qui ont la charité tout coopere en bien (Rom. 8. 28.) mesmes les craintes seruiles, & les mercenaires. Le Soleil des vertus a la mesme force que celuy du ciel, qui oste par sa conionction la malignité aux planetes, moins fauorables, il n'y a rien qui ne succede heureusement à ceux qui sont agis par l'esprit de Dieu, & qui sont ses enfans adoptifs, leur crainte seruile peu à peu se rend filiale, mais sans la charité cette crainte seruile ou demeure inutile pour le salut, ou si elle tombe dans la seruilité elle se change en coulpe, tout ainsi que la houline de Moyse qui faisoit tant de merueilles en sa main, & estoit vne baguette de direction vers la terre promise, jettee en terre deuenoit vn serpent, & serpent deuorant.

La maschoire que Sanson rencontra dans le champ estoit vn os sec & inutile, mais dans la main de cet homme d'vne force extraordinaire, ce fut vn instrument de prodigieuse valeur & vne source rafraischissante. La seruilité de la crainte, & la mercenaireté de l'esperance sont des qualitez non seulement incompatibles auec la charité, mais qu'ils la bannissent de l'ame où elles se rencontrent. Et quoy que la crainte seruile & l'espoir mercenaire puissent estre auec la charité, & sans la charité, sans elle ce sont des instrumens qui ne sont pas mauuais de leur nature, morts neantmoins & inutiles à salut, mais animez de la charité, ils peuuent estre appliquez à la gloire de Dieu, & seruir au salut de ceux qui les emploient à l'vsage du sainct amour.

XXIV.
La doctrine qui precede expliquee par similitudes.

IL aduient souuētesfois que les regenerez, c'est à dire, ceux qui sont en la grace de Dieu, sont tellement oppressez de la vehemence des tentatiōs, qui sont, disoit l'Ange à Tobie, les espreuues de ceux qui seruent Dieu en simplicité & sincerité de cœur, qu'ils sont contraints de faire armes de tout pour se deffendre contre de si furieuses attaintes; & alors les motifs de la crainte seruile & de l'esperãce mercenaire leur donnent de bõs secours, qui reduits à celuy du diuin amour ne laissent pas de produire des resistãces fort agreables à Dieu, qui se rend spectateur des combats de ses fideles, & prepare des courõnes à leurs victoires.

Il arriue souuent en des sieges de ville que quand les poudres manquét & que les bastons à feu, faute de cela, demeurent inutiles, on se sert de pierres, d'eaux, & d'huyles boüillantes, & de tout ce que l'industrie humaine peut inuenter pour repousser les assauts des ennemis, l'histoire mesme nous apprẽd qu'en vn certain siege les fẽmes donnerent iusques à leurs cheueux pour faire des cordes aux arcs de ceux qui deffendoient leurs murailles. Que si l'on se sert de toutes sortes d'inuentions pour prolonger cette vie qui tost ou tard doit estre victime de la mort, que ne fera-t'on pour conseruer celle de la grace qui nous conduit dans la bien-heureuse eternité.

Certes comme les ieunes escoliers qui apprennent à monter à cheual, ne se sentans pas assez fermes pour tenir dans les serres, tandis que les cheuaux vont par haut, se prennent à belles mains aux arçons de peur d'estre portez par terre, aussi ceux de qui la charité est encore foible pour faire teste aux plus violentes tentations, qui donnent de si brusques secousses qu'ils sont en danger de tomber dans la coulpe, ne peuuent iustement estre blasmez, s'ils se prennent & s'attachent aux considerations de la crainte seruile, & de l'espoir mercenaire, pour se maintenir dans la droitture de la grace, & pratiquer cet aduertissement sacré, que celuy qui est debout se donne garde de deschoir de l'heureux estat qui l'vnit auec Dieu.

I'auoüe que comme il y a grande difference entre vne honneste femme, qui reiette des sollicitations adulteres, par le seul amour qu'elle porte à son mary & la seule crainte de luy estre infidele & de luy deplaire, & celle qui n'est retenue de commettre cette perfidie que par l'apprehension d'estre surprise, & d'estre tuee sur le fait, il y a aussi vne longue distance entre vne ame qui s'abstient du peché par la veuë du pur amour de Dieu & celle qui ne seroit retenue de le cõmettre que par la seule crainte des supplices eternels que Dieu a preparez à ceux qui violeront sa loy.

Mais comme celle la sera couronnee de la couronne de iustice qui obseruera les commandemens de Dieu par amour, celle là aussi ne sera pas punie qui les aura gardez par crainte mesme servile, pourveu qu'elle ne donne pas iusques à la servilité, qui est vne exclusion volontaire du plus noble & excellent motif, qui est celuy de l'amour de Dieu.

XXV.
Difficulté considerable.

ET c'est icy que se pourroit former vne difficulté qui n'est pas mediocre, & que i'estime de grande consideration, sçauoir si vne ame iustifiée qui ne s'abstiendroit de pecher que par le seul motif de la crainte servile, feroit vne œuure agreable à Dieu, & de la qualité de celuy à qui il promet vne recompense eternelle.

Pour y respondre, il faut supposer que ce seul motif de crainte servile soit sans servilité, c'est à dire, sans exclusion volontaire du meilleur motif qui est celuy du diuin amour, car ceste exclusion seroit le coupe gorge

Seconde partie. 233

de la Charité, laquelle se retire d'vne ame qui mesprise Dieu iusques à ce point de luy dire nous ne voulons point de vos voyes (Iob 21.14.) ny nous assuiettir au ioug de vostre amour quoy que suaue & leger.

Et cette suppposition estant faitte il faut encore distinguer entre l'opinion de ceux qui estiment qu'il suffit qu'vn homme soit en l'habitude de la charité, pour rédre toutes ses œuures agreables à Dieu, de quelque motif qu'elles sortent pourueu qu'il soit hôneste & raisonnable, & de ceux qui tiennent que ce n'est pas assez que celuy qui est en grace agisse par vn motif de simple vertu morale acquise, mais par celuy de la vertu morale, infuse, c'est à dire, qui se refere à Dieu ou actuellement ou virtuellement, pour rédre son action digne du salaire que Dieu promet à ceux qui feront bien.

Selon l'opinion des premiers, il semble que celuy qui estant en charité, s'abſtient du mal par le ſeul motif de la crainte ſeruile fait choſe agreable à Dieu, & à laquelle il donnera ſalaire; ſelon la penſee des autres, il fera choſe non certes deſagreable à Dieu, mais auſſi qui n'appelle aucune recompenſe, comme n'eſtant pas faire pour l'amour de Dieu, ny rapportee à ſon honneur par aucune intention ny actuelle ny virtuelle. La premiere opinion quoy que probable & receuable, eſt, à dire la verité, vn peu bien large, mais la ſeconde eſt la plus aſſeuree, & à laquelle ie m'arreſterois plus volontiers, puiſque l'on ne peut faire l'œuure du ſeruice de Dieu aſſez diligemment.

XXVI.
Probleme.

Ais comme vn chaiſnon d'ayman en attire vn autre, cette propoſition me donne ouuerture à un agreable probleme, & qui a beaucoup de rapport auec l'histoire de nostre Caritee, qui est (ce qui soit dit par supposition d'vne chose impossible) s'il vaudroit mieux estre en Paradis, sans aymer Dieu, qu'en enfer auec l'amour de Dieu. Cette proposition pourroit choquer à l'abbord des esprits delicats, & qui s'imagineroit qu'elle contiēdroit plus de curiosité que d'vtilité, puisque au fond, il est impossible de se representer vn Paradis sans amour de Dieu, & vn enfer auec cét amour, puisque sans ce sainct amour le Paradis seroit vn enfer, & auec ce magnifique amour l'enfer deuiendroit vn Paradis.

Mais s'il plaist à ces ames desgoustees de considerer que Moyse & S. Paul qui desiroient estre anathemes pour leurs freres, disoient en effect la mesme chose, souhaittans plustost la peine auec l'amour de Dieu (dont l'excés les partoit à ces souhaits) que les plaisirs sans cét amour, elles cesseront de se persuader que ce probleme soit superflu, & possible que son vtilité leur paroistra dans la suitte de nos raisons.

Certes nostre Caritée qui pretendoit esteindre l'enfer, & brusler le Paradis, affin que Dieu fust seruy purement pour l'amour de luy mesme, sans aucun esgard à la peine & à la recompense, ne tiroit pas, à mon aduis, si haut que fait nostre proposition, car laissant l'enfer & le Paradis tels qu'ils sont, nous desirons en vne ame regeneree vne charité si des-interessee & si pure, qu'elle vint à reietter le Paradis auec tous ses honneurs, toutes ses richesses, & toutes ses delices, qui surpassent les desirs, & les pensees humaines, si l'amour pur de Dieu y manquoit, & au contraire à luy preferer l'enfer auec ses horribles supplices ses, pourueu que ce pur amour se rencontrast au milieu de ses ardeurs eternelles.

A dire la verité il faut auoir ce sainct amour à vn haut degré de pureté pour en arriuer là, mais pourueu que la raison y ioigne, il nous importe peu de la reuolte des sens, & des repugnances de la partie inferieure. Et ne faut point apprehender qu'il y ait de la temerité de pretendre à vn si sublime degré de pur amour, car outre que la vraye mesure de l'amour de Dieu, dit sainct Bernard, c'est de n'en auoir point, il nous faudroit abandonner cette parole de l'Oraison Dominicale que nous recitons à toute heure, vostre volonté soit faitte en la terre comme au ciel, par laquelle nous ne demandons rien moins à Dieu que l'amour des Seraphins, & de pouuoir dire auec cét homme Seraphique, instruict en l'E-

Q

chole du troisiesme ciel, Seigneur que voulez vous que ie fasse.

XXVII
Doctrine excellente, touchant l'amour des Bien-heureux

IE di donc que sans ce saint Amour le Paradis non seulement seroit vn enfer, mais que mesme auec cet amour, s'il n'y estoit moderé, temperé, reglé, borné, les Bien-heureux parmy toutes leurs ioyes y sentiroient vn extreme tourment & presqu'insupportable. Ie m'explique, & m'explique selon le sentiment du B. François de Sales Euesque de Geneue en son Traitté de l'amour de Dieu.

Les Bien-heureux qui voyent Dieu dans le ciel, recognoissent par ceste veüe que Dieu est vn bien infiny, & qu'il merite d'estre infinimét

Seconde partie. 239

aimé: de sorte que si leur amour suiuoit leur cognoissance ils voudroiét infiniment aymer ce qui est infiniment aymable: mais parceque Dieu est plus grand que leurs cœurs & surmontant leur science, ils feroient vn continuel effort d'aimer infiniment ce qui merite d'estre infiniment aymé, mais effort inutile d'autant que la creature n'estant pas capable d'infinité, il est impossible qu'elle arriue à ce point d'aymer Dieu autant qu'il est aymable en luy-mesme, cela estant reserué à Dieu seul, s'aymant autant qu'il peut & doit estre aymé, de là procede l'amour eternel infini, & personnel qui est Dieu, & qui constitue la troisiesme personne de la tres-saincte Trinité.

Voyons dóc que Dieu est infinimét pl⁹ aimable qu'ils ne l'aymét, & qu'ils seront à iamais incapables de l'aimer

Q ij

infiniment, ils pasmeroient & periroient sans doute du desir continuel de l'aymer autant qu'il merite d'estre aymé, si la tres-saincte volonté de Dieu ne seruoit de borne à la leur, & ne luy imposoit la tranquilité dont elle iouyt, dans vn repos opulent, & vne paix profonde, car ils sont si parfaitement vnis à ce diuin vouloir, qu'il arreste le leur d'vne maniere qui les contente aymans à estre limitez en leur amour par la mesme volonté diuine, dont l'incomparable bonté est le souuerain obiet de leur amour. Sans cela leur amour seroit autant douloureux & tourmentant, que delicieux & agreable, il seroit plein de plaisir à cause de la possession du bien souuerain, mais affligeant parce qu'ils auroient vn perpetuel desir d'aymer infiniment ce qu'ils ne pourroient infiniment quoy qu'il soit infiniment aymable.

Mais comment se fait cette limitatiõ, la foy nous apprend qu'il y a diuers degrez en la gloire, qui sont ces differentes demeures de la maison du Pere celeste, dõt il est parlé en l'Euangile, & ces degrez procedent de la lumiere de gloire qui est diuersement departie aux bien heureux, differens en clairté comme vne estoile l'est d'vne autre. Or l'amour estant proportionné à la cognoissance & à la veüe l'on ne voudra ny pourra aymer d'auantage que l'on cognoistra, & ainsi l'amour estant borné à la mesure de la cognoissance, le bien souuerain remplira le desir des esleus d'vne mesure pleine, entassee, & respanchante de toutes parts (Luc 6. 38.)

Et sur ce suiet les esprits bien-heureux, dit le B. François de Sales en son Traitté de l'Amour de Dieu (l. 3. c. 15.) *sont rauis de deux admirations, l'vne pour l'infinie beauté qu'ils contemplent,*

& l'autre pour l'abysme de l'infinité, qui reste à voir en cette mesme beauté. O Dieu que ce qu'ils voyent est admirable: mais ô Dieu que ce qu'ils ne voyent pas l'est beaucoup plus ! & toutesfois, Theotime, la tres sainte beauté qu'ils voyent estant infinie, elle les rend parfaictement satisfaicts, & assouuis : & se contentans d'eniouyr, selon le rang qu'ils tiennent au Ciel, à cause de la tres-amiable prouidence diuine, qui en a ainsi ordonné, ils conuertissent la cognoissance qu'ils ont de ne posseder pas, ny ne pouuoir posseder totalement leur obiect, en vne simple complaisance d'admiration, par laquelle ils ont vne ioye souueraine, de voir que la beauté qu'ils ayment, est tellement infinie, qu'elle ne peut estre totalement cognüe que par elle-mesme. Car en cela consiste la diuinité de cette beauté infinie, ou la beauté de cette infinie diuinité.

XXVIII.
Autre face du probleme precedent.

Ainsi demeure prouuee cette partie de nostre probleme, qui asseure que sans l'amour de Dieu, le Paradis seroit vne espece d'enfer, il nous reste à monstrer que l'enfer auec cet amour seroit vn Paradis, & que sa priuation, est la plus extreme de toutes les douleurs de l'enfer, i'en tireray la preuue de la doctrine du mesme Prelat dans ce celeste ouurage de l'Amour de Dieu que nous auons de luy (l. 10. c. 1.) & parce qu'il est impossible de l'exprimer par des paroles plus succulentes & plus energiques que les siennes, ie ne feray point de difficulté d'en attacher icy cette belle piece.

Dieu au iour du Iugement imprimera és esprits des damnez, l'apprehension de la perte qu'ils feront en vne façon admirable: Car la diuine Maiesté leur fera clairement voir la souueraine beauté de sa face, & les thresors de sa bonté; & à la veüe de cét abysme infiny de delices, la volonté par vn effort extreme se voudra lancer sur iceluy, pour s'vnir à luy, & iouyr de son amour: mais ce sera pour neant, d'autant qu'elle sera comme vne femme, qui entre les douleurs de l'enfantement, apres auoir enduré de violentes tranchees, des convulsions cruelles, & des detresses insupportables, meurt en fin sans pouuoir enfanter. Car à mesme que la claire, & belle cognoissance de la diuine beauté, aura penetré les entendemens de ces esprits infortunez, la diuine iustice ostera tellement la force à la volonté, qu'elle ne pourra nullement aymer cet objet que l'entendement luy proposera, & representera estre tant aymable: & cette veüe, qui deuoit engendrer vn si grand amour en la volonté en lieu de cela y fera naistre vne tristesse infinie, laquelle sera renduë eternelle, par la souuenance qui demeurera à iamais en ces ames perduës, de la souueraine beauté qu'ils auront veuë: souuenance sterile de tout bien, ains fertile de trauaux, de peines, de tourmens, & de desespoirs immortels: d'autant qu'en la volonté se trouuera tout ensemble vne impossibilité, ains vne effroyable, & eternelle auersion & repugnance d'aymer cette tant desirable excellence: si que les miserables damnez demeureront à iamais en vne rage desesperee, de sçauoir vne perfection si souuerainement aymable, sans en pouuoir iamais auoir ny la iouyssance, ny l'amour: parce que tandis qu'ils l'ont peu aymer, ils n'ont pas voulu, ils brusleront d'vne soif d'autant plus violente, que le souuenir de cette source des eaux de la vie eternelle aiguisera leurs ardeurs, ils mourront immortellement, comme des chiens, d'vne faim plus vehemente, que leur memoire en affinira l'insatiable cruauté, par le souuenir du festin duquel ils ont esté priuez.

 Car alors fremissant de rage,
 Le peruers tout sec deuiendra,
 Mais quoy que brasse en son courage
 Le meschant, tout luy defaudra.

Certes ie ne voudrois pas asseurer, que cette veüe de la beauté de Dieu, que les mal-heureux auront comme en eloyse, & à guise d'vn esclair, doiue estre de mesme clarté que celle des Bien-heureux: mais elle sera pourtant si claire qu'ils verront le Fils de l'homme en sa Maiesté, ils verront celuy qu'ils ont percé, & par la veüe de cette gloire cognoistront la grandeur de leur perte.

Nous apprendrós delà ce qui est peu pesé par les Escriuains des choses spirituelles, qui est que le plus excessif & insupportable tourmét de l'enfer est la priuation de l'amour sacré: veu que les damnez s'estimeroient heureux, comme ie di vn peu apres, s'ils penſoient pouuoir quelquefois aymer Dieu, & les Bien-heureux s'eſtimeroient damnez, s'ils croyoient pouuoir eſtre vne fois priuez de cet amour ſacré. Et la deſſus il admire combien eſt deſirable la ſuauité du commendement d'aymer Dieu, puiſque ſi Dieu le faiſoit aux damnez ils ſeroient en vn moment deliurez de leur plus grand malheur, les biéheureux n'eſtant bien-heureux que par ſon continuel exercice.

XXIX.
En quoy conſiſte la felicité des bien-heureux.

VN iour ie demandois à ce ſainct Eueſque en quoy il eſtimoit conſiſter la felicité des ſaincts, en l'acte de la cognoiſſáce ou de la veüe ou en celuy de l'amour ou de la volonté. Queſtion qui n'eſt pas petite parmy les Scholastiques. Il me respõdit auec vn iugement merueilleux detrempé d'vne suauité nompareille, que la Beatitude celeste estant vn ramas parfait de tous biens, comprenoit l'vn & l'autre acte, & consistoit en la veuë de la premiere verité, & en l'amour de la souueraine bonté, ou pour les lier d'auantage, en la veuë de la premiere verité qui estoit aymee, & en l'amour de la souueraine bonté qui estoit veüe, & que de cette veüe amoureuse de cet amour voyant, naissoit cette iouyssance ou ioye vnissante qui attachoit nostre entendement à son souuerain obiect la premiere verité, & nostre volonté au sien la souueraine bonté. Mais la perfection de cette iouyssance est en ce que cét amour par lequel le bien-heureux iouyt de Dieu, se termine en fin derniere dans le bien de Dieu mesme qui est sa gloire exterieure, autrement ce seroit pluſtoſt vſage que iouyſſance.

Il eſt vray que dans le ciel, voir, & aymer Dieu, ſont deux choſes auſſi diſtinctes, que l'entendement qui voit, l'eſt de la volonté qui aime, mais elles ſont ſi conjointes qu'il n'y peut arriuer de ſeparation, d'autant que la veuë de Dieu porte à ſon amour par vne neceſſité ſi heureuſe, que cette inſeparabilité eſt vn plus beau fleuron de la couronne de l'immortelle felicité, c'eſt à la veuë de cette eternelle beauté de Dieu, que l'on peut bien plus iuſtement vſurper le mot de cet ancien.

Auſſi toſt que i'ay veu l'amour m'a transporté,
Tant l'eſclat eſt puiſſant d'vne rare beauté,
Il eſt ſi violent, il a tel aduantage,
Qu'il faut ou eſtre aueugle ou entrer en ſeruage,

Aussi tost que les yeux en reçoiuent
l'attrait,
Le cœur au mesme temps est frapé de
son trait.

XXX.
De la veüe & de l'amour.

LEs exemples de cet effect mesme dans les beautez humaines, sont frequens parmy les saintes pages, & ce qui est de plus remarquable, parmy les plus forts esprits. Isaac n'eut pas plustost apperceu l'extreme beauté de Rebecca qu'il en deuint espris, iusques à oublier le deplaisir qui luy estoit nouuellement arriué de la perte de sa mere Sara.

L'affection de Iacob (appellé le sainct de Dieu) nasquit pour Rachel à l'instant de sa premiere veüe.

Merueille qu'vn amour qui à grand
peine est né

Seconde partie.

Vole desia tout grand, & comme cou-
ronné
Triomphe de son cœur, & y porte vne
flame
Qu'il reduit en brasier & son corps &
son ame.

Sa perseuerance de quatorze ans à la conqueste de cette fragile beauté ne fut pas vn petit tesmoignage de la grandeur de son amour. Esther par sa beauté rauit en vn instant le cœur d'Assuere, & d'esclaue deuint son Espouse. Iudith imprima en vn moment, les mesmes sentimens dans celuy du General de l'armee des Assyriens.

Dauid tout auancé qu'il estoit en la grace, fut reduit en cendre à la premiere veuë de Bersabee. Et la beauté nó moins que la sagesse d'Abigail luy donna dans les yeux dés la premiere rencontre le bon homme Booz qui estoit si sage ne laissa pas d'estre picqué de ce taon à l'aspect de Ruth, qu'il esleua d'vne si pauure condition que celle d'vne glaneuse, à la qualité de sa compagne, & en la part de tous ses biens.

Et s'il est permis de ioindre icy quelques exemples profanes, l'histoire Grecque nous apprendra de quelle sorte Alexandre ce dompteur du monde fut luy mesme dompté de ceste passion qui le rendit esclaue des Compaspés, des Roxanes, & de tant d'autres beaux visages qui triompherent de la liberté de celuy, qui trainoit captiues des nations entieres. Le mesme conquerant se defiant de sa foiblesse de ce costé là, où il n'estoit que trop vulnerable, s'abstient de voir la femme de Darius qu'il tenoit prisonniere auec toutes les femmes de sa suitte, disant que les Dames

Per-

Persiennes faisoient mal aux yeux, sçachant que leurs beautez auroient pour luy des charmes ineuitables.

Elle nous propose encore les doux mais puissants effects de ces visages enchanteurs de Phyné & d'Helene l'vne le funeste flambeau de la ieunesse d'Athenes, & l'autre le feu qui mit en cendre les cœurs aussi bien que les murailles dela fameuse Troye, sur quoy disoit ce Poëte.

Qu'vne exquise beauté enferme en son pourpris,
Le Paradis des yeux, & l'enfer des esprits,
Et par ses doux attraits, quoy que pleins d'innocence,
Fait viure le desir, & mourir l'esperance.

R

XXXI.
De la veuë de Dieu.

Que si des beautez caducques, passageres, perissables, ont eu de tels ascendans, & sur de tels courages, que faudra t'il penser de l'amour celeste & surnaturel qu'excite dans les ames de grace, qui est vne gloire cómencée, & de gloire, qui est vne grace consommée, l'adorable beauté de Dieu de laquelle le Psalmiste dit que le Seigneur se roueſtant, il regne sur les esprits qui en sont touchez auec vne vertu & vne force ineuitable.

Beauté des beautez la premiere
Source de toute autre beauté
Beauté de la diuinité
Toute de flame & de lumiere
Beauté de nos yeux la splendeur
Et de nos cœurs l'vnique ardeur

Seconde partie.

A vostre feu, à vostre flame
Ie consacre tous mes desirs
Tout mon corps & toute mon
ame
Mes delices & mes plaisirs
C'est dans vos flames & vos
feux
Que ie consomme tous mes
vœux

Ô Dieu, disoit sainct Augustin, celuy-là vous aime moins qu'il ne doit, qui aime quelque chose auec vous, qu'il n'ayme pas pour l'amour de vous. Quel sentiment deuons nous auoir du pur & parfait amour de ces heureuses ames qui sont au ciel dans la fin de toute consommation, & tellement trans-formées en Dieu par amour, qu'il est toutes choses & à toutes.

Si vne sainte estant encore en

terre, a peu dire que tout ce qui n'estoit point Dieu ne luy estoit rien, que doiuent penser ceux qui se resiouyssent en la presence de Dieu, & se delectent en liesse, enyurez de l'abondance de sa maison, & abbreuuez du torrent des voluptez, que iamais œil n'a veuës, ny cœur imaginez.

XXXII.
Nul interest proprietaire dans le Paradis.

O Pur amour à quel haut degré de pureté es tu pratiqué dans le ciel, qui est ton vray centre, & le lieu de ta perfection & de ton repos, apprenons cecy de la doctrine du B. François de Sales qui a escrit si dignemét du pur & plus parfait amour de Dieu. Il dit donc ainsi. (l. 11. de l'amour de Dieu ch. 13.)

„ Le souuerain motif de nos actions

" qui est celuy du celeste amour, a
" cette souueraine proprieté qu'e-
" stant plus pure, il rend l'action qui
" en prouient plus pure: si que les An-
" ges & Saincts de Paradis n'aiment
" chose aucune, pour autre fin quel-
" conque, que pour celle de l'amour
" de la Diuine bonté & par le motif
" de luy vouloir plaire: ils s'entr'ai-
" ment voirement tous tres ardam-
" ment, ils nous aiment aussi, ils ai-
" ment les vertus, mais tout cela pour
" plaire à Dieu seulement. Ils suiuẽt
" & pratiquent les vertus, non entant
" qu'elles sont belles & aimables,
" mais entant qu'elles sont agreables
" à Dieu: ils aiment leur felicité, non
" entãs qu'elle est à eux, mais entãt
" qu'elle plaist à Dieu: ouy mesme, ils
" aiment l'amour duquel ils aiment
" Dieu, non parce qu'il est en eux, mais
" parce qu'il tend à Dieu: non parce
" qu'il leur est doux, mais parce qu'il

R iij

„ plait à Dieu: non parce qu'ils l'ont,
„ & le possedét, mais parce que Dieu
„ le leur donne, & qu'il y prend
„ son bon plaisir.

Apres cela trouuerons nous estrange que nostre Caritée vueille brusler le Paradis, c'est à dire, nous arracher de ce monde tout interest propre, dans la recherche du Paradis, veu que ceux qui font le bien dans la veüe de cette conqueste, entant qu'elle leur est aduantageuse, d'vn aduantage honorable, vtile, ou delectable, terminant leur pensee dans leur propre bien, ne se trompent pas seulement d'autre moitié de iuste prix, mais comme dit l'ancien prouerbe, de tout le ciel & de toute la terre, veu qu'ils cherchent dans le ciel ce qui n'y est pas, ce qui n'y fut iamais & ce qui n'y peut estre, qui est vn interest proprietaire, chercher dás le Paradis pour son interest particulier, non pour la gloire de Dieu en fin derniere, c'est chercher en Paradis ce qui n'y est pas, c'est chercher vn Paradis autre que celuy que nous promet la foy & la Religion Chrestienne, c'est errer dés le ventre, comme le Psalmiste parle, c'est à dire dans le principe, c'est dire des choses fausses, & auoir du Paradis des sentimens contraires à la verité.

XXXIII.
Deux gloires au ciel.

Ie sçai bien que dans le Paradis nostre interest est conioint à celuy de Dieu, & que nul ne peut glorifier Dieu dans le ciel que Dieu ne glorifie premierement, c'est à dire à qui il ne donne la lumiere de gloire, à proportion de laquelle chacun cognoist & aime Dieu, & le glorifie selon la mesure de sa cognoissance & de son amour. Mais pourtant il y a vne extreme difference entre la gloire que Dieu donne aux esleus dans le ciel, & celle qu'ils luy rendent, car la premiere est la gloire de la creature, & la seconde celle du Createur, & qui oseroit pēser que celle de la creature, & non celle du Createur, fust la derniere fin de la creation du Paradis, arrestez donc sa pensee en derniere fin à la gloire que Dieu dōne aux biē-heureux en paradis, sans viser à celle pour laquelle le Paradis a esté creé qui est celle de Dieu, qui ne voit que c'est renuerser tout ordre, & bouleuerser les fondemens non seulement du Paradis, mais de nostre creance, & proposer à nostre imagination detraquee vn Paradis tout autre qu'il n'est, c'est à dire, ou Dieu seulemēt nous glorifie sans que nous luy en rēdiōs aucune gloire. Dauid estoit bien esloigné de cette pensee quand il appelloit bien-heureux les habitans du ciel, & pourquoy? parauanture pour la seule gloire dont Dieu les couronne, nullement, mais parce-

Seconde partie. 261

qu'ils y loüent & glorifient Dieu au siecle des siecles (Pse. 83.)

XXXIV.
Leur difference.

I'Auoüe qu'il est difficile de regarder dans vn miroir, sans se voir dans sa glace, mais pourtant on m'aduoüera qu'il y a bien de la difference entre regarder vn miroir par le seul plaisir de le considerer, & de voir ou la polissure de sa glace, ou l'enioliuement de son enchasseure, ou le contentement de s'y mirer, & de s'y contempler soy-mesme. Il en est de mesme du Paradis, il y a bien de la difference entre contempler les beautez & les delices du Paradis, & les adorations, loüanges, & benedictions continuelles que l'on y rend à Dieu (en quoy consiste proprement l'essence du Paradis, & sa cause finale) & les felicitez dont Dieu honore & comble les bien-heureux: car ces felicitez sont des biens que Dieu donne à ses creatures, mais ces loüanges sont des biens que les creatures rendent à la gloire exterieure du Createur, pour laquelle Dieu a creé toutes choses, & à laquelle toutes choses se doiuent rapporter comme à leur dernier terme.

XXXV.
Instance.

SI l'on dit que ces deux choses dans le ciel sont tellement inseparables que l'on ne peut rien faire pour l'vne qui ne se fasse aussi pour l'autre, i'auoüeray cela en vn sens, en l'autre nullement: car il est vray que celuy qui en estat de grace fait vne bonne œuure pour la gloire de Dieu, aura le Paradis dans lequel il glorifiera Dieu & en sera glorifié, mais qui feroit vne bonne œuure seulement pour estre glorifié de Dieu en Paradis bornant là son intention sans viser ny actuellement ny virtuellement à la gloire de Dieu, ne feroit pas vne œuure digne de la couronne de Iustice que le iuste iuge promet à ceux qui opereront pour son amour.

XXXVI.
Distinction remarquable

Tout ainsi donc que le sainct amour dont la diuine parole est le glaiue, arriue iusques à la diuision de l'ame & de l'esprit, c'est à dire à separer l'interest de la creature de celuy du Createur, la vraye Charité ne cherchant que cettuy-cy non celuy là: Aussi dans le ciel, vne ame qui aime Dieu purement, regarde plus la gloire que l'on y rend à Dieu, que celle dont Dieu enuironne ses esleus. Et tout ainsi que dans l'enfer, Dieu, dit le Psalmiste, entre-coupe, c'est à dire, sepdare la flâme du feu, conseruant l'ardeur qui tourméte les reprouuez & les laissant dans des tenebres exterieures, sans la triste consolation qui pourroit leur prouenir de la lueur de la flamme. de mesme dans le ciel nous pouuons faire vne abstraction mentale de la gloire que les Bien-heureux donnent à Dieu de celle que Dieu leur donne, & ne seruir pas tant Dieu pour la gloire que nous esperons qu'il nous y donnera (quoy que ceste esperance ne soit pas mauuaise) que pour la gloire que nous desirõs luy rendre au téps de ceste vie & en l'eternité de l'autre. Que si par imagination d'vne chose impossible, nous pouuions glorifier Dieu dans le ciel sans en estre glorifiez, nous ne deurions pas laisser de faire le bien pour la seule gloire de Dieu auec autant de contentement & d'allegresse, puisque nous deuons premierement & principalement chercher la gloire de Dieu, la nostre n'en estant que l'ombre & l'accessoire, cela s'appelle separer le feu de la fumee, l'or de sa marcassité, le miel de la cire, le precieux du chetif, & selon nostre Caritée auoir plus d'esgard au Dieu de Paradis qu'au Paradis de Dieu. C'est imiter les Bien-heureux qui dans le ciel ont plus d'esgard à l'interest de Dieu, qu'au leur ne regardât rien qu'en Dieu, & que Dieu en toutes choses, lequel soit sur tout beny par tous les siecles, *Amen.*

XXXVII.

Amour diuin sommité de la beatitude celeste.

Comme donc le faiste de la couronne du ciel c'est le sainct, pur, & des-interessé amour de Dieu, sans cet amour, le Paradis seroit vn enfer. Aussi l'abysme des mal-heurs de l'enfer, c'est la priuation de ce sainct amour qui seul seroit capable de chãger l'enfer en Paradis s'il y en tomboit vne estincelle, par laquelle les flammes de l'enfer seroient changees en flambeaux de dilection qui sont tout de feu & de flamme, est-il dit au Cantique (Cantic. 5.)

Si le Paradis estoit sans cét amour & qu'il fust descendu dans l'enfer, il n'y a point de doute que si les esleus manquoient de cét amour au ciel, qu'ils n'en quitassent librement toutes les delices, pour aller chercher ce diuin amour au milieu des feux & de tous les tourmens des enfers, les peines, mesme infernales auec ce sainct amour seroient des peines agreables & bien aymées, & sans cet amour sacré, le ciel seroit deplaisant.

Quoy l'amour de la patrie qui n'estoit qu'vn amour humain & interessé porta bien autresfois vn Cheualier Romain à se precipiter volontairement dans vn gouffre, qui menaçoit d'engloutir toute la ville de Rome, s'il n'estoit fermé par vne telle victime selon la responce d'vn oracle, & l'amour de la science, ou plustost vn excés de vaine curiosité porta bien vn Philosophe à se lancer dans les flammes du Vesuue, & vn autre dás les flots de l'Euripe. Et pensons nous que le diuin Amour qui est plus fort que la mort, & dont l'ardeur est plus vehemente que celle de l'enfer, (Cantic. 5.) ne fust pas capable d'en surmonter les flammes.

XXXIX.
Induction tirée de l'amour de Dieu qu'ont les ames qui sont au Purgatoire.

L'Estat des ames qui sont dans le Purgatoire donne iour à cette verité, puisqu'il est certain qu'ayant l'amour de Dieu, comme elles l'ont, c'est à dire au plus haut & plus ardant degré qu'elles le puissent iamais auoir, elles ayment beaucoup mieux estre parmy ces flammes qui les purifient, que de paroistre deuant les yeux de Dieu dans le ciel auec le moindre deffaut, & leur amour est tellement au dessus & victorieux de leur douleur, quoy qu'elle soit tresgrande, qu'elles ne sçauroient commettre le moindre acte, non pas mesme conceuoir la moindre pensée d'impatience, ny souhaitter d'estre hors de là vn moment plustost que celuy que Dieu a determiné pour leur deliurance, tout leur amour a transformé leur vouloir en celuy de Dieu, hors duquel rien ne leur semble considerable.

Amour

XL.
Amour de Dieu vehement de quelques ames dés cette vie.

Voy dés cette vie mesme où la Charité n'est pas confirmée dãs le point de sa consommation comme elle est dedans le Purgatoire, il s'est trouué des saincts qui ont par la force de leur amour trouué des delices à souffrir pour Dieu. Ainsi le grand Apostre se glorifioit & se resiouïssoit, mais d'vne ioye inenarrable dans ses Croix & ses angoisses pour I.C. (2. Cor. 12.) & generallemét sous les Apostres se retiroient ioyeux des assemblées où ils auoient esté trouuez dignes de souffrir des contumelies pour le nõ de IESVS. Vn sainct Laurens parmy les feux se rit des bourreaux, d'autant dit S. Augustin que les flammes qui brusloient son cœur estoient bien plus viues que celles

S

qui rotiſſoient ſon corps. Saincte Appolonie par vn particulier mouuement du ciel ſe lança elle-meſme dans les braſiers qui luy eſtoient preparez ſans attendre la main des bourreaux. Et les trois enfans qui chantent des benedictions à Dieu au milieu des flammes de la fournaiſe de Babylone, adorans la miſericorde celeſte qui empeſchoit qu'ils n'en fuſſent conſommez, teſmoignoient bien que leur amour eſtoit au deſſus de toutes ces flammes dans leſquelles ils paroiſſoient comme des Pyralides, & des Salemandres ſacrees, ne ſe repaiſſans que du feu du ſainct amour.

Vne ame qui en ſeroit poſſedée, trouueroit ſon Paradis meſme dans les douleurs de l'enfer, & ſeroit ſemblable à ces nacres qui engendrent les perles au milieu de la mer, ſans qu'vne ſeule goutte de l'eau amere y penetre pour en diſſoudre leurs vnions. Elle ſeroit comme ces ſources d'eau douce qui ſe trouuent dans le ſein de la mer non loin des Iſles que l'on appelle Chelydoines.

Si l'amour naturel & humain a eu aſſez de force pour faire dire à Iacob qu'il mourroit ioyeux apres auoir reueu le viſage aimé de ſon fils Ioſeph qu'il eſtimoit mort depuis tant d'années, ſi cette paſſion a eu le pouuoir de luy faire regarder auec ioye le front de la mort qui eſt ſi hydeux, & qu'vn grand Philoſophe appelloit la plus terrible de toutes les choſes terribles. Iugez ſi vne ame qui poſſede ou qui eſt poſſedée du diuin en vn degré treſ-pur & treſ-ferme, telle qu'eſt vne ame qui ſort du corps en eſtat de iuſtice & de grace, ne pourroit pas trouuer du contentement meſme parmy les douleurs de l'enfer, si (par imagination d'vne chose qui ne peut estre) il plaisoit à Dieu de l'y releguer.

XLI.
Qu'il faut plus detester la coulpe que la peine.

Qve si dés cette vie nous voulons descendre en enfer tous viuans pour n'y descendre point en mourant comme dit vn ancien Pere, il est au pouuoir de nostre pensee de separer l'effect de la cause, & la peine de la coulpe, & de conceuoir vne horreur plus grande (sinon dans le sens au moins dans l'estime de la raison) du peché que de l'enfer, veu que sainct Bernard nous enseigne que sans la volonté propre (qui est la racine & le fondement de tout peché) il n'y auroit point d'enfer. Et qui ne sçait que la volonté propre est le coupe-gorge du sainct amour par lequel nous aimons Dieu pour l'amour de luy-mesme sans aucun interest propre.

Saincte Catherine de Sienne assistoit vn iour au spectacle d'vn exorcisme, & comme l'Exorciste pressoit le demon possedant de dire son nom, il respõdit ie suis ce mal-heureux qui n'a point d'amour. Parole qui estonna tellement cette saincte fille qu'elle en tomba en vne pasmoison qui dura fort long-temps, de laquelle estant reuenuë, elle disoit qu'elle ne pouuoit comprendre comme vne creature raisonnable pust estre sans l'amour de Dieu, mais n'est-ce pas pour pasmer, & mourir d'horreur & d'effroy de sçauoir que les demons, & les damnez, non seulement n'ayment pas Dieu, mais sont dans l'impuissance & dans l'incapacité de l'aymer iamais, & ce qui est encore plus espouuantable qu'ils sont, & seront eternellement dans vn sens si reprouué, & affermis dans vn si mauuais propos, que comme ils sont l'obiect de la haine de Dieu, Dieu aussi sera l'obiect de leur haine, de leur fureur, & de leur rage.

A dire le vray ceste priuation du sainct amour de Dieu, que dis-ie mais ceste haine de Dieu forcenée & abominable est le vray enfer de l'enfer, à comparaison de laquelle les feux ne semblent que des ieux & les autres supplices que des delices.

XLII.
Vnique regard de Caritée.

O que bien heureuse est l'ame qui peut estre fortement imbuë de ceste puissãte verité c'est à quoy vise nostre Caritée, retirant nos regards de dessus les plaisirs du ciel, & des tourmens de l'enfer pour les ramasser

Seconde partie. 275

tous dans cet vnique point comme en leur centre, le pur amour de Dieu, c'est là cet œil vnique, ce seul cheueu de l'Espouse sacrée qui blesse saintement le cœur de l'Espoux. C'est là cette colombe vnique, ceste toute belle, ceste parfaitte, pour qui l'Espoux sacré a de si tendres sentimens. c'est là ce vrai Gyrosol,

Qui dedaigne de voir par vn louable
orgueil

D'autres flammes du ciel que celles du
soleil.

Cette aiguille frottée de l'aiman du sainct amour, qui n'a point d'autre nom que la gloire de Dieu. Cet œil simple qui rend lumineux & resplendissant le corps de toutes nos actions.

Ce despouillement de tout interest particulier, figuré par celuy du Prophete (Mich. 4. 8.) & de l'Espouse (Cantic. 6.) & executé

par ce bon Hermite lequel ayant donné son manteau à vn pauure transi de
froid, & interrogé qui le luy auoit vo-
lé, monstrant vn nouueau testament
voilà le voleur, dit-il, qui lisant le passage, va vend tout ce que tu as, & le
donne aux pauures.

C'est cette nudité en laquelle sainct
Bernard conseille de suiure Iesus-
Christ nud en la Croix, & qui faisoit
dire de si bonne grace à sainct Augustin, Seigneur faites que ie vous ayme
mais vous seul, faites que ie mesprise
toutes les choses creées, mais toutes,
car de demeurer suspendu entre le
ciel, & la terre, le Createur & les creatures, ce m'est vn supplice insupportable.

Autre application de l'histoire d'Aspasie.

CYrus ayant vaincu Tygranes
Roy des Armeniens en bataille

Seconde partie. 277

rangee & l'ayant pris prisonnier aueq
sa femme Aspasie Princesse, dont la
vertu & la beauté combattoient à
qui rendroit la plus recommandable,
d'autant que l'on ne sçauoit si l'on deuoit plus admirer en elle,

Ou l'extreme beauté des vertus de son
ame,

Ou l'extreme vertu des beautez de
son corps.

L'vn & l'autre empliſſans par differens efforts,

Ceux qui la regardoient d'vne ſecrette
& constante. Cyrus qui estoit d'vn naturel genereux & magnanime, traita vrayment
en Roy ce Prince captif, & le faisant
souuent manger à table, & sa femme
aussi, taschoit par toutes sortes d'honneurs & de diuertiſſemẽt de ſoulager
son deplaisir, s'estant apperceu qu'il
n'auoit point de paſſion plus vehemente en l'esprit que l'amour qu'il

portoit à Aspasie, & que la crainte de la perdre, & que Cyrus n'en deuint espris estoit le plus cruel tourment de son cœur. Cyrus luy demanda vn iour ce qui l'affligeoit d'auantage, Tygranes respondit aussi tost la captiuité d'Aspasie, ne prisant à rien à comparaison la perte de sa couronne & sa propre liberté, Cyrus rauy d'vn si grand excez d'amour, continua de luy demander ce qu'il donneroit volontiers pour la tirer de prison, Tygranes repart en vn mot, ma propre vie. Cyrus estonné d'vn si loyal amour en la consideration de cette franchise le remit en son trosne à condition qu'il releuast de celuy de Perse, & loüa cét amour coniugal comme la chose la plus estimable qui fust iamais venüe à sa connoissance.

Tygranes restably dans son authorité, & releué de toutes ses pertes, magnifiant par tout la generosité de son vainqueur, demanda vn iour à Aſpaſie ce qu'il luy ſembloit, & de la bonne grace & de la vertu de ce grand Monarque à qui ils auoient tous deux des obligations ſi ſignalees. Cette Princeſſe encore plus vertueuſe que belle luy repartit, qu'apres celuy qui auoit voulu ſacrifier ſa vie pour la racheter de priſon, il n'y auoit plus de viſage d'homme qui puſt paroiſtre agreable à ſes yeux, ny de vertu qui puſt eſtre conſiderable à ſon eſtime. Replique qui embraſa le cœur de Tygranes de nouueaux feux, & qui arracha de ſes yeux des larmes de tendreſſe.

O Dieu ſi l'amour humain & naturel peut eſleuer vn courage dans vne pureté ſi des-intereſſee, & côduit vne ame dans vn degré ſi eminent d'amour d'amitié, que deuons nous penser de l'amour divin & surnaturel, quand vne fois, ses flammes qui portent vn embrasement, qui fait vne totale consomption (Cantic. 5) se rendét maistresses d'vn bon cœur. Hé apres ce que I. C. a fait pour nostre salut, & pour nous arracher de la captiuité du Prince des tenebres, & de l'esclauage du peché, pourrons nous bien auoir des regards pour les chetiues creatures, & des esgards vers nos interests. Quand sera ce que nous mettrons toutes nos couronnes aux pieds de cét Agneau qui nous a rachetez, & qui nous couronne de ses miserations & de ses misericordes.

XLIV.

Trois beaux exemples de pur amour.

Qvand sera ce que nous ne regarderons que luy seul, sans nous respandre dans l'embarassante multiplicité de nos aduantages, nous disons bien quelquefois auec l'amante du Cantique que nous le tenons, & ne le lascherons point, nous attachans, & colans si fortement à luy que rien ne nous en pourra deprédre & neantmoins nous nous souuenons aussi tost de nous-mesmes & de nos interests, disans auec cette mesme Espouse *iusques à ce qu'il nous ait introduits en la maison, & en la chambre de nostre mere.* C'est à dire, de la bien-heureuse eternité, comme si nous ne nous tenions liez à luy par grace que pour auoir la gloire, entant qu'elle nous est auantageuse. Car de vouloir aller à la gloire par la grace, il n'y a rien de plus iuste ny de plus raisonnable, pourueu que dans la gloire celeste on cherche celle de Dieu en fin derniere non celle que Dieu nous donnera dans le ciel sinon par accessoire, car de mettre la derniere fin dans celle cy, c'est renuerser l'ordre de la Charité, & donner à la creature ce qui n'appartient qu'au Createur.

Nous disons quelquefois à Dieu, lors que son esprit rend tesmoignage au nostre que nous sommes en sa grace, que nous ne le quitterōs point mais nous disons aussi tost auec Iacob que nous le lascherons pouruen qu'il nous donne sa benediction, comme si nous faisions moins d'estat du Dieu de la benediction que de la benediction de Dieu, c'est à dire en vn mot de la gloire que nous rendrōs à Dieu dans le ciel, que de celle qu'il nous y donnera.

Celuy la est bien mieux conseillé qui se range à l'imitation du grād Apostre, lequel deffie la mort, la vie, les hommes & les Anges & toutes les creatures, de le separer iamais de la pure & desinteressée Charité de

Dieu, que le mesme nous enseigne, ne chercher point ses profits (Rom. 8:1.Cor.13.)

XLV.
Autre Probleme.

Nostre Caritée nous inuite à vous deduire vn autre Probleme, que vous ne iugerez pas, ie m'en asseure moins agreable ni moins vtile que le precedent, sçauoir s'il vaut mieux mener en terre vne vie douloureuse & penible auec vn plus grād amour de Dieu, que d'estre au ciel auec moins d'amour.

Auant qu'entrer en sa discussion il est à propos de sçauoir, ce que le B. François prouue doctement en son Traitté de l'amour de Dieu (l. 3. c. 7.) qu'il y a eu des saincts, qui en ceste vie mortelle, ont non seulemēt égalé, mais surpassé quelquefois la Charité des Bien-heureux.

XLVI.
La vie presente, sans la grace de Dieu est une mort.

Nous tiendrons aussi pour une cause iugee, puisque c'est une doctrine qui ne peut estre mise en doute par aucune ame vrayment Chrestienne, que la plus delicieuse vie qui se puisse mener en terre, est une vraye mort, sans l'amour, & la grace de Dieu, puisqu'elle ne peut produire que des œuures ou mortes ou de mort. Hors la splendeur de l'Orient de la grace, on ne peut marcher qu'en tenebres puisque la lumiere de la vraye vie deffaut, on ne va que dans les obscuritez entre les morts du siecle, & on est assis dans la region de l'ombre de mort.

De quelque faueur que la fortune gratifie les meschans, elle ne les esleue haut que pour les froisser d'vne cheute

Seconde partie. 285

te plus lourde, elle ne les embraffe que pour l s eftouffer, ne les baife que pour les trahir, ne les gratte, comme le boucher que pour les affommer, & ne les couronne de fleurs, comme les anciennes victimes, que pour les immoler à des miferes eternelles, ils paffent leurs iours en plaifirs, dit le facré Texte, & en vn moment defcendent aux enfers. Ils fe couronnent de rofes, ils pillent toutes fortes de fleurs, ils ne dénient rien à leurs fens, mais au bout de là ils tombent dans les grincemens de dents, & dans les tenebres exterieures. S'ils s'en orgueilliffent de n'eftre point dans le trauail des autres hommes, fi leur iniquité fort de leur graiffe, s'ils font efleuez en honneur par deffus les Cedres du Liban, les plus grands de la terre, ayez vn peu de patience, au repaffer ils ne feront plus. Ce font de ces debiles vapeurs,

T

que le Soleil attire le matin, & qu'il dissipe à mesure qu'il les esleue. Leurs greniers regorgent de grains, leurs celiers de vins, leurs coffres de tresors, leur bestail de graisse, ils sont pompeux en habits, & plus ornez que les Temples ; tout le monde les estime heureux, & pense que leurs testes sont au faiste de la felicité : mais le ver du peché qui leur ronge le cœur, ce remords qui ne peut mourir, ternira bien-tost tout ce lustre, & lors on appellera vrayement bien-heureux le peuple, de qui le Seigneur est Dieu, & qui vit sous ses iustes loix, dans le Royaume de sa grace. Il sera comme les arbres plantez sur le courant des eaux, qui ne perdent point leur verdure, qui rendent leur fruict en leur temps, & dont la prosperité constante, donne iusques dans l'eternité.

Ie sçay qu'il y a vne voye, selon

que le Sage enseigne, qui semble droitte & facile à l'homme; mais elle a ce mal-heur, qu'elle se termine dans la mort; la fausse ioye aboutit tousiours en des larmes veritables. (Prouerb 14.13.) les delices i legitimes en de iustes tourmens. (Apoc. 18.7.) Et puis dequoy seruira à l'homme d'auoir gagné tout le monde pour vn temps, s'il perd son ame pour vne eternité?

XLVII.
Des fausses prosperitez de cette vie.

MIserable, certes, est la prosperité du temps, qui meine dans vne aduersité eternelle, & mieux vaudroit n'auoir iamais esté que d'estre vn suiet de tourmens eternels, & l'obiet de l'immortelle colere du Dieu des vengeances. Les biens qui couurent le peché, sont comme la fueille d'Asphalte, qui cache vn serpent, ce sont des figues dans lesquelles on trouue vn aspic qui donne à l'ame vne eternelle mort.

Mille, dit le Psalmiste, tombent à la gauche de l'aduersité, & dix-mille à la droitte de la prosperité, d'autant que celle, qu'vn grand Philosophe appelle la marastre de la vertu, en destourne beaucoup plus du chemin de leur deuoir, que celle-là, le baston au contraire, & la verge de l'aduersité redressant nos voyes, & nous addressant vers le Ciel, selon ce veritable Oracle, quand Dieu frappoit Israel, il retournoit à luy, en multipliant leurs infirmitez, il les appelloit à son seruice, & faisoit reuenir à leur cœur ces preuaricateurs.

Les chiens de chasse tombent plus souuent en deffaut au printemps, qu'en aucune autre saison de l'annee, d'autant que la force des fleurs leur leue le sentiment des passees de leur proye. Parmy les fleurs de la prosperité, les sentimens du seruice de Dieu sont bien foibles, & semble que nostre ingratitude s'accroisse par la multitude de ses bienfaits. Vn peu de verdures & de pasturages, que les Israelites trouuerent au deça du Iourdain arresterent deux tributs & demy, des douze, & les empescherent de passer auec les autres, à la conqueste de la terre promise, quelque montre qu'on leur fist, de la beauté & de la bonté de ses fruicts. Nous oublions aisément la rosee du Ciel quand nous sommes suffoquez de la graisse de la terre, & l'abondance de la suauité de l'esprit est peu goustee de ceux qui sont enfoncez dans le sang & la matiere ; à qui regrette l'Egypte, la Manne sera à contre-cœur, & il tiendra pour rien la terre desirable.

Nous ne nous enquerons donc point de la vie de ceux qui sont, comme ces fausses vefues dont sainct Paul parle, morts en viuant, & vifs en mourant, c'est à dire, qui meinent vne vie delicieuse selon la chair, mais mal heureuse selon l'esprit, estant depourueüe de la grace celeste puisque nous sçauons que le feu & l'orage sera la part de leur calice pour jamais, dans l'estang de flamme & de souffre, & qu'ils n'auront aucune portion au sort des saincts, en la lumiere de la gloire.

XLVIII.
Des calamitez de cette vie, accompagnees d'vn grand amour de Dieu.

NOus recherchons seulement, si, selon le iugement de ceux qui aiment le nom & la gloire de Dieu, (Pseaum. 118.) il est meilleur de mener icy bas vne vie miseble selon les yeux des hommes, dans vn grand amour du Createur, que de l'aymer moins parmy les felicitez & les ioyes inenarrables du Ciel: en vn mot, s'il vaut mieux, vn Iob en terre affligé, tenté, tasté de tous costez, (Hebr. 4. 15.) sans peché & dans vn haut degré de grace, que d'estre au dernier de gloire dans le Ciel, parmy ces heureux enfans qui y volent incontinent après leur baptesme, veu que l'Escriture nous enseigne que celuy qui est le moindre en cette aymable region des viuans, est plus grand que Iean Baptiste, appellé par la bouche de la mesme verité, le plus grand de tous ceux qui sont nez de femme.

Ie suppose icy que sur vne teste soient accumulez tous les fleaux, (Ps. 34. 15.) dont Dieu a de coustume d'affliger les hommes, non seulement les pecheurs (Pse. 31. 10.) pour les punir, mais encor les Iustes pour les esprouuer, (Iob 12. 13) & les perfectionner. (2 Cor. 12. 5. & 9.) ils se reduisent tous en trois classes, l'ignominie, par laquelle est contrepointé l'orgueil de vie, la disette & perte de biens, par où est chastiee la conuoitise des yeux, c'est à dire, l'auarice, & la douleur opposee à la conuoitise de la chair.

Ie suppose vn homme affligé en sa vie naturelle & corporelle, & comme Iob, qui soit vn vlcere selon son corps, en sa vie ciuile, n'ayant pas où mettre sa teste à couuert, mesme en sa vie spirituelle, sans consolation interieure, parmy les obscuritez, les angoisses, les langueurs, les detresses iusques au dernier point, & neantmoins, parmy tout cela, pareil à ce poisson que l'on appelle Lampe de mer, dont la langue esclatte comme vne flambeau, parmy les plus horribles tempestes, & lors que l'air tout noircy de nuages, ne fait voir autre lumiere que celle des esclairs, ie veux dire, tout rayonnant de grace, d'amour, & de fidelité enuers Dieu parmy tant de destresses, esperant en luy mesme dans les portes de la mort.

A vostre auis ceste ame n'est-elle pas heureuse parmy tous ses mal heurs, puisqu'elle se tient au mats, & au gros de l'arbre parmy ces tourmentes, & que nulle creature ne la peut separer de la charité de Dieu, puisqu'elle est participante de l'amitié du Seigneur. (Sapien. 7. 14.) & recommandee par le don de iustice dont elle est ornee.

XLIX.

Des afflictions des Saincts.

O Dieu, disoit le Psalmiste, vos amis sont trop honorez, (le texte original porte affligez) leur principauté n'est que trop affermie. Ils sont comme la palme qui se relance contre son faix, & qui iette des racines d'autant plus profondes qu'elle est plus battüe des orages & des bourrasques. Ils sont introduits au rafraischissement, au trauers du feu & de l'eau des tribulations, & par plusieurs afflictions, suiuant les traces de leur chef, il sont entrez au Royaume de la gloire.

Iettez les yeux sur tous les Saincts, ce sont autant de pierres viues dont est bastie la celeste Hierusalem, qui ont esté taillees par les marteaux & les cizeaux des afflictions, dans la carriere de cette vie, & qui par le Caluaire ont eu accés au Thabor de l'eternité, ils n'ont pas esté traittez plus fauorablement que le Fils de Dieu, qui a souffert pour nous, nous donnant exemple de souffrir pour luy en pressant ses vestiges.

Tous ceux qui ont beaucoup aymé Dieu, ont beaucoup aymé à souffrir, & aymé à souffrir beaucoup pour luy, & à endurer persecution pour la iustice. Moyse preferal'opprobre pour Dieu à la Royauté (Hebr. 11. 25.) & Dauid preferoit l'abiection dans la maison de Dieu & en sa grace, à la fausse gloire qui brille dans les tabernacles des meschans.

Et plusieurs mettans tout à fait leur interest sous les pieds; voyans les Cieux comme ouuerts pour eux, ont mieux aymé demeurer parmy les trauaux & les angoisses, pour y auancer la gloire de Dieu. Sainct Paul, se sent pressé de deux desirs, l'vn, d'estre dissous & dans le sein de Iesus-Christ, l'autre de rester en la terre pour amener des ames à son seruice. (Philip. 1. 23.) Sainct Martin s'offre à patir encore d'auantage en ceste terre des mourans, si Dieu le iuge propre à l'auancement du peuple dans les voyes du salut. Dauid ne demande rien, ny au Ciel ny en la terre, sinon que Dieu possede, & soit la part de son heritage pour iamais.

Le grand sainct Ioseph mourant entre les bras de IESVS & de MARIE, eust sans doute desiré de demeurer parmy les trauaux de la terre, pour seruir, par ses labeurs, à la nourriture de ce Fils, & de cette Mere incomparable, plustost que d'aller se reposer de ses peines dans le sein d'Abraham: mais la tres-saincte volonté de Dieu estant l'vnique Pole de la science, il se tourne aussi tost de ce costé-là, & y acquiesce amoureusement.

La tres saincte Vierge demeure en terre quinze ans apres l'Ascension du Sauueur, ô Dieu! quelle longue & dure priuation, quoy que temperée & adoucie par de fréquentes visites de Dieu, & sa conuersation continuelle dans le Ciel : mais parce qu'elle sçauoit que plus elle demeureroit en terre, plus elle croistroit en grace, & qu'à proportion de cette grace, elle glorifieroit Dieu plus hautement dans le Ciel, elle restoit tres-volontiers parmy les habitans de Cedar, comme vne rose parmy des espines, qui ne se nourrit que de la rosée des Cieux, & des rayons de l'Astre qui fait le iour.

Le Bien-heureux Ignace de Loyola, Fondateur de la Compagnie des Iesuistes, ayant vn iour proposé à quelques vns de sa Societé, par forme d'entretien & de conference, lequel seroit plus desirable, ou d'aller promptement au Ciel iouïr de Dieu, ou de rester en terre pour rendre quelque grand & signalé seruice à sa gloire, & presque tous ayans respondu qu'ils choisiroient d'asseurer leur salut, & de se rassasier de la veüe diuine, appellant Dauid à garand de leur souhait, & moy, leur dit-il, i'estirois de rester en terre, parmy toutes les croix, & mesme dans l'incertitude de mon salut, que ie remettrois entierement dans le soin de la prouidence, pour m'employer de toutes mes forces à procurer *La plus grande gloire de Dieu*. Sentiment si fort graué dans son cœur, qu'il prit ce mot *A la plus grande gloire de Dieu, pour sa deuise, & de toute sa Compagnie.*

L.
Leur indifference.

QV'admirable est l'amour indifferent & l'indifférece amoureuse, de ces ames eminentes en la saincte dilection. Elles voyent le Ciel ouuert pour elles, ceste chere esperance qui est vne confiance asseuree, repose dans leur sein, ils considerent d'autre costé mille trauaux & trauerses en la terre, l'vn & l'autre pourtant est indifferent à leur choix, & rien ne les peut determiner ny donner le contrepoids à leurs desirs que le seul bon plaisir de Dieu. Le Paradis ne leur est point plus agreable que les calamitez de ceste vie mortelle, s'ils voyent autant d'amour & de volonté de Dieu, icy que là; Les peines & les labeurs leur sont vn Paradis, si la volonté de Dieu s'y trouue, & le Paradis ne leur seroit point supportable, si ceste diuine & adorable volonté n'y regnoit souuerainement.

Le seul complaisir de Dieu est l'vnique & souuerain obiect de ces grandes & amoureuses ames, & par tout où elles en apperçoiuent plus elles y courent sans aucune consideration que de plaire d'auantage à Dieu où que ce soit, & en quelque façon que ce puisse estre. Elles sont conduites par la divine volonté comme par vn lien d'or & de soye, ou plustost comme par vn agreable parfum dont toute la vigueur est en la suauité, mais suauité si puissante, que comme il n'y a rien de si fort pour elles que ceste douceur, rien aussi ne leur semble si doux que cette amiable force.

Elles aimeroient mieux l'enfer auec la volonté de Dieu (qui est la mesme chose que son amour) que le Paradis sans elle : Ouy, mesme, dit le Bien heureux François de Sales. (de l'Amour de Dieu, liur. 9. chap. 4.) si elles sçauoient qu'en l'enfer il y eust vn peu plus du bon plaisir diuin, que dans le Paradis, & (par imagination, d'impossible) leur damnation fust plus agreable à Dieu que leur saluation, elles quitteroient leur saluation pour courrir à leur damnation. Parole hardie ! mais que
ie ne

Seconde partie.

Ie ne crain point de rapporter, sous la caution d'vn si bon garand.

LI.
De l'estat heureux & mal-heureux des ames qui sont au Purgatoire.

Nous tirerons de tout ce que nous auons dit, quelque lumiere, a la clairté de laquelle, nous cognoistrons quel est l'estat mal-heureusemeut heureux, ou heureusement mal-heureux; ou pour mieux dire, douloureusement amoureux, & amoureusement douloureux; des ames qui sont dans le Purgatoire, estat d'autant plus desirable que redoutable, que l'amour y est au dessus de la souffrance, & la patience si hautement esleuee au dessus de la douleur, qu'il n'est pas au pouuoir des sainctes ames qui sont en ce lieu, d'auoir le moindre petit souhait, d'en estre deliurees, que quant & com-

V

ment il plaira à Dieu, duquel le bon plaisir est l'vnique niueau de toutes leurs volontez, si encor on peut dire qu'elles ayent des volontez particulieres, tant les leurs sont englouties & transformees en celles de Dieu.

Que l'on voye le Traitté du Purgatoire, que le sainct Esprit a dicté à saincte Catherine de Gennes (car c'est à mon iugement l'vne des plus excellentes pieces que l'on puisse lire sur ce suiet,) & l'on y apprendra des secrets qui donneront beaucoup plus de desir que d'auersion, d'vn lieu dont les douleurs sont surpassees par les douceurs, les desolations par les consolations, & le martyre par la constance.

On y verra ces ames esleuees & asseurees de leur salut, qui chantent le Cantique de la sacree dilection parmy ces flammes, comme les trois enfans de la fournaise de Babylone, rafraischis dans ces ardeurs, par les vents & les rosees de mille & mille benedictions. Là elles reluisent de ioye, & voltigent, non point comme des éteincelles parmy des roseaux, (Sap. 3.7.) mais comme des roseaux parmy des éteincelles, ioyeuses de se purifier dedans ce baing de flammes amoureuses, pour se monstrer vn iour sans ride & sans tache, deuant la face glorieuse du grand Dieu, à la veuë duquel elles n'oseroient paroistre auec la moindre souilleure.

Si les ieunes filles que l'on destinoit au lict d'Assuere, estoient polies, aiustees, parees, attiffees, & parfumees vn an deuāt, & dressees auec tous les soins & toutes les industries imaginables, pour les rendre plus agreables aux yeux de ce Prince; de sorte que l'on pouuoit iustement dire d'elles: *dum poliuntur, dum comuntur annus est.* Combien plus de soin, prennent ces

V ij

ames predestinees, de se purger comme l'or en la fournaise, pour se presenter sans roüille, & sans aucune crasse deuant celuy qui regne dans vn Royaume sans fin, Royaume où rien d'impur ne peut auoir d'accez.

C'est-là, qu'elles disent auec autant de raison que ce grand Docteur de l'Eglise le disoit, dés cette vie. Seigueur, bruslez icy, taillez, tenaillez, couppez, brisez, froissez, il ne m'importe, pourueu que vous me pardonniez dans l'eternité? Quoy! vn Philosophe se voyant condamné par vn Tyran, à vn supplice non moins nouueau que cruel, qui estoit d'estre broyé & écrasé dans vne auge de pierre, auec de grands pilons de fer, eut bien le courage de dire, pile, casse, puluerise tant que tu voudras le vaisseau & le sepulchre d'Anaxarque (il appelloit ainsi son corps) quant au vray Anaxarque (c'estoit son esprit) tu ne luy peux faire de mal, il sera malgré toy tousiours entier.

Et pensez-vous qu'vne ame qui est dans le Purgatoire, ne puisse pas, estant confirmee en grace, dire hardiment, auec le grand Apostre, que rien ne le peut separer de la charité de Dieu, ny les feux, ny les flammes, ny tous les supplices imaginables, puisque tous les maux de peine, ne sont point capables de luy faire commettre celuy de coulpe, non pas mesme vn simple petit mouuement d'impatience, d'ennuy, de despit, & de chagrin.

LII.
Que cest estat est plein d'amour.

IL est vray que le Purgatoire est vn enfer en douleur, car les mesmes peines du dam & du sens qui tourmentét les dánez, y affligent aussi ces heureuses ames: mais ce n'est qu'à temps, ce n'est pas seulement auec esperance, mais auec vne certitude asseuree & indubitable de leur salut, c'est auec vne desolation assistee de la consolation des Anges, c'est auec vne diminution continuelle de leurs souffrances, à mesure qu'elles approchent du terme de leur entiere purgation : enfin c'est auec vn amour si parfait, & qui les vnit si pleinement & entierement au vouloir de Dieu, qu'elles ne peuuent rien vouloir que ce que Dieu veut, & parce que Dieu les veut-là, elles ne peuuent vouloir estre autre part, leur repos, leur centre, leur contentement & leur Paradis estant la tres-aimable & tres-desirable volonté de Dieu : Le Purgatoire de ceste façon est vn Paradis d'amour, & d'amour pur, d'amour parfait, dans vn enfer de douleurs, c'est vn creuset qui purifie de l'or sans le diminuer, ne luy ostant que sa crasse, & rien de sa vraye substance.

Il est vray que ce feu est cuisant, mais il est plus luisant, il est bruslant mais il est plus brillant, & quoy que cuisant, il n'est pourtant pas nuisant, puisqu'au contraire, il oste ce qui nuit, empesche l'entree de l'eternelle felicité. Il a beaucoup d'ardeur, mais il n'a point de noirceur, s'il a beaucoup de chaleur, il a encore plus de lumiere, s'il embrase, il fait embraser le sainct amour d'autant plus fermement, s'il est ardant, il a encore plus de flamme : Et vne flamme claire, qui esclaire les entendemens, & eschauffe les volontez, par vne dilection diuine, qui change ces flammes purifiantes en flammes d'amour, qui rendent la souffrance aymable, & font que la douceur de l'amour surnage la douleur qu'elles causent.

Pour combien contez-vous en cét

heureux estat, l'honnorable impuissance où elles sont de pecher? L'agreable & saincte impuissance de n'aymer pas Dieu de toute l'estendüe de leurs affections, l'excellente intention qu'elles ont de rapporter toutes leurs actions, & tout ce qu'elles endurent à la diuine gloire. L'absolüe soumission de leur volonté à celle de Dieu, leur vnion inseparable auec son bon plaisir, & leur vnion constante & continuelle auec la grace celeste.

Pour combien contez-vous ce pur, ou pour mieux dire, ce tres-pur Amour, ce vin sans lie, ceste vendange sans marc, (Esaie 25. 6.) ceste charité si des-interessee, qu'elle leur oste tout regard d'elles mesmes, comme le monstre excellemment la Bien-heureuse Catherine de Gennes, en son Traitté du Purgatoire.

Combien est prisable ceste impuissance heureuse, de vouloir autre chose, autrement que ce que Dieu veut. Il est vray qu'au Ciel on ayme Dieu plus doucement, tranquilement, lumineusement, facilement, sauoureusement, ioyeusement, delicieusement, & ainsi plus excellemment, quant à l'exercice de l'amour sacré. Mais en Purgatoire, on l'ayme purement, continuellement, fortement, constamment, & genereusement, quant à l'habitude, & encore quant à l'exercice ; car cét Amour courageux s'y purge iusques au dernier carat, sans exhaler aucune plainte qui contrarie à la tres-saincte volonté de Dieu affligeant. Ces ames sainctes disent auec Tobie, si nous auons receu les biens de la grace, de la main de Dieu, pourquoy n'en receurons-nous pas les maux de peine, d'vn mesme cœur ? sa main n'est-elle pas tousiours paternelle & adorable en la distribution des vns & des autres, peut-il rien sortir de ceste main ouuriere de nostre sort, (Psea. 30. 16.) qui ne soit bon? (Iacq. 1.) ses œuures sont elles pas accomplies, (Pro. 20.) qui luy peut dire, pourquoy faittes vous ainsi? (Esa. 40.)

Il est vray que ce sont des extremitez fort opposées que la douceur inconceuable qui se gouste dans le Ciel, & la douleur qui se ressent dans le Purgatoire, mais comme aux nuäces de la peinture, il y a vn certain meslange de couleurs claires & brunes, qui fait vn milieu agreable, qui participe des vnes & des autres, selon ce que disoit ce Poëte.

Vsque adeo quod tangit idem est, tamen vltima distant.

Aussi l'amour qui possede les ames en l'vn & l'autre lieu, donne vn tel temperament, & aux ioyes des vns, & aux douleurs des autres, qu'vn rayõ de Paradis se trouue au milieu des

Seconde partie.

souffrances de celles qui se purgent. Heureux estat, desirable estat, ô Seigneur! que mon ame meure à la mort des Iustes, au moins de ceux qui ont quelque chose à purger, & que ma fin soit semblable à la leur. Hé! qui refuseroit d'estre en vn si heureux endroict, où mesme parmy les douleurs, on ayme Dieu, si purement, parfaittement, & constamment.

LIII.
Instance.

MAis, dira-t'on, ces benittes ames souffrantes ne peuuent-elles pas au moins souhaitter l'acceleration de la gloire, & leur deliurance d'entre ces feux. Saincte Catherine de Gennes, respond negatiuement, & dit qu'elles ne peuuent vouloir autre chose, que ce que Dieu veut, & Dieu le voulant pour lors ainsi, elles ne peuuent vouloir estre qu'ainsi.

Nous neantmoins qui sommes en estat de voyageurs, pouuons bien desirer, demander, souhaitter, rechercher, impetrer, l'acceleration de leur gloire, la saincte prouidence de Dieu, ayant destiné d'en retirer plusieurs de ces peines par les prieres des viuans. Et c'est à cette acceleration de la gloire de ces ames que visent les prieres que les enfans de l'Eglise, qui merite en terre, fait pour ceux qui sont dans l'Eglise souffrante.

De la Priere pour les Trepassez.

IL faut neantmoins en cette priere se garder d'vn escueil, auquel eschoüent beaucoup de suffrages, faute d'atteindre à la derniere fin, sans quoy les requestes sont imparfaites & inutiles, pour ne dire inciuiles. Nous deuons donc prier pour les Trepassez, selon la tres-loüable coustume de la saincte Eglise, mais comme de toutes nos actions, aussi de cette priere, la fin derniere doit estre la gloire de Dieu, non point la deliurance de l'ame pour laquelle nous prions. Ie ne dy pas que nous ne deuions demãder la deliurance de ceste ame, puisque c'est pour sa deliurance que nous prions, mais ie dy que ceste deliurance ne doit pas estre la fin derniere de nostre oraison, mais seulement la prochaine, non la fin souueraine, mais l'accessoire, non l'absoluë, mais la dependante, non la supreme, mais la sous-ordonnee & relatiue.

Voicy comment c'est que nous deuions prier pour le trespassé, premierement & principalement pour glorifier Dieu par ceste priere: car c'est là ce sacrifice de loüange, dont Dieu est honoré, dit le Psalmiste. (Ps. 49. 23.) & secondement, & moins principalement pour la deliurance du

decedé. Car si nous prions premierement & principalement pour le salut de cette ame, & par accessoire
pour honorer Dieu, nous renuerserions l'ordre, & de la raison, & de
la charité, & si nous ne changeant
nostre oraison en peché, (Pseau.
108.7.) possible faute d'instruction,
ou d'attention, au moins la rendriõs
nous indigne, d'estre exaucee, par
ce que nous demanderions mal, (Iean
16.) c'est à dire, de mauuaise façon.

Nous mettrions la creature en la
premiere place, qui n'est deüe qu'au
Createur, au lieu de mettre le Roy
de la Hierusalem celeste au commé-
cement de nostre liesse. (Ps. 136.) desordre insupportable, & qui ne peut
estre cõceu sans vne secrette horreur.
Cepédant c'est vn escueil, où par in-
auertance, ou bien par ignorãce, dõ-
nent beaucoup de gés, qui priant Dieu
pour les trépassez, n'ont que leur deli-

urance pour derniere fin de leur priere, sans penser que la gloire de Dieu doit estre le dernier & souuerain but de ceste sorte d'oraison, aussi bien que de toutes nos autres actiõs, si nous ne voulons estre du nombre de ceux qui mettent les tenebres pour la lumiere, à qui le Prophete de la part de Dieu donne la malediction.

LV.

Comment il faut faire pour la rapporter à Dieu en fin derniere.

MAis comment faut il donc faire, me dira-t'on, pour mettre ceste derniere visée à la priere que l'on fait pour les defunts, voicy de quelle façõ il s'y faut comporter. Il faut cõsiderer que Dieu est, sans doute, plus parfaitemét & plus excellemment glorifié par vne ame qui est dans le Ciel, que par celle qui est dans le Purgatoire, ioinct que la punition est vne œuure comme estrangere de Dieu.

(Isaïe 28.) de qui le propre chante l'Eglise, est de pardonner, & de faire misericorde, & dont les miserations sont au dessus de toutes ses œuures, (Pseaum. 144. 9.) de plus, Dieu nous ayant creez pour le Ciel, afin d'y estre par nous glorifié eternellement, pluftost vne ame arriuera à ce but, pluftost sera accomplie la volonté de Dieu que l'on appelle antecedente. Pour ces raisons-là, qui regardent l'interest de Dieu, nous deuons premierement & principalement, desirer & demander la deliurance des ames de Purgatoire, que si en second lieu nous auons esgard à leur soulagement, & à leur felicité, ceste compassion n'est nullement contraire à la charité, qui au contraire est douce, benigne, compatissante, & est fort agreable à Dieu, qui veut que nous aymions nostre prochain comme nous mesme, que nous nous en-

Seconde partie. 317

en r'aymions les vns les autres, comme membres d'vn mesme corps, rendans à autruy la mesme assistance que nous desirerions en semblables necessités nous estre renduë.

Que si outre cela nous rapportons encore ceste compassion de l'ame souffrante à la diuine gloire, qui ne veut que de toutes parts, cette priere pour les trespassez se termine dans la derniere fin, comme la source de Mardochee, dãs vne mer de lumiere, & ainsi cette acceleration du salut de l'ame prisonniere, retournera au plus grand honneur de celuy qui l'a creée, haste-toy, despesche toy, de prendre des despouilles, (Esaie, 8. 1.) & de te reuestir de lumiere, comme d'vn habillement, (Psea. 103. 2.) ce que tu fay, fay-le promptement, (Iean 13.)

LVI.
Resolution du Probleme.

CErtes ie reconnoy, pour la conclusion de nostre Probleme, que si nous n'auions esgard qu'à nostre interest, ou plus d'esgard qu'à celuy de Dieu, nous deurions plustost choisir d'estre au Ciel, parmy des ioyes inenarrables auec moins d'amour de Dieu, puisque chacun des Bien-heureux en est fourny, d'autant qu'il luy en faut pour estre parfaitement content en son degré, plustost que de rester en terre, parmy les miseres de ceste vie, auec vn plus fort amour.

Mais si nous faisons cette reflexion que la vraye charité ne cherche point ses auantages, mais la seule gloire de celuy qui l'a respand si liberalement & si abondáment en nos cœurs par le sainct Esprit, Rom. 8. nous prendrons sans doute le party qui sera le plus auantageux à cette diuine gloire, afin que Dieu soit honoré par toutes nos actions, & intentions. (1. Pier. 40. 11.

LVII.
Instances.

ET ne faut point que pour appuyer le premier party, nous ramenions les exemples d'vn Dauid qui souhaitoit de venir & de paroistre deuant la face de Dieu, se faschant de la prolongation de son pelerinage, & protestant de ne se rassasier que de l'apparition de la gloire de Dieu, car ne voyez vous pas que c'est la gloire de Dieu qu'il souhaitte voir dans le ciel plustost que celle que Dieu luy prepare dans vne multitude innombrable de douceurs. (Pse. 30. 20.) le mesme declarant assez son sentiment quand il se dit ne vouloir ny au ciel ny en la terre autre portion que de faire la volonté de Dieu, (Pseaume 72. 26. & 118. 57.)

Il faut encore moins faire bouclier de ce que dit sainct Paul, qu'il desire estre dissout, pour se voir auec Iesus Christ, car ne vous imaginez pas que ce grand Apostre animé d'vn amour si pur & desinteressé, que tout ne luy paroissoit que boüe & ordure à comparaison de la dilection de son Maistre, eust des pensées si desreglees que de preferer la couronne de Iustice que Dieu luy donneroit dans le ciel, à la gloire qu'il pretendoit d'y rendre à Dieu, sçachât assez discerner la fin prochaine de la derniere, & ne mettre pas celle la en la place de celle-cy.

LVIII.
Corollaire.

Que si on me demande par Corollaire si c'est mal fait de faire le bien dans la veüe de la recompense de l'eternité. Ie diray qu'il y a vne extreme difference entre Bien & mal, & Bien & Mieux. Sans doute ce n'est pas mal fait de faire le bien ayāt le salaire eternel pour visée, & que Dauid a pour cela incliné son cœur à faire les iustifications de Dieu (Pse. 118.) & Moyse a mesprisé les aduantages téporels ayāt esgard aux eternels. Dire le contraire seroit s'opposer iniustement à la doctrine du S. Concile de Trente. (Sess. 6. c. 11.) mais aussi seroit-ce choquer rudement la doctrine du mesme Concile de dire qu'il ne fallust pas premierement viser à la gloire de Dieu, & mettre au second rang seulement le regard de la vie eternelle: puisque ce sont ses propres termes, lesquels nous considererons cy dessous plus particulierement.

Ce n'est donc pas mal fait, mais plustost bien fait, d'auoir ceste visée pourueu qu'elle soit logée en son rang, c'est à dire, en suitte de la gloire de Dieu, à laquelle elle doit estre rapportée par la loy de toute bonne subordination, neantmoins ce seroit encore mieux fait & marcher deuât Dieu, comme plus purement, aussi plus parfaittement, d'agir par le seul & vnique motif de la sanctification du nom de Dieu, à la façon des Anges & des bien-heureux, qui n'en ont point d'autre dans le ciel, comme nous enseigne le B. François de Sales (liu. de l'amour de Dieu. ch. 13.)

LIX.

Moyen pour faire ses actions auec perfection dans la veüe de la recompense.

TOutesfois ie vous veux descouurir vn secret par lequel on pourra faire ses actions de vertu auec beaucoup de perfection dans la veüe du Paradis, ce que ie diray, sans heurter, en aucune façon, le dessein de nostre Caritée, ce sera en regardant le Royaume celeste, non de costé (ainsi que Balac vouloit que Balaam contemplast l'armée d'Israël,) moins de droict front, & en toute son estenduë, c'est à dire embrassant en soy & la gloire que Dieu y donne à ses esleus & celle que ses esleus luy rendent: car bien que ces deux gloires soient differentes, elles sont pourtant tellement coniointes en cest heureux seiour, qu'elles sont inseparables: faire donc des bonnes œuures en estat de

X iiij

grace, dans la veuë du Paradis comme enfermant ces deux gloires, pourueu qu'on les considere en leur ordre, c'est à dire celle de Dieu comme souueraine & principalle, & la nostre comme subalterne & subordonnée, non seulement n'est pas mal fait, mais tres-bien fait, puisque cela ne repugne aucunement à l'ordre de la Charité, qui veut que nous aimions Dieu sur toutes choses & toutes choses en Dieu & pour Dieu, c'est à dire auec rapport à sa gloire, toutes les fins prochaines estant iustifiées & rectifiées par leur relation à la derniere.

De ceste sorte la Charité sera la fin de toute consommation, le lien de perfection, la plenitude de la loy, & l'accomplissement de la tres-saincte volonté de Dieu, ce qui nous decouure l'iniustice de ceux qui dans le Paradis ne considerent que la gloire qu'ils esperent & attendent y receuoir de Dieu & s'y arrestent en fin derniere, sans auoir aucune pensee de celle qu'il y faut rendre à Dieu, quoy que ce soit pour celle-ci proprement que Dieu a fait le Paradis : cherchant ainsi iusques dans le ciel leur propre interest, c'est à dire ce qui n'y est, ny n'y peut estre ; puis qu'il n'y entre point, d'autre amour que celuy qui est desinteressé, & qui ne respire que la seule gloire de celuy, qui est toutes choses à tous & en tous Amour pur, amour insatiable, amour infatigable, amour parfait & accomply, amour amoua continuel, amour inuariable, non des choses qui tendent à la fin, mais de la fin mesme, c'est à dire de celuy qui est le cõmencement & la fin de toutes choses, en qui, par qui, de qui, pour qui sont toutes choses, auquel soit gloire & honneur par tous les siecles, Amen. Certes quand ce parfait sera arriué, sera dissipé ce qui est en partie, (1. Cor. 13.) & tous nos interests seront engloutis dans celuy de Dieu, comme la lumiere des estoiles, se perd heureusement dans celle du Soleil.

Mais cela ne se peut faire en terre que par vne entiere & absoluë extirpation de l'amour propre, à quoy nous deuons trauailler de toute nostre puissance, & ne nous lasser point en ce trauail, puisqu'il ne doit cesser que par la fin de nostre vie. Nostre Caritee, nous en fournit vn excellent moyen par son extinction de l'enfer, & son embrasement du Paradis, car à dire le vray, celuy qui peut ne regarder point son interest en ces deux lieux, mais aymer & seruir Dieu purement pour luy, comme s'il n'auoit ny Paradis pour recompenser ceux qui luy obeyssent, ny enfer pour punir ceux qui reuoltent contre sa loy, par où voulez-vous que l'amour propre ce serpent tortu, duquel parle Esaye (27.v.1.) se glisse en son ame.

Neantmoins comme tous les maux de l'œil ne se guerissent pas par vn seul remede, y ayant des tayes & des cataractes, qui ne tombent, les vnes que par des poudres mordicantes, les autres que par des eaux fortes, d'autres par le feu, & ainsi par diuerses industries. Aussi ne peut on arriuer à l'euacuation & extirpation du propre amour, que par plusieurs addresses, par lesquelles on contrecarre, & contremine, les ruses, & les stratagemes de ce renardeau, qui ne cesse de ronger & deuorer la vigne de nostre interieur.

LA CARITEE
OV LE POVRTRAICT DE LA VRAYE CHARITE
PARTIE TROISIESME

SECTION. III.

Ce que c'est qu'amour propre.

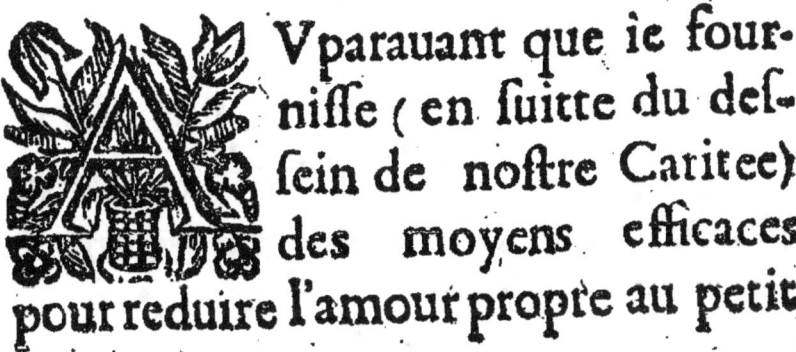

Vparauant que ie fournisse (en suitte du dessein de nostre Caritee) des moyens efficaces pour reduire l'amour propre au petit pied, & à vne telle impuissance qu'il ne puisse plus auoir contre nous que de foibles pensees, il est necessaire que i'aduertisse qu'il y a bien de la difference entre l'amour propre, & l'amour nostre, car bien que l'vn & l'autre soit amour de nous mesmes, il y a pourtant autant de distance entre celuy-cy & celuy-là, qu'il y a entre le midy, & l'Aquilon, le bien, & le mal, la lumiere & les tenebres, le iuste, & l'iniuste. Tout amour propre est bien amour nostre, mais tout amour nostre, c'est à dire, de nous-mesme n'est pas amour propre, ainsi que nous deduirons icy bas plus amplement en son lieu. Icy ie me contenteray de dire que par l'amour propre i'entends le vicieux amour de no⁹ mesme, ce foyer du peché, cette conuoitise, que l'Escriture appelle la racine de tous maux (1 Tim. 6. 10.) & la source de toute iniquité, cét amour par lequel nous nous arrestons volótairement & deliberement à nous mesmes & à la creature, au mespris & au preiudice de la gloire du Createur.

C'est ce Geant armé, ce Philistin orgueilleux qui braue l'armee d'Israel, & qui est laissé en nous pour l'espreuue & l'exercice de nostre vertu. Nous le pouuons, armez de la grace battre, combattre, abbatre, comme fit Dauid, ce Goliath superbe & arrogant, qui menaçoit de le donner en proye aux oyseaux, mais il fait pour l'ordinaire, comme ce Geant de la Fable qui se releuoit plus fort de son terrassement, & duquel Hercule ne se pût rendre victorieux qu'en l'esleuant en l'air, l'estouffant, separé de la terre.

C'est vne hydre dont les testes renaissent à mesure qu'on les coupe, si on n'y applique soudain le feu du pur amour de Dieu. Il faut que nous taschions d'imiter ceste conduitte pour nous en deffaire, & puisque ce sonts les violés qui rauissent les cieux, nous deuons nous resoudre à pratiquer de grands effects sur nous mesmes, pour nous desgager de ce monstee qui change nostre iugement en absynthe, & qui porte sa corruption dans toutes nos actions.

Le serpent expose librement tout son corps, pourueu qu'il en mette sa teste à couuert, nous ne deuons craindre le ramas d'aucuns fleaux, (Pseau. 34. 15.) pourueu que nous conseruions la grace de Dieu, qui est plus l'ame de nôtre ame, que nôtre ame n'est la vie de nostre corps: ô Seigneur, disoit le Psalmiste, vous auez deschiré mon sac, & vous m'auez enuironné de liesse, dans ma compunction, i'ay chanté vostre gloire, & ie vous ay magnifié, (Pseau. 29.)

XI.

Qu'il faut du courage pour le surmonter.

IE vous veux proposer de certains essais de haute pratique de vertu, qui possible vous estonneront à l'abbord, & que la grace diuine, nous peut neantmoins rendre faciles, puisque auec elle nous pouuons tout (Philipp. 4. 13.) & rien sans elle (Luc. 5.) ayons seulement bon courage & comportons nous virilement (Pf. 26. 14.) renõçans à la timidité, de ces espouuentez & effrayans espions d'Israël, qui faisoient peur au peuple de Dieu, & luy faisoient desesperer de la conqueste de la terre promise: disõs plustost auec Dauid, vous me cõduirez ô Seigneur dans les sentiers de la Iustice pour l'amour de vostre nõ, (Pse. 22. 3.) & auec vous ie perceray les murailles de tous obstacles (Pse. 17. 30.)

A ce

A ce ieu icy pour tout gaigner, il faut tout perdre selon cette maxime Euangelique, qui perdra son ame, la gagnera, (Iean 12.) il faut imiter celuy qui ietta sa bague dans la mer, qui luy fut rapportee dans le ventre d'vn gros poisson, qui cherche sur tout le Royaume de Dieu, c'est à dire, sa gloire, & sa iustice, toutes sortes de biens luy viennent en suitte de cela. (Matth. 6. 33.) S. Bernard tombant sur ce mot du Psalmiste, i'ay esté fait comme vn vaisseau perdu, & englouty de la tempeste en haute mer, dit, que celui qui renonce à soy-mesme pour se precipiter en Dieu, se trouue heureusement en cette perte.

A quoy nous adiousterons, qu'il fait comme ces plongeons, qui se coulent volontairement dans la mer, aux costez de la pescherie, pour y prendre les nacres qui produisent les

Y

perles. Quiconque se perd pour trouuer Dieu, & trouue Dieu, & se retrouue en Dieu, & quiconque se cherche soy-mesme en Dieu ne trouue ny Dieu, ny soy, mais perd & l'vn, & l'autre.

Ie ne doute point que les industries que i'ay à representer pour extirper l'amour propre de nos cœurs, ne paroissent estranges à quelques vns, & mesme farouches & perilleuses, & comme semblables à ces remedes d'Empyriques qui sont aspres, & hazardeux, mais Dieu estant de la partie à qui nulle parole est impossible, que n'oserions nous entreprendre, & ne faut point que l'on craigne de donner dans le peché qui tente Dieu, parce que nous iustifierons ces moyens par la doctrine & la pratique des Saincts, prudens en la parole mystique (Esa. 3. 3.) & doctes en la science de salut Luc. 1.)

III.

Premier moyen pour extirper l'amour propre.

LE premier & le plus aspre de ces remedes, & dont l'essay, & le plus rude est celuy-cy, d'acquiescer à sa damnation (la grace de Dieu tousiours sauue) au cas que Dieu le voulust. Nous auons fait voir cy-dessus par les propres paroles du B. François de Sales, qu'il va plus auant que cette proposition, disant qu'vne ame vrayment indifferente de cette indifference chrestienne qui est le plus haut point de la charité, quitteroit sa saluation pour courir à sa damnation, si par imagination d'vne chose impossible, elle voyoit vn peu plus de la volonté de Dieu en cette-cy qu'en celle-là. Si l'on dit que Dieu veut que tous soiét sauuez, & que nul ne perisse, que sa volonté est nostre sanctification; & ainsi que cette supposition ne peut estre legitimement faite. On respondra que Dieu veut à la verité, le salut d'vn chacun de ceste volonté que l'ō appelle antecedéte, mais neātmoins que par la consequente, il ne laisse pas de condamner aux peines eternelles, ceux qui se rendent infracteurs de ses loix, selon ce qui est escrit, qu'il delaissera tous ceux qui l'abandonnent, qu'il perdra tous ceux qui operent l'iniquité, que tous ceux là periront, qui s'esloignent de luy, & qu'il ruinera ceux qui se reuoltent contre ses volontez.

IV.

Exemples des Saincts.

QVe si l'on s'estonne de cette supposition, que dira-t'on de celle de sainct Augustin, qui disoit en l'excez de sa dilection, que s'il estoit Dieu, & que Dieu fust Augustin, il voudroit estre Augustin, afin que

Dieu fust Dieu: Ie sçay bien que quelques vns doutent que ceste parole soit de luy, d'autant qu'on ne la rencontre pas dans ses ouurages, mais pourtât elle est rapportee par tout, & par de si grands hommes, que leur témoignage est assez cõsiderables, pour nous faire croire qu'elle estoit dans quelqu'vn des liures de ce sainct Docteur, que le temps nous a rauis.

Mais il est constant que saincte Catherine de Sienne, cette ame toute Seraphique, a autrefois protesté qu'elle consentiroit franchement à estre logee dans les enfers, si la volonté de Dieu l'y vouloit releguer, protestant qu'elle l'aimeroit dans ces abysmes de miseres, auec vn amour d'autant plus pur, qu'elle seroit priuee de toute complaisance, qui la pust arrester aux creatures.

Ce n'est pas pourtant que i'estime que cette saincte vouluft estre parmy ces tenebres exterieures priuee de la grace de Dieu, car c'est vne chose qui ne peut estre sás horreur, desiree ny acceptee d'vne ame vraymét chrestienne, aussi parloit elle d'y aimer Dieu parmy ces flammes, ce qui ne peut estre fait sans grace, puisque la charité & la grace sont vne mesme chose.

V.
Autres exemples.

AVssi quand Moyse demandoit d'estre effacé du Liure de vie, & sainct Paul d'estre Anatheme pour ses freres, il ne faut pas s'imaginer que ces fideles seruiteurs de Dieu voulussent estre priuez de sa grace, & de son amour, ce qui ne peut estre souhaitté sans vne espece d'impieté & de blaspheme.

Et quand Iob disoit que l'enfer estoit sa maison, & prioit Dieu de l'y proteger (Iob. 14. 13.) il est euident que s'il acceptoit toutes ses peines tant du sens que du dam, c'estoit tousiours auec exception de la grace, qu'il nomme la chere esperance hostesse de son sein Iob. 19. 27.) car qui pourroit, ie vous prie, auec vn cœur droict, (Pse. 63. 11.) (qui est-ce que Dieu loüe) & d'vn sens iudicieux & rassis, consentir d'estre separé de Dieu quant à la grace, sainct Paul deffiant toutes les creatures (Rom. 8. 39.) & par consequent l'enfer mesme de le desvnir iamais de la charité de Dieu.

Il est vray que dans la mort seconde nul ne loüe Dieu, & nul ne le benit ny ne le loüe dans l'enfer. (Pse. 6. 6.) ceux qui meurent de cette mort là qui fait perdre à iamais la vraye vie de la grace & de la gloire, ny tous ceux qui descendent dans l'enfer ne loüeront iamais

Y iiij

Dieu, condamnez à des peines eternelles loin de la face de Dieu (Psea. 113.17.2. Thessal. 1. 9.) & bannis de ceste demeure du Seigneur où il est loüé au siecle des siecles (Pse. 83.) si est-ce pourtant que l'amour diuin qui est plus fort que la mort, & plus aspre au combat que l'enfer, fait faire de telles saillies, & esleue tellement au dessus d'eux-mesmes, (Thren. 3. 28.) les esprits qu'il possede, qu'il leur fait imaginer, que mesme dans l'enfer ils pourroient aimer Dieu, & que leur cher amour ne s'estoufferoit point dans leur cœur, parmy ces feux deuorans & ces ardeurs eternelles, (Esa. 33.)

VI.
Notable action du B. François de Sales.

LE B. François de Sales Euesque de Geneue estant encor ieune escolier fut attaqué par permission de Dieu, d'vne rude & violente tentation, qui luy fit imaginer qu'il estoit du nombre des reprouuez, elle prit vn tel ascendant sur son esprit, qu'il alloit tous les iours desseichant de tristesse, (Pro.17.22.) n'ayans aucune paix en ses os, (Ps.37.4.) c'est à dire en son interieur, où tout estoit en trouble & en desordre, mais enfin dans cette extreme melancolie, selon le conseil de sainct Iacques, (Iacq. 5. 13.) s'estant rangé à la priere, & ayant par elle recherché Dieu, & crié à luy dans sa tribulation, (Ps.90) il fut enfin exaucé, & deliuré d'vne si horrible tempeste qui estoit preste de l'engloutir, (Pſ. 68. 3.) mais ce ne fut qu'apres auoir fait ce grand acte de reſignation & d'acquieſcement à la tresſaincte volonté de Dieu, en quelque eſtat & en quelque lieu qu'il luy pluſt de le ranger ſoit au temps de cette vie, ſoit en l'eternité de l'autre.

VII.
Combien ce premier moyen eſt efficace.

A Dire la verité, toutes les difficultez paroiſtront des roſes en la vie ſpirituelle, & les chemins les plus raboteux ſembleront plains & vnis, à quiconque pourra par la meditation, digerer cette horrible penſee, de prendre l'enfer pour ſa demeure eternelle (Eſa. 33.) ſi Dieu le veut, à quiconque peut aualer ces charbons ardans, il n'y a plus de pillules, ny de medecines qui ſemblent ameres, les verges & les baſtonnades luy feront des conſolations (Pſe. 22. 4.)

Ce coup tranche d'vn seul reuers toutes les excrescences de l'amour propre, estouffe tous ces renardeaux dans leur tasniere, escrase toutes ses productions contre le rocher Pse. 136. 9.) met la cognee a la racine de ce mauuais arbre (Luc. 3. 9.) sappe les fondemens de l'edifice du propre interest, met la confusion des langues dans la Tour de Nembroth, & le trouble dans la maison de Nabucodonosor (Iudith. 14) c'est trancher d'vn reuers le nœud Gordien, c'est traitter nos interests en la maniere que Sanson terrassa les Philistins dans la campagne de Lechi, & dans la sale dont il croula les piliers.

Car ie vous prie quelle part ou quelle prise peut auoir l'amour propre dans vne si haute resignation. N'est-ce pas là vn creuset capable de purifier l'Amour de Dieu iusques au dernier carat.

Il est vray que l'entreprise de nostre Caritée estoit fort genereuse d'esteindre l'enfer, & de brusler le Paradis, mais pourtant il m'est aduis que cette determination dont ie parle, esleue le cœur qui ayme Dieu à vn plus haut point, puisqu'elle luy fait conceuoir le dessein de conseruer le brasier de sa dilection, sous les cendres de l'eternelle mort.

L'amour fut si vehement dans le cœur d'Orphee, à ce que content les Poëtes, qu'il ne craignit point de descendre iusques dans les enfers pour en retirer sa femme Eurydice par la douceur de son harmonie, ce qui nous enseigne par vne belle mythologie quelle est la force de la douceur, & la douceur de la force de l'amour mesme, au milieu des flammes infernales, si vne estincelle du feu de l'amour diuin, dit le B. François de Sales pouuoit tomber dans l'enfer, toutes les flammes seroient changees en flammes d'amour, & apporteroient plus de consolation que de tourment à ceux qui en seroient accueillis qui a la crainte a de la peine, dit sainct Iean, & la parfaitte charité, adiouste-t'il, met dehors toute crainte, c'est à dire, toute crainte penible, (1. Iean 4. 18.) car quant à la crainte chaste, sainte, amoureuse, respectueuse, non seulement elle est compatible auec la parfaitte charité, mais c'est vn des principaux effects de la charité parfaitte puisqu'elle demeure dans le ciel au siecle des siecles, (Pf. 18. 19.) où l'on ne peut douter que la charité ne soit de tout point accomplie.

Ie tiens cette premiere industrie si puissante pour desraciner, demolir, extirper, arracher, destruire, (Ierem. 1. 10.) en nous tout amour propre, en e resignant à souffrir les douleurs de 'enfer, sous se departir pourtant de la grace de Dieu (à laquelle on ne peut renoncer sans vn grand peché, que ie croy, cet antimoine (estant bien preparé) estre capable de faire en nous vn cœur net, & de renouueller vn esprit de droicture en nos entrailles.

VIII.
Histoire appliquee à ce moyen.

Cet acquiescement est puissant de renuerser & destruire tous nos interests propres (2. Cor. 10.) & de les porter par terre, comme allerent les Satellites qui vindrent pour prendre le Sauueur au iardin, quand il eut proferé cette parole c'est moy. Nous lisons que saincte Claire emplit les Sarrasins, qui assiegeoient Assize, d'vne terreur panique, leur faisant paroistre le sainct Sacrement de l'Autel, duquel sortoient des esclairs qui les menaçoient de mort, tandis qu'elle chantoit ce mot du Psalmiste Seigneur ne donnez pas aux bestes (c'est à dire à des hommes animaux & plus cruels que des bestes farouches) les ames qui vous confessent, ne les perdez pas par ces impies, & par ces gens de sang (Pse. 25. 9.) dont les mains sont pleines d'iniquité.

Ie ne tiens pas moins efficace la resolution que nous auons representee, pour donner la chasse aux Renardeaux, & aux Philistins de nos interests proprietaires, & pour poursuiure ces ennemis de nostre perfection, iusques à ce qu'ils soient entierement abbatus. Pourueu que ce sainct amour de Dieu regne tousiours souuerainemét en nos cœurs, laissons à sa prouidence paternelle, de nous loger où il luy plaira, certains, qu'en quelque lieu qu'il nous place, nous habiterons sous son ayde, & demeurerons sous sa desirable protection, (Pf. 90.) qu'il nous tuë, pourueu qu'il nous mange, (Act 10.13.) pour nous expliquer plus clairement; pourueu que son sainct amour, & le zele de sa maison nous deuore, (Pf. 68. 10.) nous ferons encore trop heureux, qu'il nous tourne de quelque costé qu'il voudra, comme disoit sainct Laurens à ceux qui le grilloient, pourueu que nous soyons sa viande, nous ne sçaurions perir eternellement. (Iean 6. 27.

IX.
Autres applications.

Quelques Saincts, par excez de picté, se sont iettez nuds dans les espines, & dans les glaces, & d'autre tres ont marché sur des charbons ardans, pour esteindre en eux par ces poignantes douleurs, les sentimens des tentations sensuelles, mais se resoudre à espouser vn enfer, pourueu que l'empire du sainct amour de Dieu demeure entier & absolu dedans l'ame, c'est à mon iugement l'extreme raffinement de la charité, & la trompette dont le son porte par terre les murailles de Iericho de tous nos interests, l'anatheme d'oubly, & de tout l'equipage d'Holopherne, (Iudit. 16.) la priere de Daniel, (Dan. 2. 3 4.) qui puluerise le Colosse bigarré de toutes nos proprietez; le glaiue de Dauid (1. Rois 17.) & de Gedeon, (Iudic. 7.) le Scibboleth qui distingue l'Ephratean du Galaadite, (Iudic. 6.6.) l'Acan qui donne gloire à Dieu, apres auoir renoncé à l'interdit, (Iosué 7.) par ce saint effort, cette sacree violence nous bannissons de nous Agar & son fils,

Z

nostre volonté propre & nostre propre amour. Et ie ne sçay point d'exercice qui nous fasse imiter de plus prés le sacrifice d'Abraham, ny qui renuoye au plus loing ce bouc emissaire de nostre interest propre, chargé de nos detestations.]

On dit que l'Ichneumon animal petit comme vne belette, & qui a vne haine capitalle contre le Crocodille, a cette industrie, lors que cettuy-cy ouure sa grande gueule au Soleil sur le riuage du Nil, de se ietter dedans & par sa gorge se glisse dans ses entrailles qu'il ronge pour en sortir par le flanc, & ainsi le fait mourir, & l'Egypte est par ce moyen moins abondante en Crocodilles qui sont des bestes dangereuses & rauissantes. Il me semble que si nostre Caritee eust pris l'Amour de Dieu pour son Ichneumon pour le porter dans la gueule de l'enfer, qu'elle eut plustost trouué le secret de l'abolir que de l'esteindre auec ce peu d'eau qu'elle porte dans son vase.

X.
Histoire notable.

La vie des peres du desert nous fournit vn exéple qui fait merueilleusement à ces propos. Deux Anacorettes viuoient vnanimement dans vn hermitage, & seruans Dieu deliurez des mains de leurs ennemis, le monde & la chair, en vne grande saincteté & iustice, l'ennemy de leur salut voulut troubler leur repos par vn artifice, il se deguise en Ange de lumiere, & paroissant à l'vn d'eux en cét equipage, luy dit qu'il luy conseilloit pour asseurer son salut de se retirer d'auprés de son compagnon, lequel quelque apparence qu'il eust de pieté, en descherroit vn iour parce qu'il estoit du nombre des reprouuez.

Il sceut persuader ce mensonge auec tant de subtilité, qu'il trompa la simplicité de celuy qui le prenoit pour vn esprit de lumiere, il trouble de telle sorte ses pensees & les dissipe de telle façon, que son cœur en estoit cruellement tourmété, (Iob.17.11.) il ne pouuoit comprendre d'où pouuoit proceder la cause de la reprobation de son associé dans les actions duquel il remarquoit tant de vertus solides, & qui luy donnoient tant d'edificatiõ, plus il s'entortilloit dans ses considerations, plus il s'embarrassoit comme vne araignee dans sa toile, ne pouuant en tirer d'autre conclusion sinon que les iugemens de Dieu estoient de profonds abismes, & que la hauteur de sa sagesse ne se pouuoit mesurer, ses voyes estant incomprehensibles.

Ce pendant de peur que communiquant auec vn reprouué, il ne se perdist auec luy; il meditoit sa retaricte, cherchant des excuses pour la rendre plus specieuse & moins suspecte à celuy qu'il vouloit abandonner: Le déplaisir de cette separation, peignant sur son visage, vn air melancolique, obligea son confrere de s'enquerir du suiet de sa tristesse, pour s'essayer d'y apporter quelque soulagement: plus il escartoit ce propos, plus l'autre le ramenoit, & comme la charité est pressante, (1. Cor. 5. 14.) il sçeut si doucement, & neantmoins si efficacement, le taster tantost opportunement, tantost importunement, en toute patience & dilection, que l'attristé fut contrainct de donner gloire à Dieu, & de luy dire le veritable suiet de la tristesse qui luy desseichoit les os.

L'autre sans se troubler en aucune façon d'vne si horrible nouuelle, Et bien luy dit-t'il, mon frere? si ie suis privé de loüer Dieu dans l'eternité de l'autre vie, ie me veux efforcer à le benir & seruir d'autant plus fortement, & diligemment au temps de celle-cy. Ie ne me suis point rangé à son seruice, pour la crainte seruile de l'enfer, ny par l'espoir mercenaire du Paradis, ie suis à luy, qu'il fasse de moy ce qu'il luy plaira, n'est-il pas permis au Potier de faire de sa terre des vaisseaux d'hôneur ou d'ignominie ? qui peut dire à Dieu, pourquoy faites-vous ainsi ? Ie le veux aymer & seruir pour l'amour de luy-mesme, puisque quand il n'auroit ny enfer pour punir, ny Paradis pour recompenser, il n'en seroit ny moins aymable, ny moins estimable, par celuy qui sçait plus aymer le Dieu de Paradis, que le Paradis de Dieu, & plus craindre d'offenser le Dieu qui a fait l'enfer, que l'enfer que Dieu a fait.

Il continua ainsi sans s'inquieter d'auantage à seruir Dieu, auec plus d'ardeur, de ponctualité, de fidelité & de deuotion que iamais, & possible obtint-il par ses prieres, qu'vn vray Ange de lumiere apparust à son compagnon, & le desabusast de la tromperie dont Sathan l'auoit pipé, luy faisant connoistre la grande perfection, & le pur amour de celuy que Dieu luy auoit donné pour associé, afin que tous deux chantassent les iustifications du Seigneur, au lieu qu'il auoit destiné à leur pelerinage.

Tant de rares enseignemens se pourroient tirer de cet exemple, que ie me sens accablé de leur multitude, & de leur grandeur, ie me contenteray de dire, que i'y voy quelque degré de pur & fort amour plus eminent, que dans celuy de nostre Caritée.

X.
Sentiment du Bien-heureux Ignace de Loyola.

COmme aussi dans cette admirable patience du Bien-heureux Ignace de Loyola, Instituteur de l'Ordre des Iesuistes, ainsi qu'il est rapporté dans les Actes de sa Canonization, qu'il exprimoit en disant, qu'il se sentoit par la grace speciale de Dieu, le courage en si bonne assiette, que quand il sçauroit de certaine asseurance, qu'il n'iroit iamais au Ciel, il estoit resolu d'aymer Dieu iusques au dernier periode de sa vie, de toute l'estenduë de ses affections, pour cette seule consideration, qu'il est digne d'estre aymé, pour l'amour de luy-mesme, sans aucun esgard à la recompense.

Non pas que ce Sainct homme n'estimast le regard de la peine & du falaire, estre bon à piquer le cœur pour le faire auancer en la voye de Dieu, mais il disoit cela dans la veuë, non du bien simple, mais du mieux, & de ceste plus grande gloire de Dieu, à laquelle il vouloit que toutes ses actions & intentions aboutissent.

Sentiment qu'il a mesme voulu consigner à ses Freres, le couchant ainsi dans ses Constitutions. *Sommar. Constit. Regul.* 17.

Il faut que tous prennent garde d'auoir l'intention droitte, non seulement, en ce qui regarde la condition de leur vie, mais aussi en toutes leurs particulieres actions, ayant pour but, de seruir Dieu purement par elles, & de luy plaire pour l'amour de luy-mesme, & pour la dilection de laquelle il luy a pleu de nous preuenir, plustost que POUR CRAINTE DE PUNITION OU ESPOIR DE RECOM-

PENSE, Combien qu'ils se puissent encor seruir vtilement de ces motifs, pourueu qu'en toutes choses, ils recherchent Dieu principalement, se despoüillants AVTANT QV'IL LEVR SERA POSSIBLE, de l'affection vers toutes les creatures, pour la ranger toutes vers le Createur, l'aymant en toutes, & toutes en luy, selon le bon plaisir de sa diuine volonté.

Apres cét exemple de fait, & cét enseignement de parole, & d'escrit, se faut-il estonner, si ce sainct Homme, que le Bien-heureux Iean Auila, appelloit vn Geant spirituel, à cause de la grandeur de son courage & de son zele pour la maison de Dieu, la saincte Eglise, prenoit pour sa deuise, & pour le souuerain motif de toutes ses actions & intentions: LA PLVS GRANDE GLOIRE DE DIEV. Aussi voyons nous que ce grand & excellent motif, est comme le vray caractere qui distingue les vrais sectateurs & zelateurs de son Institut, de ceux qui ne le suiuent que froidement & imparfaitement, car pour estre vray Ignacien, il faut estre allumé de ce zele & de ce feu de pur & desinteressé amour que IESVS est venu apporter en terre, ne desirant rien plus que d'en voir tous les cœurs embrasez, de ceux qui voudront en parole de verité, & d'vne charité non feinte, estre de sa Compagnie, & suiure ses vestiges.

XI.

Second moyen pour exterminer l'amour propre.

LA Seconde industrie pour desraciner l'amour propre de nos cœurs, est de voir si l'on pourroit bien digerer cette autre amere pensee, d'estre priué pour iamais des ioyes & des felicitez du Paradis, si telle estoit la volonté de Dieu sur nous, sa grace & son amour tousiours sauue en nos ames, auquel nous ne sçaurions renoncer sans vn enorme peché, parce qu'il est plus le cœur de nostre cœur, que nostre cœur n'est la vie de nostre corps.

Certes comme la premiere proposition, bannit tout à fait de nos esprits toute crainte, celuy-là ne pouuant plus rien craindre, à qui le sainct amour oste la crainte du mal des maux, ou plustost des ramas & du comble de tous les maux de peine qui est l'enfer, cette seconde enchasse aussi tout esprit mercenaire, puis qu'il oste de l'esprit l'attente du plus exquis de tous les salaires qui est celuy de l'eternité, salaire qui surmonte la pensee; (1. Cor. 2. 9.) de tout homme viuant au monde, parce que les faueurs eternelles sont inuisibles (2. Cor. 4.) & nul ne les cognoist que celuy qui les reçoit, (Apoc 2.17.)

Dans la priuation des plaisirs du ciel, ie suppose aussi la priuation des douleurs de l'enfer, (Act 2.24.) tant de la peine du dam que de celle du sens, que si l'on dit que la vie eternelle consiste à voir Dieu, & celuy qu'il a enuoyée à Iesus-Christ, (Iea 17.) il est impossible d'estre priué de la beatitude celeste sans ressentir cette peine du dam qui donne le nom à la damnation mesme, & qui est la plus grãde de toutes celles de l'enfer, ie diray que ie suppose cette peine tellement adoucie par la toute puissance de Dieu, qu'elle ne soit presque point ressentie, telle que de grands Theologiens estiment deuoir estre celle des petits enfans morts sans baptesme (V. Bellarm. de Purgat. l. 2. c. 6. & 7.) quoy que selon la commune doctrine le plus grand tourment dont puisse estre affligee vne ame separee de son corps soit la priuation de la vision de Dieu.

Dans ce creuset de la priuation des recompenses eternelles se purifie tout esprit mercenaire, pour ne laisser en l'ame que l'amour de Dieu pur & desinteressé, amour si noble & si genereux, que s'il peut faire trouuer vn Paradis au milieu des peines de l'enfer, combien plus aisement le fera-t'il retrouuer dans la priuation des ioyes & des plaisirs du Paradis mesme, puisqu'il est constant, que le faiste des felicitez du Paradis consiste en ce dur, constant, inuiolable, & inuariable amour de Dieu qui est, s'il faut ainsi dire, le Paradis du Paradis mesme, puisque sans luy, le Paradis seroit vn enfer.

XII.
Troisiesme industrie.

LA troisiesme industrie sera de se resoudre de demeurer dans le Purgatoire iusques à la fin du monde si tel est le bon plaisir de Dieu, & tenir encore cette faueur à vne tres-grande misericorde. Et certes quiconque se representera que c'est vn lieu où regne le pur amour de Dieu au milieu des douleurs, comme vn or qui se purifie dans la fournaise aura dequoy se consoler dans vn estat, ou la patience est au dessus de toute souffrance, & maistresse de tous les tourmens.

Il se figurera d'estre parmy ces feux comme vne Salemandre ou vne Pyralide qui s'y plaisent comme dans leur element, puisque l'aliment d'vne ame qui ayme vrayment Dieu, c'est de faire sa volonté, (Iean 14.) & d'accomplir son ordonnance, il dira auec le Sauueur, qui alloit boire le calice de sa Passion, ouy eternel Pere ie le reçoi de bon cœur, puisqu'il vous plaist ainsi, il s'imaginera d'y estre comme les trois enfans dans la fournaise, & que son amour luy seruant de rafraichissement, il chantera le Cantique de la dilection sacrée parmy de doubles flammes de douleur & de douceur, mais de douceur superieure à la douleur, puisque la douleur accompagnee d'amour, & volontairement soufferte est vne douleur bien aymee.

Il pensera que c'est vn bain dans lequel il se purge de sa crasse, pour paroistre vn iour deuant les yeux de son vnique amour, en la netteté requise pour supporter vn regard si redoutable. Vn ieune homme Grec appellé Damocles, aima mieux se ietter dans vn bain d'eau boüillante, que de supporter

porter vn embrassement des-honneste tant il estoit amoureux de la pureté. Quelle pensons nous deuoir estre l'estime de la netteté de cœur que le sainct amour iette dans vne ame, qui desire plaire à Dieu au dernier degré, & qui doute, que ce ne soit là le sentiment d'vne ame qui est retenüe dans le Purgatoire.

Estat heureux dans les souffrances, en ce que l'Amour de Dieu y est le maistre, & y tient vn Empire si absolu, qu'elle ne veut ny ne peut vouloir que ce qu'il plaist à Dieu, & en la maniere qu'il luy plaist, tãt elle adhere à Dieu en vnité d'esprit, (1. Cor. 6.) & en conformité de volonté d'amour propre, il ne s'en trouue vn seul brin dans cet estat, que i'appelle sainct, à cause de la grace sanctifiante qui en est inseparable.

XIII.
Quatriesme industrie.

LA quatriesme industrie pour enleuer tout amour propre de nostre esprit, sera de tascher de se conformer à l'estat & glorieux & douloureux auquel Iesus-Christ s'est estably aux iours de sa chair, & de sa conuersation parmy les hommes. Car il est constant que son ame saincte a esté glorieuse dés le premier instant de sa creation, ce qui n'a pas esté ainsi de son corps, lequel n'a eu (au moins par permanence) les doüaires des corps glorifiez qu'apres sa triomphante Resurrection ny le lieu de sa gloire, qui est le ciel qu'apres son Ascension,

Son ame bien-heureuse a donc esté tout le temps de sa vie en vn degré comme violent, estant attachee à vn corps suiet aux trauaux & aux fatigues, & en sa passion abandonné à toutes les souffrances & les douleurs les plus sensibles qui se puissent imaginer. Et son corps mesme apres sa Resurrection est demeuré par l'espace de quarante iours en la terre, priué du ciel qui estoit le centre de son repos (Pse. 131. 8.)

Nous deurions bien peser ces deux merueilleuses suspensions de son corps, & de son ame, qui ont rendue son humanité saincte vn spectacle de douleur, & de douceur à Dieu, aux Anges, & aux hommes, & en quelque façon semblable à la cruelle inuention de ce Tyran qui attachoit des corps viuans à des morts, assemblant sous mesme lien, & la mort & la vie.

Vne ame qui ayme Dieu auec vne grande pureté, est tellement vnie à la volonté diuine en sa partie superieure, qu'elle mesprise tout le rauage &

Aa ij

le desordre de l'inferieure, preste de souffrir tous les tourmens imaginables, plustost que de desmordre vn seul point de son sainct & pur amour. Soit que nous viuions, soit que nous mourions, disoit vn de ces purs amans, nous sommes au Seigneur, (Rom.14.) qu'il nous tuë encore ne cesserons nous pas d'esperer en luy, (Psé.77.) il est le Dieu de nostre vie, & de nostre mort, il a les clefs du ciel & des abismes, qu'il fasse de nous ainsi qu'il luy plaira, (1. Rois 3.) pourueu que nous l'aimions pour l'amour de luy-mesmes, nous serons à luy, & si nous sommes à luy, qui nous pourra arracher de sa main? Il n'y a point de damnation pour ceux qui sont entez en luy] c'est à dire inserez en sa grace.

Parmy les plus fascheux orages & les plus rudes secousses de cette vie, son amour nous seruira de phare, &

nous sera comme ce poisson que l'on appelle Lampe de mer, qui luit parmy les obsuritez, & calme les tempestes, par cette saincte dilection, vne grande lumiere esclaire parmy les tenebres, ceux qui sont droicts de cœur,] & qui ont toute leur confiance en la bonté du Pere des misericordes.]

XIV.
Moyen cinquiesme.

Cinquiesme industrie bien plus facile à pratiquer que les precedentes, sera de vouloir aller en Paradis, parce que Dieu le veut. O Dieu! mais qui ne voudroit vn si grand bon heur, comme est-il possible que la volonté voye le bien sans s'y porter, sans s'y transporter, puisque cet obiet la rauit aussi tost qu'elle l'apperçoit, & cõme pourroit elle considerer le souuerain bien & la supreme beatitude sans la vouloir souuerainement & de toute l'estendüe de ses forces & de ses affections.

C'est icy qu'il faut comme les Machabees, (1. Machab. 6. 40.) marcher prudemment & auec ordre, & ne regarder pas tant cette felicité inconceuable pour nostre interest, que pour celuy de Dieu. Ce qui se fera si nous voulons le Paradis premierement, & principalement pour glorifier Dieu, ainsi que parle le Concile. (Trid. sess 6. cap. 11.) & secondement & moins principalement pour nostre bien.

Car si nostre regard premier & principal, estoit sur nostre auantage, plus que sur l'interest de Dieu, qui est d'estre glorifié dans le Ciel, par ceux qui y seront mis au sort des Saincts. Nous renuerserions l'ordre de la raison & de la charité, qui veut que le Createur soit preferé à la creature, & aymé sur toutes choses, sans qu'aucun interest de creature soit preferé ou égalé au sien ; car outre qu'il ne donne à aucun sa gloire souueraine, incommunicable à tout autre qu'à luy grand Roy par dessus tous les Dieux, (Pf. 94.) il ne veut pas mesme receuoir aucun riual en son honneur, voulant que toute autre gloire soit referee à la sienne.

Il est vray que ceste industrie n'est pas si pure, c'est à dire, si exempte de meslange que celle de nostre Caritee, laquelle oste de la memoire tout souuenir de la recompense, mesme eternelle, elle est pure neātmoins, entant qu'elle est sans proprieté, bien qu'elle ne soit pas sans nostre interest, mais interest postposé, sousmis, & rapporté à l'honneur de Dieu.

Nostre interest, certes y est, & y est conioinct à celuy de Dieu, mais conioinct comme suiuant, non comme precedant, non comme principal;

mais comme simple accessoire, & accessoire referé à son principal. Il est attaché à celuy de Dieu, par forme de suitte, ainsi que Iacob tenoit Esau par le pied en naissant, il se lie à celuy de Dieu, comme vn seruiteur qui se met à la suitte de son maistre.

En cette industrie nous auons égard à nous ; mais nostre regard principal est vers Dieu, nos yeux sont vers le Seigneur, afin qu'il arrache nos pieds, c'est à dire, nos affections, des lacqs de l'amour propre. (Pseau. 24. 15.) elle n'oublie pas nostre vtilité : mais son principal souuenir est de la diuine bonté, elle met Syon, (c'est à dire, la gloire du Createur) au commencement de nostre liesse. Elle ne neglige pas nostre satisfaction, mais elle tend sur tout à celle de Dieu : De sorte, qu'encore que cét amour ne soit pas tout à fait des-interessé, il l'est pourtant d'interest propre, non d'interest nostre, c'est à dire, qu'il est dépouillé de l'interest proprietaire, qui n'est ny rapporté, ny rapportable à celuy de Dieu; mais non du nostre, qui luy est referé & subordonné.

Nous y cherchons nostre gloire, mais incomparablement plus, celle de Dieu, laquelle engloutit la nostre, en la maniere que la baguette de Moyse deuora celles des Mages. Et si nous n'estions prests de quitter nostre interest & de l'abbatre aux pieds de celuy de Dieu, cette industrie seroit impure, & l'interest nostre demeureroit interest propre; & par consequent opposé à celuy de Dieu.

XV.
Que ce moyen aysé en apparence, est de difficile pratique.

AYmer la volonté de Dieu dans le desir du Paradis, puisqu'il veut que tous soient sauuez, & que tous y arriuent, est vn bon amour, pourueu qu'en verité on ayme la volonté de Dieu, qui nous veut ce grand bien; plus que ce grand bien que Dieu nous veut : Hé! ie vous prie, qui n'aymeroit vne si digne volonté en vn suiet si aymable & si desirable; mais pourtant, cecy n'est pas si facile à pratiquer que l'on pense, selon les regles les plus seueres du pur amour : Car nous auons tant d'interest en ce salut eternel, auquel consiste nostre souuerain bon-heur, que non seulement il est mal-aysé de se seurer de ce desir qui est si iuste, mais mesme de le tenir en bride, &

empescher qu'il ne s'esleue au dessus de l'interest de Dieu, ou qu'il ne s'y égale. Vouloir estre sauué, par ce que Dieu le veut, est vn bon vouloir, pourueu qu'on le vueille, plus parce que Dieu le veut, que parce que nous le voulons aussi, & que nous n'égalions pas en cela la volonté que nous auons d'estre sauuez, à celle que Dieu a de nous sauuer.

Mais nous auons à faire à vn ennemy si ruzé:

Et qui a tant de secrets
Et de moyens pour nous nuire.

Et moyens qu'il tire de nous mesmes, qu'il ne luy est rien si aysé que de nous donner le change, par la facilité que nous auons à nous laisser tromper, & prenant l'amour propre pour l'amour legitime de nous mesme, que si nous ne veillons sur nous auec vne grande attention, nous sommes bien-tost surpris nous estant auis que nous ne desirons nostre salut, ny le Paradis que pour l'amour de Dieu, & pour y rendre vn etetnel tribut d'honneur à sa gloire, & cependant il se trouue en fin que c'est nostre nous mesmes, que nous recherchons en Dieu, & non pas Dieu en toutes choses, & sur toutes choses, & pour derniere visee que nous auons plustost la gloire que Dieu nous donnera en Paradis, que celle que nous luy rendrons.

Et ce qui est de merueilleux en cette fascination, c'est que plusieurs ne veulent pas souffrir qu'on leur fasse tomber les escailles des yeux, fuyans la lumiere qui leur fait voir leur erreur, comme l'vlceré craint la main de celuy qui le pense. Car quand on veut redresser leur intention, & mettre leurs pas en de droittes voyes, leur remonstrant que la gloire que nous deuons rendre à Dieu, est la derniere fin pour laquelle Dieu a creé le Paradis, non pas celle que Dieu nous y donnera, qui n'est que le moyen pour atteindre à l'autre, ils ne veulent pas entendre pour mieux faire, de peur d'estre obligez de reconnoistre leurs erreurs passees, & d'estre plus attentifs sur leurs voyes à l'auenir, tenans cette addresse & cette iustesse pour vne contrainte & vne gesne fascheuse, & comme vn ioug, qui ny eux, ny leurs peres n'ont pû porter.

XVI.
Reuolte contre ce cinquiesme moyen.

ET se reuoltans contre cette lumiere, ils cherchent des excuses à leur deffaut, (Iob 24. 13. Psea. 140. 4.) disans que ces deux gloires estans connexes & inseparables, qui cherche l'vne, cherche l'autre, sans considerer que cela est vray en ceux qui possedent le Paradis, & qui sont au but de leur course, non en ceux qui sont en la voye, lesquels pat leur intention, qui est l'ame de leurs actiós, peuuent separer les moyens de la fin, & s'amuser à ceux-là sans passer iusques à celle-cy, comme ces amoureux de Penelope, qui quitterent sa poursuitte pour s'arrester à ses damoiselles, ou comme ces Israëlites peu iudicieux, qui quitterent la conqueste de la terre de Promesse, pour courtiser les filles Moabites.

Il n'en est pas ainsi des Bien-heureux, lesquels voyans Dieu, l'ayment necessairement, & l'ayment selon qu'ils le voyent, le glorifians à proportion que Dieu les glorifie, n'ayans ny ne pouuans auoir de leurs actions autre fin derniere & souueraine que celle du pur amour de Dieu, lequel est toutes choses, à tous &

en tous.

C'est donc mal debuter de faire ces comparaisons des voyageurs aux comprehenseurs, & de s'imaginer que ceux-là ayent le courage aussi fort, pour porter toutes leurs actions & intentions à la derniere fin: sans s'arrester aux moyens, comme ceux-cy qui n'ont ny ne peuuent auoir d'autre motif dernier que Dieu de leurs plus petites inclinations.

Ce qui me fait penser qu'il est plus aisé de purifier son intention dans la veuë de l'enfer accepté pour se conformer à la seule volonté de Dieu, que dans le regard du Paradis aggreé pour cette seule volonté de Dieu qui nous le prepare. D'autant que dans l'enfer il n'y peut rien auoir d'aimable que ce S. vouloir que nous supposons nous y releguer, mais dans le Paradis il y a tant d'autres choses agreables outre la volonté de Dieu, qui charment nos sens & nostre esprit, qu'il est mal aisé de séparer nos auantages de cette diuine volonté qui nous en est si liberale.

Mais ceux qui ayment Dieu d'vn amour pur & des-interessé, & tel que le dépeint nostre Caritée, ne regardent les biens, & les maux du temps, & de l'eternité, que dans la main de Dieu, & pour mieux dire, ils ne regardent que cette chere main, qui tient leur destinee, & de laquelle ils veulent dépendre à iamais, mettant leur souueraine felicité en cette amoureuse dependance.

XVII.
Exemple illustre.

L'Exemple en est illustre en Iob, ce miracle de patience & de pur amour, si nous auons receu des biens de la main de Dieu, dit-il, pourquoy n'en receurós nous pas aussi les maux?

paro-

parole fidele & digne de soigneuse remarque. Voyez comme il reconnoist que c'est de la main de Dieu, qu'il a autrefois receu des biens, monstrant par là, qu'il a plus estimé la main qui les luy donnoit, que les biens mesmes: d'où il conclud que les maux luy doiuent estre aymables, puis qu'ils luy viennent de la main tousiours également Paternelle & adorable; soit qu'elle caresse, soit qu'elle corrige, soit qu'elle viuifie, soit qu'elle mortifie, soit qu'elle plonge dans les enfers, soit qu'elle en retire.

Certes, pour receuoir des biens de ceste façon, il faut à mon iugement, vn amour plus admirable & plus exquis, que pour en supporter des maux, parce que les biens ont des amorces & des attraits qui pipent nos sens, auec tant de suauité qu'il est mal-aisé d'en destacher entiere-

Bb

ment nostre interest, pour n'y voir que celuy de Dieu, qui les donne. Au lieu que les afflictions n'ayant rien d'agreable que la main de Dieu, qui les distribuë, il n'est pas si difficile d'y aymer cette chere main, au contraire, il seroit bien mal-aisé d'y aymer quelqu'autre chose que cette main, dont les foudres se changent en fin en pluyes & en rosees de consolation.

XVIII.

L'Aduersité est la Mere, & la Prosperité la Marastre du pur Amour.

J'Enuironneray ta voye d'espines, dit le Seigneur, par vn de ses Prophetes, (Osée 2. 6.) parlant à l'ame pecheresse, pour la faire reuenir à son cœur. (Esa. 46. 8.) celuy qui chemine par des sentiers bordez de fortes hayes, qui l'empeschent de s'escarter dans les champs, & de prendre des destours, quoy qu'il rencontre quelquefois de mauuais, va neantmoins sans crainte de s'esgarer, parce que la route le conduit droit au lieu où il pretend. Celuy que la charité conduict à Dieu, par le sentier des croix & des tribulations, (Acte 14. 22.) qui sont autant d'espines, (Pse. 31. 4.) va auec d'autant moins d'apprehension des surprises, & des esgaremens de l'amour propre, qu'il recognoist que c'est le chemin frayé par tous les saincts, & par le sainct des saincts Iesus Christ nostre Seigneur, & que l'affliction de soy n'a rien d'agreable, sinon le moyen qu'elle nous donne de nous conformer à l'image du Fils de Dieu souffrant.

Mais celuy qui marche par le sentier des prosperitez & des consolations, va par ce chemin couuert de lacqs & de pieges, qui fut monstré à sainct Anthoine, d'autant qu'à chaque pas il peut estre surpris, aymant la consolation que Dieu donne, au lieu d'aymer le Dieu qui donne la consolation, mettant son propre plaisir en la place du bon plaisir de Dieu, faisant comme les chiens de chasse, lesquels quoy que bien ameutis, tombent souuent en deffaut en la saison du printemps, à cause que la force des herbes, & l'odeur des fleurs, leur oste le sentiment des passees du gibier qu'ils poursuiuent.

Certes dans la primeuere des prosperitez exterieures, & des contentemens interieurs, la douceur qui s'y ressent, iette tant de suauitez dans vne ame, que souuent le sentiment de la grace celeste & du Diuin amour y demeure suffocqué, de sorte que l'iniquité sort de ceste graisse, & l'on passe dans l'affection de l'interest de la creature, plustost que dans celuy de

Dieu, (Psea. 72. 7.) tant il est vray que l'homme est chair, un esprit qui va au mal de soy, & qui n'en reuient pas sans l'ayde de la grace.]¶

Que l'on ne s'imagine donc pas que cette industrie que nous proposons icy, de vouloir le Paradis, parce que Dieu le veut, soit de si facile pratique, en matiere de pur amour, d'autant qu'il est plus mal-aisé de purifier sa dilection, & de la des-interesser dans les choses agreables, que dans les desplaisantes.

XIX.
Sixiesme industrie pour dompter l'amour propre.

IE mets au mesme rang de difficulté, la sixiesme industrie, qui est de vouloir euiter l'enfer, parce que Dieu veut que nous l'euitions. La volonté qu'il a de nous sauuer, & que nous nous retirions des voyes de perdition, nous est declaree en tant de lieux des Pages sacrees, qu'il faut estre aueugle volontaire pour ne les y lire pas. Le cher Sauueur de nos ames, qui les a rachetees par le grand & inestimable prix de son Sang, desire infiniment que nous l'aymions afin que nous soyons eternellement sauuez, & que nous soyons sauuez afin que nous l'aymions eternellement, son amour tendant à nostre salut, & nostre salut à son amour.

A cela battent ces amoureux tesmoignages de sa bouche sacree, oracle de nostre bon-heur. Ie suis venu, dit il, apporter au monde vn feu d'amour, que veux-ie sinon, que tous les cœurs en soient allumez. Pour ce suiet, il donne vne loy toute d'amour, il commande & recommande que l'on l'ayme, & ne se lasse iamais d'inculquer ce premier & tresgrand precepte.

La Sageſſe, dit la ſaincte Parole, publie par tout, & fait éclater ſa voix parmy les carrefours, elle crie deuant tout le monde, elle trompette aux grandes places, & profere ces mots, iuſques à quand, ô! peu iudicieux, aimerez-vous côme des petits enfans, des amuſemés d'enfantillage, iuſques à quand les inſenſez deſireront ils les choſes qui leur ſont pernicieuſes, iuſques à quand les malauiſez reietteront ils la ſcience du ſalut & des SS, quád ſe côuertiront-ils de leurs mauuaiſes voyes, quand reuiendront-ils à leur cœur, voyla que ie leur offre mon Eſprit, & ils le repouſſent; ie leur declare ma parole, & ils luy font la ſourde oreille, & y endurciſſét leurs cœurs.

Et pour arracher toute excuſe aux imprudens, le Seigneur dit par Ezechiel, que nul ne diſe, ie ſuis mort dans l'iniquité : comme pourray-je reuenir à la vie, car auec autant de

b B iiij

verité que ie suis viuant, ie ne veux pas la mort du pecheur: mais pluſtoſt ſa conuerſion & ſa vie.

Et non content de manifeſter ainſi ſon deſir en public, il deſcend dans le particulier, & va comme de porte en porte, ainſi qu'vn mandiant il y frappe, il y heurte, il crie, il prie qu'on luy ouure, & auec des ſemonces plus amoureuſes, que l'amour meſme, & des promeſſes capables de dilater les cœurs les plus reſſerrez.

En ſuitte des promeſſes l'ardeur de ſon zele, le iette dans les menaces, afin de ne laiſſer rien d'intenté, pour conquerir nos affections, & ranger à ſon ſeruice les volontez rebelles, ſi vous m'eſcoutez, dit-il, vous mangerez les fruicts de la terre de promeſſe, mais ſi vous fermez vos oreilles, & me prouoquez à courroux, le glaiue vous deſtruira. Quel de vous pourra faire ſon ſeiour parmy des feux deuorants, & des ardeurs eternelles. (Esa. 53.) Mesprise-tu les richesses de la bonté, patience, & longanimité de Dieu: ignores-tu, que sa douceur t'inuite à penitence, veux-tu t'amasser vn tresor de courroux pour le iour des vengeances, par la dureté de ton cœur impenitent? Conuertissez-vous, sus conuertissez-vous, venez à penitence: reuenez à moy, viuez, pourquoy mourez-vous maison d'Israël.]

Apres cela, qui ne conformera sa volonté à celle de Dieu, & que nous ne perissions point, & que nous euitions les peines eternelles: veu mesmes que cette conformité nous est si auantageuse, que sans elle nous ne pouuons qu'estre eternellement malheureux. Mais l'importance est, de ne faire pas ce tort à la pureté du diuin Amour, de preferer en cela nostre auantage, ou mesme de l'égaler au vouloir de Dieu, car en cela nostre volonté ne seroit pas conforme: mais difforme de celle de Dieu, lequel ne voulant nostre salut en fin derniere, que pour sa gloire, non pour nostre profit, si ce n'est en fin prochaine, nous le deuons vouloir de la mesme sorte, de peur de violer l'ordre de la raison & de la Charité.

De plus nous deuons dans la veüe de l'enfer, detester d'auantage la coulpe que la peine, la cause que l'effect, & à dire le vray, le peché est incomparablement pire que l'enfer, car c'est ce neant qui a esté fait sans Dieu, (Iean 1.) & que Dieu ne peut faire, parce qu'il tout puissant & tout bon, & le peché vne vraye impuissance & malice, mais pour l'enfer Dieu l'a fait & c'est la geolle, & le theatre de sa souueraine iustice, & ainsi bon de sa nature, car Dieu n'a rien fait que de bon.

Cependant nous sommes si attachez à nos sens que la pluspart ont plus d'horreur des flammes, & des tourmens de ce lieu de misere, que des abominables blasphemes que les esprits damnez y vomissent continuellement contre Dieu, ny de cette haine implacable qu'ils ont contre la diuine bonté. O que l'impuissance d'aimer Dieu est vne chose redoutable, mais bien plus formidable, cette haine mal-heureuse que portent à Dieu ces miserables tombez en sens reprouué, & c'est cet abysme de malheur que nous deuons beaucoup plus peser que les autres supplices.

XX.
Industrie septiesme.

LA septiesme industrie supplantatrice du propre amour, est de vouloir aller en Paradis *seulement*, (notez ce mot) parce que Dieu le veut, mettant en oubly tout autre motif interessé. Mais comment reduire cecy en pratique. Il n'est pas si mal-aysé que l'on s'imagineroit. Les Geometriens qui font profession de mesurer tous les corps, font precision & abstraction de la matiere, prenans indifferemment leurs mesures sur tous, sans se soucier si c'est or, argent, bois, pierre, cuiure, plomb, & autres materiaux.

Nous deuons les imiter spirituellement en ce suiet, & dans le paradis, ne considerer que le seul interest de Dieu, qui est sa gloire: sans nous arrester au nostre, ny au regard de nostre particuliere felicité.

Si l'on repart que ces choses sont inseparables, Dieu estant glorifié par nostre felicité, & nostre felicité se terminant en cette gloire diuine, comme en son dernier ressort, nous auons desja respondu à cette instance, & fait voir que bien que la nature diuine & l'humaine ayent esté tellement colee l'vne à l'autre, par l'vnion hypostatique en Iesus-Christ, que mesme la mort, qui auoit pû separer son ame de son corps, n'auoit pû destacher la Diuinité, ny du Corps couché dans le tombeau, ny de l'Ame, lors qu'elle alla dans le sein d'Abraham pour en amener la captiuité captiue. (Pse. 63.) neantmoins que par nostre pensee, nous pouuions conceuoir ces deux natures tres distinctes en leurs proprietez, comme separees : Ainsi, quoy que dans le Ciel nostre felicité, & la gloire que nous y rendrons à Dieu, soient tellement liees, que rien ne les puisse destacher. Ce sont toutesfois deux choses differentes, qui ont vnion, mais non pas vnité : de sorte que nous les pouuons conceuoir comme distincts, & quoy que nul ne puisse glorifier Dieu dans le Ciel, que premierement Dieu ne le glorifie, la loüange que l'on rend à Dieu, n'estant qu'à proportion de la lumiere de gloire qui est departie à chaque bien-heureux à son entrée dans la celeste Hierusalem, si est-ce qu'il est certain que la gloire de Dieu est la fin derniere du Paradis. & que la nostre n'est que le moyen. Si donc par imagination d'impossible, nous pouuons separer ce moyen de cette fin, le pur amour, dont le glaiue bien affilé, penetre iusques à la diuision de l'ame & de l'esprit, nous feroit souhaitter d'arriuer à cette fin sans ce moyen, parce que la vraye charité, dit l'Ange de l'Escole, (2.2. q. 23. art. 6.) va droit à Dieu, pour s'arrester à luy, sans attendre qu'il nous en reuienne aucun aduantage.

Et c'est en cela, selon mon iugement, que consiste ce banquet de graisse & de mouëlle, de l'eternelle felicité, & cette vendange sans lie & sans marc; dont le Prophete parle, (Esa. 25. 6.) c'est à dire, espurée de tout particulier interest.

XXI.
Huictiesme moyen pour terrasser l'amour propre.

L'Industrie huictiesme, sera de regarder l'enfer de mesme sorte, & desirer la deliurance SEVLEMENT, parce que Dieu ne veut point que nous y soyons precipitez: sa volonté antecedente, ne nous ayant pas formez pour nous perdre Et c'est icy où nostre interest se remet dans le creuset pour se purifier de plus en plus, car comme il est fort aysé de ne vouloir pas aller en enfer, par ce que Dieu ne le veut pas, nostre inclination se trouuant en cela tres-conforme à la volonté de Dieu, aussi est-il plus mal-aisé que l'on ne pense, d'estouffer cette inclination que nous auons d'euiter vn si grand mal pour l'amour que nous portons à nous mesme, pour ne faire regner en nous que le seul vouloir de Dieu.

Le Prophete Roy tient pour vne merueille, de ce que Dieu dans l'enfer sçait separer la flamme du feu, (Pse.) laissant l'ardeur qui tourmente les reprouuez, & ostant la lumiere de la flamme qui leur pourroit apporter quelque idee de consolation, parmy les obscuritez des tenebres exterieures. Et ce n'est pas vn petit effort du pur amour, qui est le plus puissant, ny que la main, ny que l'enfer, (Cant. 5.) de separer dans l'enfer, la haine & les blasphemes contre Dieu, des peines que l'on y souffre, & de donner plus d'horreur de ceux-là, que de celles-cy. C'est vn grand signe que l'on ayme Dieu
sur

sur toutes choses, quand on l'ayme plus que soy-mesme, puis que rien ne nous est si proche que nostre nous mesme.

XXII.
Neufiesme Moyen.

Mais voicy vne neufiesme industrie, qui est encor de plus haut appareil. Ce seroit de refuser genereusement le Paradis, si (par supposition d'impossible) il estoit offert sans l'amour de Dieu. Si l'on dit qu'il faudroit estre bien degousté, pour laisser dans le plat vn si bon morceau, on respondra qu'à vne ame qui ayme, toutes les delices sont insipides, mesme celles du Ciel, si elles ne sont assaisonnees de l'amour de Dieu, qui est la vraye Manne cachee, que Dieu reserue aux vainqueurs. (Apoc. 2. 17.)

Si on adiouste que c'est imiter ces

Ce

Israëlites degouſtez, qui eſtimoient à rien la terre deſirable. (Pſeau. 105. 24.) & qui tenoient la Manne pour vne viande creuſe, (Nomb. 21. 5.) on repartira, que ſans l'amour de Dieu, le Paradis n'eſt plus vne terre qui coule le laict & le miel, & que ſes plaiſirs, ſans ce viuant & regnant amour, ſeroient des amertumes. Les Eſleus y ſouffriroient le tourment de Tantale, & les douleurs d'vne femme qui s'efforce inutilemét d'accoucher, (Pſeau. 47. 7.) parce que voyans vn ſuiet ſouuerainement aymable ſans le pouuoir aymer, preſſez d'vn extreme deſir, & d'vne impuiſſance ſemblable, ils ſouffriroient vn tourment qui eſt le plus grand de tous ceux que les reprouuez endurent dans les enfers, comme nous l'auons fait voir cy deſſus, ſelon la doctrine du Bien-heureux François de Sales.

Certes rien n'irrite tant le deſir,

que la veuë de l'obiect aymé, mais l'impossibilité d'arriuer à l'vnion, qui est le terme de l'amour, conuertit ce desir en vne tristesse desesperee, qui afflige l'ame au dernier point.

Telle fut la langueur amoureuse de l'Ancien Appelles, lequel tirant le portraict d'vne des amies d'Alexandre, appellee Campaspé, en graua si puissamment la beauté en son ame, qu'il en perissoit à veuë d'œil, & d'vne ardeur d'autant plus cuisante qu'elle estoit plus secrette, luy estant auis que d'euenter tant soit peu sa passion, eust esté se rendre criminel de leze Maiesté: Mais Alexandre non moins grand en courage qu'en pouuoir, s'en estant apperceu, au lieu d'en auoir de l'indignatiō, en conceut de la pitié, & la luy donnant en mariage, monstra en cette action vne magnanimité autant signalee, que s'il eust gagné vne bien grande victoire.

Cc ij

Telle fut l'ardeur qui embrasa le courage du ieune Prince Demetrius, pour sa maraftre Stratonice, qui fut recogneüe par vn Medecin, par le redoublement de fiévre, lors qu'il en eftoit vifité. O Dieu! quel fupplice fentiroit vn Efleu dans le Ciel, fi à la prefence de la diuine beauté, digne de toutes les affections imaginables, fe trouuoit dans l'impuiffance & dans l'incapacité de l'aymer, certes ce tourment eft inimaginable.

XXIII.
Induftrie dixiefme.

ET n'y a point de doute, (& cecy paffera pour dixiefme induftrie,) qu'il ne choififfe pluftoft l'enfer auec l'amour de Dieu, que de refter dans toutes les delices du Paradis, fans ce diuin Amour. Ie le croy bien, puis que plufieurs bonnes ames animees de ce feu facré, que Dieu veut voir flamber continuellement sur l'autel de nos cœurs. (Leuit. 6. 12.) ont en cette vie preferé les rigueurs du Caluaire, aux douceurs du Thabor. Telle fut saincte Catherine de Sienne, qui prefera la couronne d'espines à vne d'or & de pierreries, que nostre Seigneur luy presentoit, pour esprouuer la pureté & la fidelité de son affection. Tel estoit sainct Augustin, quand il disoit, Seigneur, bruslez & taillez icy tant qu'il vous plaira. Et ce Prophete, qui se disoit preparé aux foüets] & qu'il choisissoit d'estre abiect en la maison de Dieu, (Pseau. 83.)

Et de sainct Pierre, qui au contraire demandoit de planter son Tabernacle au Thabor, il est escrit qu'il ne sçauoit ce qu'il disoit : & le Sauueur demanda à ses deux Disciples, compagnons de sainct Pierre en ce spectacle, s'ils pourroient auec luy, boire le calice de sa Passion. Et mesme au milieu de cét esclat de gloire, qu'il fit paroistre sur cette montagne, Moyse & Elie qui estoient à ses costez, ne parlerent que de l'excez de ses souffrances qu'il devoit accomplir en Hierusalem. Et qui est celuy qui ne preferast l'amour douloureux de la saincte Vierge, de sainct Iean, de la Magdelaine, au pied de la Croix, à tous les rauissemens & les transports de sainct Pierre sur le Thabor.

Ie vay dire vne chose estrange, & neantmoins, qui n'est que trop veritable, & bien conforme au sentiment de nostre Caritee, la plus part des Chrestiens ne desirent le Paradis, & ne fuyent l'enfer, qu'en la maniere que le diable desire l'vn, & voudroit sortir de l'autre, s'il estoit en sa puissance, & que cela fust remis à son eslection. Demandez à vn demon, s'il ne voudroit pas bien aller au Ciel, & y iouyr de toutes les gloires & felicitez du Paradis, luy, qui n'est pas moins orgueilleux pour estre damné, qu'il estoit lors qu'il vouloit planter son siege anx flancs de l'Aquilon, & se rendre semblable au Tres-haut, dira aussi-tost qu'il le veut bien; ne regardant en cela, que sa propre gloire, & ses propres ayses: Mais si vous luy dites que c'est à condition d'y aymer & glorifiea Dieu en fin derniere, & luy rendre graces de ces felicitez, il se dedira aussi-tost, & refusera le Paradis à ce titre là, que sa haine implacable contre Dieu, & son vouloir tourne en sens reprouué, luy, fait prendre pour insupportablement onereux.

Demandez-luy en suitte, s'il veut estre exempt des horribles peines qu'il souffre dans l'enfer, il est tât amy de soy-mesme, qu'il ne demandera pas mieux, que de s'en faire quitte. Mais

Cc iiij

si vous y apposez la mesme condition, qu'il ait à remercier Dieu de sa deliurance, & à aymer & recognoistre son liberateur, son impuissance à aymer Dieu, & son obstination inflexible à le hayr, luy fera refuser ce party, & il aymera mieux demeurer eternellement dans ces tourmens inexplicables, que de flechir volontairement deuant la Maiesté de Dieu.

Combien y a-t'il de Chrestiens qui ne desirent rien tant que d'estre sauuez, n'ayant pour visee de leur salut, que leur propre interest, ny autre veuë que les honneurs, les richesses, & les plaisirs qu'ils attendent en la Cité de Dieu, de laquelle tant de glorieuses choses se disent, (Psea.) sans penser en aucune façon à la gloire que l'on y donne à Dieu, & sans sçauoir que cette gloire diuine est la derniere fin pour laquelle a esté creé le Paradis. Combien y en a-t'il qui ont l'enfer en horreur, & qui en craignent souuerainement les supplices, dans la seule veüe des peines que les damnez y souffrent, sans aucun regard à la coulpe qui y conduit, ny aux blasphemes que la haine enragee contre Dieu, arrache de ces maudites & maudissantes bouches.

Il y a neantmoins cette difference entre ces esprits seruiles & mercenaires & les demons, qu'ils ne reiettent pas la fin derniere comme ceux cy, n'estans pas affermis dans le mauuais propos de n'aymer point d'aymer, ny dans l'impuissance de l'aymer le temps de cette vie estant vn temps d'acception & de salut, auquel on peut retourner à Dieu, à tous les momens ausquels on adhere à sa grace excitante.

XXIV.
Histoire notable.

IE me souuiens d'auoir autresfois leu dans vn petit liure spirituel du tiltre duquel il ne me souuient pas vne agreable histoire, & qui fait merueilleusement à ce propos. Le tentateur taschant par mille illusions de seduire vn bon & sainct Anacorete, luy apparoissoit souuent en diuerses formes, & ce vertueux personnage esclairé de la vertu d'enhaut descouuroit tousiours ses impostures, Vne fois luy apparoissant sous la figure d'vn autre Hermite de sa cognoissance, & luy declarant qu'il estoit desesperé de son salut quelques austeritez & exercices de penitence qu'il pratiquast, le bon Anacorete remarquant le Lyon par l'ongle luy dit malicieux esprit n'es-tu pas bien malheureux, de demeurer dans les tourmens de l'enfer, puisque tu en pourrois sortir si tu voulois seulement proferer vne bonne parole, le demon se voyant descouuert, luy dit, s'il ne tenoit qu'à en dire des millions pour estre deliuré des peines que ie souffre, ie les profererois bien volontiers. Il ne faut, reprit l'Anacorete, que dire, mais de bon cœur, que tu demandes pardon à Dieu, & que tu l'aymes pour l'amour de luy mesme, & ie t'asseure que tu seras sauué. C'est-là, reprit le demon, ce que ie ne puis faire ny dire, & plustost qu'en venir là, ie choisirois mille enfers. Deplorable condition de ces esprits damnez & perdus, tellement enracinez, & establis en l'amour d'eux-mesmes, & en la haine de l'interest de Dieu, que plustost que luy donner gloire, ils ayment mieux demeurer eternellement dans leurs supplices.

XXV.
Instance.

MAis, dira-t'on, ne se peut-on sauuer sans auoir de si hautes pensees, ne peut on aller au Ciel, ny esuiter l'enfer, sans sçauoir toutes ces distinctions, & sans cét amour pur & des-interessé, qui fait preferer la gloire de Dieu à la nostre dans le Paradis, & la coulpe qui offense Dieu, & la peine qui tourmente dans l'enfer. A cela, on peut respondre en diuerses manieres.

1. Que souuent l'ignorant est ignare.] & que plusieurs sont menez en captiuité; (car qui fait le peché en est esclaue,) pour n'auoir pas la vraye science des voyes de Dieu]

2. Qu'il n'est pas tousiours necessaire que ceste science soit explicite, pourueu qu'elle soit implicite, & lors qu'elle est proposee, qu'on n'y

fasse point de resistance, & de cette façon il est probable que la bonne foy supplée à l'ignorance, & que Dieu iette luy-mesme dans la piscine de la verité celuy qui manque d'homme qui la luy enseigne, & qui la cherche sans la trouuer.]

3. Au Ciel, nous n'auons pas plus d'amour que de cognoissance, car la lumiere de gloire que nous y possederons, sera la mesme de nostre veüe, & cette veüe de nostre dilection, mais icy bas, où la Foy ne nous monstre rien que par miroüer & par enigme, nous y pouuons auoir plus d'amour que de cognoissance, ce que les exemples de quantité de sainctes ames, qui peu auancees dans les sciences, ont eu de grandes lumieres, & des ferueurs extraordinaires en l'oraison, nous monstrent clairement ce que le Bien-heureux François de Sales declare plus amplement en son Traicté

de l'Amour de Dieu, (liur. 6. cha. 4.) d'où l'on peut inferer que l'on peut aymer Dieu d'vn amour qui nous peut introduire au salut, sans auoir toutes ces cognoissances. Comme l'on peut croire les mysteres de la Trinité, de l'Incarnation, de l'Eucharistie, & les autres, sans sçauoir tant de subtiles questions, que la Theologie forme à leur suiet, dans l'Escole. Neatmoins ainsi que nul ne peut trouuer mauuais, s'il ne veut serrer la bouche au bœuf qui bat le grain, (1. Cor. 9. 9.) & oster la parole aux predicateurs, qu'ils expliquent publiquement ces mysteres en leurs chaires, & esclaircissent aux peuples, les veritez de la foy, de mesme qui peut des-aggreer que les mesmes enseignent les voyes de Dieu aux pecheurs, afin qu'ils se conuertissent, & encores aux Iustes afin qu'ils se tiennent fermes & debout, & qu'ils fassent progrez dans les sentiers de Iustice. (Prou. 12. 28.) Est-il pas raisonnable d'éclairer leurs yeux, afin qu'ils considerent les merueilles de la loy de Dieu, (Pse. 118.) puisque la declaration de la saincte Parole illumine, & donne de la cognoissance aux plus petits, qui sert de lampe à leurs pieds, & de lumiere à leurs sentiers. Sans cela plusieurs tastonnent à la paroy, comme des aueugles, (Esa. 59. 10.) & se fouruoyent du chemin de la verité, parce que le Soleil de Iustice ne leur luit pas.] & disent en souspirant comme cét autre à Iesus-Christ, Seigneur, que ie voye.] & puis quand leurs yeux sont dessillez par des veües plus claires que celles dans lesquelles ils entreuoient les veritez, ils s'imaginent, comme cét autre, que les hommes sont des arbres qui cheminent.]

XXVI.
De la Charité cachee en vne ame.

4. ET ce qui les estonne d'auantage, c'est de descouurir en eux mesmes des semèces qui leur estoient incogneuës, & qui en sortent comme les herbes & les fleurs du sein de la terre, où l'hyuer les tenoit enfoncees, lors que le Soleil du printemps les attire par la douceur de ses rayons. Quand on vient à leur declarer la nature & l'essence de la vraye Chatité, dont l'habitude par le sainct Esprit, est respanduë en leurs ames, sans qu'ils la cognoissent, ils sont rauis de se voir possesseurs d'vn champ qui cache vn si grand tresor, & de contenir de telles richesses dans des vaisseaux de terre.

Quand ils viennent à descouurir cette source cachee dans leur sein, toute autre que celle que Samson trou-

trouua dans vn os tout sec, vne source d'eau viue reialissante à l'immortalité, cet arrosoir superieur & inferieur, qui peut rendre leur territoire beaucoup plus fertile que celuy de la fille de Caleb, (Iosu. 15. 19.) ô Dieu! quelles ioyes de voir cette lumiere cachee sous leur boisseau, cette dragme retrouuee, cette brebis recouuerte, & tout au rebours d'vne qu'ils portent en eux le paquet de vie & de salut, qui les peut tirer des portes de la mort.(Ros. 2. 8. Psea. 9. 14.)

Combien alaigrement, disent-ils auec Iacob, helas! le Seigneur, estoit icy, & ie ne le sçauois pas, c'est à dire, ie ne m'en apperceuois pas, (Genes. 28. 16.) leur contentement estant semblable à celuy des pelerins d'Emaüs, qui recogneurent le Sauueur à la fraction du pain, (Luc 24. 35.) recognoissans leur salut à la fraction qui leur est faite du pain de vie & d'intelligence. Tel pensoit estre mort à la grace, & ses œuures mortes, qui se trouue viuant, & ses œuures estre pleines & viues. Et semblable à Rebecca, qui estoit espousé d'Isaac sans le cognoistre.

Oüy, car toute ame qui a la charité seulement quant à l'habitude, sans le sçauoir asseurement, au moins de certitude de foy, ne laisse pas d'estre espouse & fille adoptiue du Pere des lumieres, & d'auoir accez dans les tabernacles eternels, si elle abandonne le corps qu'elle anime, estant en cét heureux estat de grace & de misericorde.

Neantmoins il faut auoüer que celuy qui cognoist mieux ce que c'est que le sainct amour, en sauoure bien plus agreablement les effects, & marche auec plus de seureté dans les voyes de Dieu, sous le flambeau de cette cognoissance, qui luy sert comme l'Estoille des Mages, pour luy faire trouuer IESVS.

A vostre auis dit le Bien-heureux François de Sales, (liur. 6 de l'Amour de Dieu chap. 4.) Qui aymeroit plus la lumiere, ou l'aueugle nay, qui sçauroit tous les discours que les Philosophes en font, & toutes les louanges qu'ils luy donnent, ou le laboureur qui d'vne veuë bien claire, sent & ressent l'agreable splendeur du beau Soleil leuant? celuy en a plus de cognoissance, & celuy-cy plus de iouyssance: & cette iouyssance produit vn amour bien plus vif & animé, que ne fait la simple cognoissance du discours: car l'experience d'vn bien, nous le rend infiniment plus aymable que toutes les sciences qu'on en pourroit auoir.

Il faut neantmoins auoüer, (poursuit-il vn peu apres.)

Que la volonté attirée par la delectation qu'elle sent en son obiect,

Dd ij

est bien plus fortement portee à s'vnir auec luy quand l'entendement de son costé luy en propose excellément la bonté: car elle y est alors tiree & poussee tout ensëble, poussee par la cognoissance, tiree par la delectation: si que la science n'est point de soy-mesme contraire, ains est fort vtile à la deuotion, & si elles sont ioinctes ensemble, elles s'entraydent admirablement.

Sainct Augustin mesme, confesse que ce qui l'a empesché long temps d'aymer Dieu comme il falloit, c'estoit le deffaut de cognoissance, à raison dequoy il exclamoit, ô beauté si ancienne en vous mesme, & si nouuelle pour moy, que tard, ie me suis porté à vous aymer! ie vous cherchois hors de moy, & vous estiez dans le fonds de mes entrailles, parlât continuellement à mon ame, & luy disant des paroles de paix.

XXVI.
Ce que c'est que charité, ne doit estre ignoré du Chrestien.

5. OR voicy, à mon iugement, ce qu'vn Chrestien soigneux de son salut, ne peut & ne doit ignorer au regard du sainct Amour. Premierement, il doit sçauoir que sans la charité, toutes les vertus sont inutiles pour la vie eternelle; cette maxime est si generale, qu'elle ne souffre point d'exception, & si fondamentale, que nul, sans erreur, ne peut mettre autre fondement de salut, que la grace iustifiante, laquelle ou est vne mesme chose que la charité, ou en est inseparable.

Secondement, s'il est obligé de sçauoir ce que c'est que foy, & esperance, combien plus de sçauoir ce que c'est que charité, puisque la foy & l'esperance, quelques Theologales & infuses qu'elles soient, sont vertus morales & inutiles pour la vie eternelle, sans la charité, qui est leur ame & leur forme viuifiante. Il est donc tenu de sçauoir les elemens de la doctrine Chrestienne, qui est la science de salut & des Saincts. (Luc 1. Sap. 10.) s'il veut estre sauué auec les saincts.

Troisiesmement, s'il doit sçauoir ce que c'est que charité, il apprendra que c'est vne vertu infuse & respanduë en nos cœurs par le sainct Esprit, (Rom. 8.) par laquelle nous aymons Dieu pour l'amour de luy-mesme, & toutes choses pour l'amour de Dieu, c'est à dire, auec rapport à Dieu & à sa gloire.

En quatriesme lieu, il apprendra à aimer Dieu sur toutes choses, & nulle chose plus que Dieu, ny à l'egal de Dieu, car ce Dieu ialoux, en nostre amour, & en nostre cœur, ne veut ny supérieur ny compagnon, c'est à dire, rien qui le surpasse ny qui l'égale en nostre estime, le lict est trop estroit pour l'espoux & pour l'adultere, le manteau trop court pour en couurir deux. Il est plus grand que nostre cœur, il ne veut le partagé auec personne.

Cinquiesmement, que nous ne pouuons aymer que Dieu, pour l'amour de luy mesme, c'est à dire, en fin derniere, d'amour surnaturel & diuin. Car quand nous aymons le prochain d'amour d'amitié, pour l'amour de luy, sans aucun rapport de cet amour à Dieu, cette amitié est surnaturelle, morale, humaine, acquise, mais non pas infuse de charité.

Sixiesmement, il est obligé de sçauoir que l'amour d'esperance morte, est vn amour interessé, incapable de conduire au salut sans celuy de charité, qui est vn amour, dit sainct Paul,

Dd iiij

qui ne cherche point ses profits, & par consequent que Dieu nostre Bienfaiteur, doit estre preferé à ses bienfaits, le Promettant à ses promesses, le Salariant au salaire: cette doctrine est excellemment deduite par le B. François de Sales, en son Traitté de l'Amour de Dieu, (liur. 2. chap. 17.)

Septiesmement, il est besoin qu'il sçache qu'au regard de l'enfer, il faut plus craindre la coulpe que la peine, & que la crainte qui sciemment & malicieusement prefere la crainte de la peine à la coulpe, n'est pas seulement seruile, mais accompagnee d'vne seruilité vicieuse, & des-agreable à Dieu, & c'est icy vn écueil caché, où brisent beaucoup de vaisseaux, par l'ignorance des pilotes.

Enfin il est necessaire de sçauoir que l'amour de Dieu sur toutes choses, est tellement de necessité de salut, que sans cette habitude, nul ne peut estre sauué. Ce qui se pratique par l'estime, plus que par le sentiment, c'est à dire, par l'amour estimatif & appretiatif, plus que par le sensible. Or il faudroit auoir perdu, non la foy seulement, mais encore la raison, pour s'imaginer qu'il y eust quelque chose de plus estimable & prisable, que Dieu : la lumiere naturelle & surnaturelle, qui nous fait cognoistre ce premier estre, & cette premiere cause, nous dictant assez, qu'il n'y a rien comme Dieu.] rien de grand cōme luy.] rien qui luy soit semblable.] Combien cette preference de Dieu à toutes choses est necessaire à quiconque veut estre sauué, est vne doctrine extremement bien expliquee par le mesme bien-heureux Prelat en son ouurage du diuin Amour, (liur. 10. cha. 6. 7. 8. 9) que l'on pourra consulter sur ce suiet, & s'y instruire plainement d'vne si importante matiere.

XXVII.
Du meslange de nostre interest auec celuy de Dieu.

IE me contenteray seulement de respondre icy à vne instance qui a de coustume d'estre faite. Sçauoir, s'il est besoin d'auoir tellement pour visée, le seul & vnique interest de Dieu dans le pur amour, que l'on y puisse mesler aucune autre veuë. A quoy ie respon, que comme il y a diuers degrez en la Perfection, il y en a aussi de differens en la pureté du sainct amour, qui n'est autre chose que la charité & la perfection mesme. La charité, cette vertu Royne de toutes les vertus, a ses degrez aussi bien que les autres : de maniere que celuy qui a la charité seulement en habitude, peut estre appellé simplement parfait, & estre dit ioir le pur amour. Celuy qui fait progrez dans la charité, par l'exercice de ses actes, ou elicites ou commandez, peut estre dit plus parfait, & celuy qui s'y auance beaucoup, peut estre appellé tres-parfait. Ainsi l'eau d'vn puits, est de l'eau aussi bien que celle d'vn fleuue, ou de toute la mer, la difference n'estant qu'en la quantité, non en la qualité.

Le mesme se doit dire de la pureté de l'Amour de Dieu, celuy qui ayme Dieu, & qui n'ayme rien contre sa saincte volonté, quoy qu'il ayme plusieurs choses auec Dieu, pourueu qu'il les ayme selon Dieu, peut estre dit auoir le pur amour. Car comme l'or qui sort de la mine, ne laisse d'estre pur or, quoy que meslé de terre, de crasse & de marcassité, ainsi celuy-là ne laisse d'auoir le pur or de la charité, qui ayme Dieu pour l'amour de luy, & nulle chose que selon Dieu.

Mais celuy-là a vn degré d'amour de Dieu, encore plus pur, qui non seulement ayme Dieu en toutes choses, & toutes choses en Dieu, mais qui n'ayme aucune chose qu'auec rapport à Dieu.

Et celuy-là est encore en vn poinct de pureté de diuin plus sublime, que les precedents, qui n'ayme que Dieu seul en toutes choses, & toutes choses qu'en luy, voire qui n'ayme que Dieu en toutes choses, & sans toutes choses, renonçant à tout autre interest, qu'à celuy de la diuine gloire, en toutes ses actions & intentions : car celuy-là à proprement parler, n'ayme pas plusieurs choses, mais vne seule chose qui est Dieu seul, Roy des siecles, immortel & inuisible, auquel est deu tout honneur & gloire. A celuy-là, Dieu est toutes choses. Et tout ce qui n'est point Dieu, n'est rien. Toutes choses sont sous ses pieds, &

à luy, luy à Iesus-Christ, & Iesus-Christ à Dieu.] à luy appartient de dire apres l'Apostre, à celuy à qui, par qui, en qui, de qui, pour qui sont toutes choses, soit gloire & benediction à iamais, Amen.]

XXVIII.
Instances.

MAis, adioustera t'on, ne sera-t'il point permis en aucune maniere de considerer son interest, principalement celuy de son salut, meslé, & rapporté à celuy de Dieu. Il est certes permis d'vnir & de ioindre son interest à celuy de Dieu, par voye de suitte & de rapport, c'est à dire, à condition que cettuy-cy surnage, & soit tousiours le souuerain, le maistre, & la derniere fin de celuy-là. Ce que nous auons monstré arriuer aux deux premiers degrez, celuy des Commençans, & celuy des Profitans, desquels l'amour peut estre appellé Parfait & pur, quoy que moins pur & moins parfait que celuy des Auancez, lesquels n'ont que l'Interest de Dieu deuant leurs yeux.] en toutes leurs voyes.] n'ayant qu'vne seule visee de toutes leurs actions qui est de plaire à Dieu; & d'augmenter par elles sa gloire exterieure: Ceux-cy ont trouué cét Vn necessaire, la tres-bonne part de Marie, qui ne luy sera iamais ostee, puisque c'est l'eternelle occupation des Bien-heureux, qui sont tousiours retournez vers le visage de Dieu; & plus ils voyent ce qu'ils desirent, plus ils desirent de le voir. (1. Pierr. 1. 12.) rassassiez à la veüe de cette gloire, d'vn contentement & d'vn amour non moins insatiable, qu'inuariable.

Encor, dira t'on, les Bien-heureux, voyent ils, & ayment ils leur beatitude, il est vray, mais vray aussi que c'est en Dieu qu'ils le voyent, & pour Dieu qu'ils l'ayment, Dieu estant également la derniere fin de leur veüe & de leur Amour. Les Saincts n'ayment chose aucune pour autre fin quelconque, que pour celle de l'amour de la diuine Bonté, & pour le motif de luy vouloir plaire: Ils s'entr'ayment voirement tous tres ardamment, ils nous ayment aussi, ils ayment les vertus, mais tout cela pour plaire à Dieu seulement. Ils suiuent & pratiquent les vertus, non entant qu'elles sont belles & aymables, mais en tant qu'elles sont agreables à Dieu: ils ayment leur felicité, non entant qu'elle est à eux, mais entant qu'elle plaist à Dieu: ouy mesme, ils ayment l'amour duquel ils ayment Dieu, non par ce qu'il est en eux, mais parce qu'il tend à Dieu, non parce qu'il leur est doux, mais parce qu'il plaist à Dieu: non parce qu'ils l'ont & le possedent, mais parce que Dieu le leur donne, & qu'il y prend son bon plaisir.

XXIX.
Voir & vouloir son interest, sont choses differentes.

AV demeurant il y a bien de la difference entre voir & vouloir, nous voyons beaucoup de choses que nous ne voulons pas, & en voulons plusieurs que nous ne voyons pas, les aueugles voudroient voir & ne voyent pas, & plusieurs clair-voyans ont deuant les yeux des spectacles qui leur desagreent. Nous ne pouuons pas mesmes empescher que le Tentateur ne fasse souuent à nos cœurs de mauuaises propositions, & n'esmeuue nostre sentiment, mais auec l'assistance de la grace, nous luy pouuons refuser nostre consentement, sans lequel il ne peut nous faire tomber dans le peché.

Ainsi il importe peu au pur amour Diuin, que nous regardions en nos bon-

bonnes actions faites en grace, l'intereſt de noſtre ſalut, pouruey que nous ne voulions pas ce ſalut en fin derniere, pour noſtre vtilité ; mais pour la gloire de Dieu, rapportant noſtre profit à cette gloire, comme au ſouuerain but de toutes nos pretentions. Car, ſelon la doctrine du Prince des Scholaſtiques, (S. Tho. 1.2. q.12. art. 2.) c'eſt vn meſme regard que celuy de la fin prochaine, & de la derniere, quand on rapporte celle-là à celle cy, & quand la prochaine ne ſert que de moyen pour arriuer à la derniere.

XXX.

Les intentions doiuent eſtre bien ordonnees.

SI l'on dit que celuy qui tend au Paradis, pour le bien qui luy reuiendra d'eſtre ſauué, pretéd auſsi d'y loüer Dieu, & de luy rendre graces immortelles d'vn si grand bien, ainsi que font les vingt-quatre Vieillards en l'Apocalypse, (Apoc. 5. 10.) Si est-ce qu'il faut mettre en bon ordre ces deux intentions, lesquelles, quoy que bonnes, pourroient deuenir mauuaises, estans rangees en mauuais ordre. Car bien qu'il ne semble pas que de deux biens, on puisse composer vn mal si est-ce qui les rengeroit desordonnement, preferant le moindre au plus grand, commettroit vn desreglement notable.

Le Bien-heureux François de Sales, (liur. 11. de l'Amour de Dieu ch. 1. explique cecy par vne agreable similitude.

Vn homme, dit-il, qui n'inuite qu'vn de ses amis, n'offense nullement les autres: mais s'il les inuite tous, & qu'il donne les premieres sceances aux moindres, reculant les plus honnorables au bas bout, n'offense-t-il pas ceux-cy, & ceux-

là tout ensemble ? ceux-cy parce qu'il les deprime contre la raison : ceux-là, parce qu'il les fait paroistre sots. Ainsi faire vne action pour vn seul motif raisonnable, pour petit qu'il soit, la raison n'en est point offensee : mais qui veut auoir plusieurs motifs, il les doit ranger selon leurs qualitez, autrement il commet peché : car le desordre est vn peché, comme vn peché est vn desordre. Qui veut plaire à Dieu, & à nostre Dame, fait tres-bien : mais qui voudroit plaire à nostre Dame également, ou plus qu'à Dieu, il commettroit vn desreglement insupportable : & on luy pourroit dire ce qui fut dit à Caïn. Si vous auez bien offert, mais auez mal partagé, cessez, vous auez peché. Il faut donner à chaque fin le rang qui luy conuient : & par consequent le souuerain à celle de plaire à Dieu.

Certes qui voudroit aller en Paradis, plus pour y estre loüé & glorifié de Dieu, que pour y loüer & glorifier

Dieu, égalant ou preferant son interest à celuy de Dieu, feroit vne notable faute, & se fermeroit la porte du Ciel par sa peruerse intention, au lieu de se l'ouurir par de bonnes œuures faites en grace, & par le motif de la grace, qui a tousiours l'interest de Dieu, pour sa principale visee.

Mais celuy qui pretend pour sa fin principale & souueraine, de seruir à la gloire de Dieu dans le Ciel, & qui recherche son salut en suitte de cela, comme vn moyen pour arriuer à cette derniere fin, ou comme vn accessoire de ce princpal, certes il ne peut estre blasmé, puisque ces deux intentions-là sont bonnes, & colloquees en bon ordre.

Et ne faut point dire, que c'est trop subtilizer en ce suiet, & rechercher trop profondement les racines d'vne matiere, qu'il faut en cecy marcher plus grossierement & à la bonne foy, celuy-là cheminant auec plus de confiance, qui procede auec plus de simplicité. Car ie vous prie, quelle bonne foy, & quelle simplicité peut loger en cette crasse & grossiere, diray-ie, ignorance ou stupidité, qui nous fait preferer ou egaler l'interest de Dieu au nostre, & quel est le Chrestien auquel il soit permis d'auoir de Paradis, de si bas sentimens, que du s'imaginer que l'interest propre (source de tous maux) puisse auoir accez en ce lieu du pur amour, & où rien de souillé, ny d'imparfait, ne peut auoir d'entree. Et c'est pour cela que nostre Caritee vouloit brusler le Paradis, afin que Dieu fust seruy par les Chrestiens purement, parce qu'il merite tous nos deuoirs, nos honneurs, & nos obeïssances, sans aucune pretention de la multitude des douceurs qu'il prepare à ceux qui l'aiment. (Pse. 30. 2.)

XXXI.

Entree dans le discours de l'amour de nous-mesme, iuste, & iniuste.

ET c'est icy qu'il faut que ie descouure vn escueil où plusieurs sont escheute, faute de l'appercouoir, ne sçachans pas la difference extreme qui se trouue entre l'amour propre, & l'amour nostre. Car bien que tout amour propre, soit amour nostre, toutesfois tout amour nostre n'est pas amour propre. Cét esclaircissement seruira de flambeau pour illustrer quantité de lieux des liures Spirituels, où la confusion de ces deux sortes d'amour, apporte beaucoup d'obscuritez.

Chacun sçait que l'amour est, ou vne passion de l'appetit sensitif, qui nous est commune auec les animaux, ou vne affection de l'appetit raisonnable, que nous auons commune auec les Anges. Ce n'est autre chose que la propension de la faculté appetitiue vers le bien, de sorte que vouloir le bien, c'est aymer, & aymer c'est vouloir le bien. Or selon celuy à qui nous voulons le bien, il se distingue en amour de conuoitise, & en amour d'amitié : Si nous voulons le bien pour nous, c'est le premier, si pour autruy, c'est le second. Selon la qualité du bien que nous voulons, c'est à dire, naturel ou surnaturel, nostre amour est naturel ou surnaturel, laissant le naturel, qui est plustost le suiet du Philosophe, que du Theologien, parlons du surnaturel, qui est la Beatitude eternelle, laquelle se termine en Dieu, bonté infinie en fin derniere.

Nous pouuons donc aymer Dieu de deux sortes d'amour, naturel & surnaturel, de celuy-là causé par la cognoissance naturelle que nous auós d'vne Diuinité : de cettuy-cy par la charité qui est respanduë en nos ames par le S. Esprit; en suitte de la foy & de l'esperance, qui la precedent tousiours & luy marquent les logis dans nos cœurs.

XXXII.
De l'amour de Dieu qui est en la foy & en l'esperance

IL est vray qu'il y a vn certain principe d'amour dans la foy, par lequel nous adherons & acquiesçons aux veritez que Dieu nous reuele. Et vn autre amour dans l'esperance; par lequel nous cherissons les promesses de felicité que Dieu nous mõstre par la foy, & ausquelles nous nous attachõs par l'espoir. Et cet amour icy est amour de Dieu, mais amour de cõuoitise, par lequel nous aymons Dieu, non pource qu'il est bon en soy: mais parce qu'il nous est vn; non comme souueraine Bonté, & comme le souuerain bien en soy, mais comme souueraine Bonté en nous, & comme nostre souuerain bien. Amour par consequent imparfait & incapable, sans celuy de la charité de nous donner entree en la vie eternelle, comme l'enseigne tres-doctement le bien-heureux François de Sales en son ouurage de l'amour de Dieu, (li. 2. chap. 15. 16. 17.)

Ce n'est pas que cet Amour d'esperance, pour estre imparfait soit iniuste & illegitime, au contraire, c'est vn tres-bon amour, quoy que de conuoitise : mais de conuoitise saincte, iuste & bien reglee, comme le monstre le mesme sainct Prelat au lieu allegué, & bien different de l'amour que l'on appelle propre, lequel est tousiours iniuste & illegitime, parce qu'il est defendu, & cettuy-cy au contraire, est commandé, & est vn don de Dieu, & à proprement parler, est vn amour nostre, & qui regarde nostre souuerain Bien, lequel quoy que non tousiours rapporté, est tousiours neantmoins de sa nature rapportable à la fin derniere, au lieu que l'amour propre n'y est iamais, ny rapporté, ny rapportable, & ainsi tousiours iniuste.

XXXIII.
Amour nostre, & amour propre.

L'Amour nostre, c'est à dire, de nous mesmes, est tellement bon qu'il fait partie de la charité, & est commandé en la loy de Dieu, lequel nous ordonnant d'aymer nostre prochain en Dieu, & selon Dieu, comme nous mesme, supposé que nous deuons nous aymer nous mesmes en luy, & selon luy, la regle marchant tousiours deuant ce qui est reglé, & la mesure deuant la chose mesuree.

Troisiesme partie 443

Il y a donc autant de difference entre l'amour nostre & le propre, qu'entre le bien & le mal, le iuste & l'iniuste, le commandé & le defendu, la lumiere & les tenebres, la vie & la mort, la vertu & le vice: Et ce qui les distingue plus precisement, c'est que l'amour de nous mesmes nous peut estre commun auec Dieu, quand nous le referons à l'amour de Dieu & à sa gloire. Mais l'amour propre est tousiours particulier, & s'arreste volontairement & deliberement en nous, ou en la creature, au mespris du Createur, & contre sa volonté; & ainsi c'est le peché mesme, n'y ayant aucun peché mortel ny veniel, sans amour propre.

L'amour nostre & le propre different donc, comme le mol & le dur, celuy-là nous donne vn cœur de chair, ou de cire, susceptible du sceau & du cachet du sainct Amour: cettuy-cy nous met dãs la poictrine vn cœur de pierre, incapable de cette impression sacree. L'vn se fond comme la cire, (Pseaum. 21. 15.) au rais du Soleil du diuin Amour, l'autre s'y durcit comme la boüe,

Limus vt hic durescit & hæc vt cera liquescit.

Vno eodemque igne -------

L'amour propre est semblable à ce fleuue des Sicioniens qui petrefie les entrailles de ceux qui boiuent de son eau, duquel ce Poëte a dit.

Flumen habent Cicones quod potum saxea reddit

Pectora, contactis inducens marmora rebus.

Il endurcit le cœur qu'il possede, & le rend intraittable au sainct amour. Mais l'amour de nous mesme legitime, est docile, flexible, & facilement applicable à l'amour de Dieu, Mon ame s'est escoulee, dit l'Amante sainète, aussi-tost que mon Bien-aymé a parlé. (Cant.)

Les Naturalistes remarquent, qu'il y a deux sortes de pierres d'ayman, fort contraires en leurs proprietez, l'vne attirant le fer, & l'autre le repoussant.

XXXIV.
Deux sortes d'amour de nous mesmes.

Nous auons deux sortes d'amour de nous mesme, le commun & iuste, qui se laisse aisement appliquer & rapporter à l'amour de Dieu, & le propre & iniuste, qui le fuit, & fait contumelie, par son opposition, à l'Esprit de grace.

L'amour nostre est à la verité vn arrest d'affection en la creature, c'est à dire, en nous, ou au prochain, lequel peut estre de deux sortes, ou par aduertance, ou par inaduertance.

Si nous nous en auisons, cét arrest peut estre ou inuolontaire ou volontaire: s'il est inuolontaire, & que nous en ayons regret, & ne nous peut preiudicier selon cette maxime d'vn ancien Pere: *Peccata non nocent vbi non placent.* Parce que ce regret écrase le Scorpion sur la playe. Cette remore peut retarder nostre vaisseau, & empescher son progrez, non le faire perir. Il n'en est pas du temple de nostre cœur comme de celuy de Salomon, où les mousches n'auoient point d'accez, celles cy nous importunent, mais comme les oyseaux n'empescherent point le sacrifice d'Abraham, aussi ces distractions ne peuuent troubler les nostres, si nous auons bon courage, ce sont toilles d'araignees qui se rompent à souffler dessus. Ce sont cordes de Samson qui se brisent aisemét par le mouuement de l'esprit de Dieu, & quand il a rompu ces liens-là, nous luy sacrifions des hosties de loüange, (Pse. 115.17.) quoy que ces cordeaux comme de peché nous garottent, nous n'en oublions pas pourtant la loy de Dieu, Pse.118.)

Sainct Augustin se plaint en ses Confessions, de ses liens secrets de sa partie inferieure, qui retardoient la liberté à laquelle aspiroit la superieure. C'est ce combat interieur que l'Apostre descrit si excellemment en l'Epistre aux Romains (7.)

Cette aduertance mesme peut estre en quelque façon volontaire, & neantmoins sans peché, pourueu que cet arrest se fasse sans preiudice, & sans mespris du Createur. car nous pouuons nous aimer nous mesmes pour l'amour de nous mesmes, & le prochain aussi pour l'amour de luy, d'amour d'amitié, honneste & naturel, sans offense du Createur, autremẽt les infideles, & les fideles qui sont dās le peché à mort, pecheroient s'aimans ou autruy, d'amour d'amitié legitime & naturel, ce que le Docteur Angelique met puissamment (2. 2. q. 10. a. 4) par cét amour nous nous aimons & le prochain sans rapporter cest amour au Createur, mais aussi sans l'egaler ou preferer à l'amour du Createur, & sans rien faire qui viole sa loy, par cest amour simplement naturel on n'offense pas Dieu, qui est Autheur de la nature aussi bien que de la grace, bien que sans la grace cest amour naturel n'ait aucune part au salaire eternel.

Que si nous nous aymons, ou le prochain, d'amour honneste, & legitime, par inaduertance de la fin derniere qui est en l'Amour de Dieu, alors c'est ou par surprise des sens, ou par vn engourdissement grossier, pareil à celuy que la Torpille glisse dans

dans le bras du pescheur, qui luy fait tomber le filé ou la ligne de la main. En tout cas cela est tenu comme involontaire, puisque le consentemēt plein & entier n'est point dans cest oubly, le peché ayant son siege dans la volonté non dans la memoire.

Et puis celuy là est estimé faire virtuellement vne bonne œuure pour la fin derniere, lequel estant en l'habitude de la Charité, feroit ceste œuure pour l'amour & la gloire de Dieu si ce motif luy venoit en la souuenance (v. Greg: de Valent. Tom. 4. disput 7. quæst. 8. punct. 1.) ayant par ceste habitude disposition à cela.

Le feu ne laisse pas d'estre dans le caillou quoy qu'il n'en sorte que par le choc, & le charbon d'estre vif & allumé, bié que couuert sous vn tas de cendre. Dieu ne laissoit pas d'estre au lieu où Iacob eust cette grande vision, quoy qu'il ne s'en auisast pas.

Ff

Et l'Espouse cherche son Bien-aimé durant la nuict, & en fin elle le rencõtre. L'inaduertance sans malice, fait que quelquefois on est proche du biẽ-aimé, lors que l'on pense en estre fort loin, & sa bonté est si grande que souuent il se laisse trouuer à ceux qui ne le cherchent pas.] d'autant qu'il preuient de ses benedictions de douceur] & de semonces. (Pse. 58.)

Mais lors que nous rapportons l'amour de nous mesmes, & celuy du prochain à Dieu, comme l'image à son Prototype, comme le ruisseau à la mer, alors par cette application, nostre plomb deuient or, & cét or de pure dilection, que l'Escriture nous conseille d'achepter, si nous voulons estre abondans en richesses imperissables.

Que si nous ne le rapportons pas, il demeure tousiouss rapportable iusques à ce que l'amour propre luy ait osté cette faculté, tout de mesme que le fer a tousiours capacité, pour voler à l'aiman, tant qu'il n'est point frotté d'ail, ou de graisse.

XXXV.
Question couchant le merite d'vne bonne œuure.

ON m'a souuent demandé, s'il est necessaire, pour rendre vne œuure faite en grace, meritoire de la vie eternelle, de la rapporter tousiours actuellemēt au motif de la Charité, qui est l'amour & la gloire de Dieu. Et i'ay respondu que cette actualité continuelle, & attention perpetuelle, n'estoit pas du ressort de cette vie, suiette à tant & tant de distractions, cela estant reserué à celle du Ciel, où les Bien-heureux sont dās vne inuariable veüe de Dieu, qui les rauit tellement en son amour actuel, qu'ils ne s'en peuuent separer vn seul petit moment, qui fait qu'ils n'ont qu'vn seul motif actuel, & tousiours present de toutes leurs actions qui est celuy de plaire à Dieu, lequel est ainsi toutes choses à tous, & en tous.

A raison de cecy, sainct Augustin Archeuesque de Florence, disoit que la beatitude celeste, consistoit en vn acte direct, & non reflechi, c'est à dire, en vne attention perpetuelle, & iamais intemperce de la veüe amoureuse, & de l'amour voyant de l'ame bien-heureuse enuers Dieu, dequoy si elle pouuoit estre distraitte & separee par vn seul instant, pour arrester sa veüe & son amour en quelques creatures que ce soit en fin derniere; en ce mesme instant, sa beatitude cesseroit.

Quoy donc, dira-t'on, les Esleus sont-ils tellement occupés de la contemplation de Dieu, c'est à dire, de sa veüe & de son amour, qu'ils ne puissent ny voir ny aimer aucune autre chose. Certes bié que cela fust plus que suffisant pour combler leur beatitude, & en remplir leur sein d'vne mesure enfaistee & repanchante de toutes parts, veu que Dieu est infiniment plus grand que leurs cœurs, & surpassant toute leur capacité. Si est-ce qu'ils ne laissent pas d'aimer plusieurs choses auec Dieu, mais toutes en Dieu, & pour Dieu, & toutes qu'en Dieu, & que Dieu en toutes, de sorte qu'elles n'aiment, à proprement parler, qu'vne seule chose, qui est Dieu, puis qu'il est le centre où aboutissent toutes les lignes de la circonferéce de leur veuë, de leurs affections, & de leurs pensees. Ils voyent & aiment les autres Sainctes, mais c'est pour voir & aimer Dieu en eux, & les voir & aimer en Dieu. Ils se voyent & aiment eux mesmes, & leur particuliere beatitude; mais ils ne voyent que Dieu en fin derniere, en tout cela: Voyez, disent-ils, combien grandes sont les choses que Dieu a faites en nous, & pour nous, il nous a fait le peuple de son acquisition. Et son Royaume, il nous couronne de ses misericordes & commiserations, (Psea.   )

XXXVI.
Autre question sur le mesme suiet.

ON m'a d'autrefois demandé s'il ne suffit pas d'estre en la charité habituelle, pour faire que nos œuures moralement bonnes, faites en cét estat soient meritoires de l'eternité, sans auoir toutes ces attentions ou intentions actuelles, de les referer à la fin derniere, qui est la gloire de Dieu. Et i'ay respondu, que comme ie ne blasmois pas l'opinion de ceux qui ont ce sentiment, quoy qu'elle me semble fort large, pour ne dire lasche, & trop estenduë, & qui contribuë beaucoup à la negligence de se reueiller en Dieu, de s'appliquer à luy. Ie tenois pour plus asseurée & plus probable, la doctrine de ceux qui tenoient, que pour rendre vne bonne œuure faite en grace, meritoire du salaire eternel, il estoit besoin qu'elle fut faite pour Dieu, ou actuellement, ou au moins virtuellement. (Voyez Bellarm. liur. 5. de Iustif.)

Or cette seconde opinion n'est pas seulemēt la plus seure, mais elle est si certaine, qu'elle ne peut estre contredite sans heurter la foy Catholique, qui nous apprend que toutes bonnes œuures faites en charité, & par le motif, ou actuel ou virtuel de la charité, est du nombre de celuy, à qui Dieu a promis vn salaire abondant au Ciel, (Matth. 5.) de sorte qu'en matiere si importante que celle de salut, il n'y a rien de tel que de prendre tousiours les sentimens les plus certains, car il y a quelquesfois desvoyes qui semblét fort droittes, lesquelles n'ont pas tousiours d'heureuses yssuës, (Prouerb. 14.)

Que si l'on estime cette seconde opinió trop estroitte & rigoureuse, c'est faute d'entendre ce que souuent ces mots de virtualité, & d'actualité: car nous auons desia dit, que l'attention actuellemét actuelle vers la derniere fin en toutes ses actiós, ne peut se pratiquer en cette vie, si ce n'est par vn priuilege tres-special, tel que nous estimons auoir esté en la saincte Vierge, de l'incomparable perfection de laquelle, nous deuons sainctement penser, qu'elle n'a fait aucune de ses actions, que dans la veuë de la derniere fin, & par vne applicatió actuelle à la plus grande gloire du Createur.

XXXVII.
Du mot de Virtuellement.

ET pour le mot de Virtualité il a plus d'estenduë que plusieurs ne pensent. Car celuy-là est dit faire toutes ses bonnes œuures pratiquees en charité, virtuellement pour la gloire de Dieu, qui les feroit dans ce motif actuel, s'il ye-noit en son souuenir lors qu'il fait quelque bonne action, ainsi que nous auons desja remarqué & cité, pour cette opinion vn Docteur fort considerable, (Gregoir, de Valentia, tom. 4. disp. 7. quæst. 9. punct. 1.) d'autres tiennent qu'il suffit vne fois en sa vie, en l'annee, en vn mois, en vne semaine, en vn iour, d'offrir à l'amour & à l'honneur de Dieu toutes ses actions faites en grace, pour les rendre meritoires de l'eternité. Apres ceste amplitude, ie ne sçay pas comme l'on se peut plaindre de cette doctrine, comme gesnans les cœurs, & les mettans trop à l'estroir. Certes il faut estre bien attaché au banc de l'iniustice, pour prendre du trauail & de la peine en ces enseignemens, (Psea. 63. 21.)

Il y a des esprits scrupuleux qui ne sont ingenieux qu'à se tourmenter, & qui par tout ne rencontrent que des espines, pesans à autruy, & encore plus à eux-mesmes. (Iob 7. 20.) Ceux-là recognoissent qu'offrir à Dieu ses bonnes actions, faites en charité, & par le motif actuel de la charité, est les rendre dignes du salaire que Dieu promet aux seruiteurs prudens & fideles, mais quand on parle de Virtualité, ils la restraignent de telle sorte qu'ils la reduisent à vne actualité presque presente, car ils veulent que cette offrande de ses actions faites le matin à Dieu, influe

immediatement sur elles, autrement
ils en font autant de parties rayees,
autant d'operations infructueuses
pour le Ciel.

Il seroit à desirer que ces esprits
gesnez, & gesnans les autres, eussent
de plus doux sentimens de l'infinie
bonté, & de la bonne infinité de
Dieu : Car, ie vous prie, si mille ans
deuant Dieu ne sont que comme le
iour d'hier qui est passé, c'est à dire,
rien, que sera-ce ie vous prie, d'vn
iour, d'vne semaine, d'vn mois, d'vn
an, de toute nostre vie, qui n'est, dit
Iob, qu'vne debile vapeur, dissipée
en peu d'espace ?

Quoy si vne procuration vne fois
passee pour la conduitte des affaires
temporelles, dure tousiours en sa vigueur, iusques à ce qu'elle soit reuo-
quee par acte special, estimons nous
que celle par laquelle nous consa-
crons à la gloire de Dieu toutes les

bonnes œuures que nous ferons, à sa grace, ne se puissent pas estedre à toutes nostre vie, pourueu que nous ne la rappellions pas par vne malice expresse.

XXXVIII.
Resolution d'vn doute.

Ais si l'on vient à tomber dans le peché à mort, n'est-elle pas cassee? Certes, comme en cét estat funeste & deplorable, nous ne pouuons faire aucuns fruicts dignes de penitence, parce que la racine de vie, qui est la grace, nous manque; Aussi quand le Soleil de la charité reuient en l'ame, s'il y fait reuiure les actes des autres vertus faites auparauant en estat de grace, & restablir les prodigues en leur premier honneur, pourquoy ne reuiura pas aussi auec les autres, l'acte de pureté, d'intention, qui est le cher enfant, &

comme la Cananee de sa mere la saincte Charité, cette Roine des vertus, leur forme, leur vie, & leur ame, auroit-elle moins de pouuoir de resusciter ses propres actes elicites, que ceux des auttes vertus, qu'elle n'auoit que commandez.

XXXIX.
Autre doute resolu.

IL y a des esprits qui ne sont jamais satisfaits, & qui font de continuelles enquestes, tousiours apprenans, & paruenans rarement à la science de la verité, (2. Timot. 3. 7.) à cause de la vanité de leur sens, qui obscurcit leur entendement, (Ephes. 4. 18.) par diuerses vapeurs. Ils demandent donc encor, si lors que l'on a fait quelque bō œuure, par exemple l'aumosne, en estat de grace, c'est à dire en l'habitude de la Charité, mais par vn motif purement humain, comme par la pitié naturelle que le pauure fait, sçauoir quelque temps apres, quand on se souuient de ce motif, moins considerable, on le peut releuer & rapporter à la fin derniere, qui est la gloire de Dieu, & si cét œuure demeure inutile faute de motif qui l'ait conduitte à ce dernier but, lorsqu'elle a esté faite. Nous auont desia dit que cette œuure peut estre ditte virtuellement rapportee à Dieu, laquelle faite en estat de grace, auroit esté rapportee à son honneur: si cette pensee fut tombee en l'esprit à l'instant qu'elle a esté faite. Mais pour satisfaire d'auantage des esprits qui s'affligent eux mesmes gratuitement, ie penserois (me soumetant toutesfois à tout autre meilleur iugement) qu'il y auroit autant de suiet de dire que des actions bonnes de leur nature, produites par vn motif naturel, mais honnestes, & faites en estat de grace, pourroient estre rapportees à la gloire de Dieu, quelque temps apres auoir esté faites, puis que de leur estre elles estoient rapportables.

Si l'on dit que le temps de les rapporter est passé, d'autant qu'il les faut referer à cette fin souueraine, ou auant qu'elles soient faites, ou lors qu'on les fait, chacun estant d'accord qu'on les peut rapporter actuellement à Dieu, lors qu'on les produit, par exemple on donne l'aumosne à vn miserable, à cause de la pitié que nous cause sa misere, & aussi pour glorifier Dieu par cette action, & mesme pour en rapporter à ceste mesme gloire, la pitié que l'on a du pauure, d'autant qu'elle plaist à Dieu, qui veut que nous ayons le cœur tendre sur les miseres d'autruy.

On est d'accord que cette action est referee virtuellement à Dieu, par vne oblation qui aura precedé, quoy quel'on ne péſe point à Dieu, n'y à ſa gloire en la faiſant. Et donc qui empeſchera eſtant faicte, que quelque temps apres la penſée de Dieu & de ſa gloire venant en noſtre ſouuenir, on ne puiſſe appliquer ceſte action à ſon honneur, qui a eſté faicte en l'habitude de Charité par vn motif naturel mais honneſte.

A voſtre auis quel eſt le mieux d'offrir la gloire à Dieu les bonnes actions que l'on pretend faire durant la journée, & que poſſible on ne fera pas ou par oubly ou parce que les occaſions de les pratiquer ne ſe rencontrent point, ou de luy offrir le ſoir des actions toutes faites, bonnes de leur nature, mais executées ſans penſer actuellement à ſa gloire. D'autres voyent, quant à moy il m'eſt auis que ce qui eſt fait, ſe peut auſſi bien preſenter que ce qui eſt à faire
ſelon

selon ce mot si vulgaire ; qu'vn boit present vaut mieux que deux promesses.

XL.
L'amour propre ne se peut rapporter à Dieu.

ET c'est ainsi que l'amour nostre legitime est rapportable ; quoy que non tousiours rapporté à l'amour de Dieu ; il n'en est pas ainsi de l'amour propre, lequel estant vn atrest volontaire & deliberé, de nostre volonté en la creature au preiudice, & contre la volonté du Createur, il est aisé à voir qu'il n'est iamais rapporté à Dieu, puis qu'il ne luy est pas rapportable. Tel est le peché, lequel ne peut en aucune maniere estre referé à Dieu, puis qu'au contraire il nous en separe, & fait entre luy, & nous vne muraille de diuision, (Esa. 59. 2.)

Le proprietaire amour non seulement égale, mais prefere nostre interest à celuy de Dieu, & c'est cette proprieté qui fait la seruilité de la crainte seruile, & la mercenaireté de l'espoir mercenaire, & qui rend tousiours mauuaise la crainte mondaine, (sainct Thom. 2 2. qu. 19. art. 3.) & l'amour mercenaire, (sainct Thom. 2,2. qu. 19. art. 4.)

C'est contre cette seruilité & mercenaireté proprietaires & tousiours mauuaises, qu'il se faut armer, & se ranger du party de l'amour celeste, qui nous fait aimer Dieu pour luy-mesme sur toutes choses, en toutes choses, & sans toutes choses, sans mettre la fin derniere volontairement & au mespris de Dieu dans les Creatures, & qui fait que pour nous celuy cy deuant celuy-là, sont des estoiles deuant le Soleil.

C'est à nous de reduire en poudre

ce veau d'or du propre amour, de brûler cet anathème d'Acan, & de sacrifier en anathème d'oubly l'equipage de cet Holopherne, (Iudith 16. 13. Iosué 71. 9.)

Mais sur tout il faut estre en sentinelle, & debout, pour prendre garde à ses voyes, pour euiter les surprises de ce serpent tortu, (Iob 26. 13.) de l'amour propre, lequel sçait, par tant d'artifices, contrefaire l'amour nostre, iuste, & legitime, que les plus subtils y sont souuent attrapez, principalement, quand ils se masquent du pretexte de l'interest de nostre salut: car c'est sous ce voile qu'il fait ses plus dangereux coups; y a t'il rien de desirable comme ce desir d'estre sauué, desir des pauures que le Seigneur exauce volontiers, (Psea. 10. 16.) mais notez des pauures, & des pauures d'esprit, c'est à dire, despoüillés de leurs interests proprietaires. Car fuir l'enfer seulement, parce qu'il nous desplaist, non par ce que nostre damnation desplaist à Dieu, craindre plus la peine que l'on y souffre, que la coulpe ou l'offense de Dieu qui y conduit & y precipite, ce n'est pas là le moyen de s'en tirer, si l'amour de Dieu, ie dy l'amour de charité & des-interessé, ne nous anime.

Vouloir auoir le Paradis pour y iouyr des felicitez que la foy nous enseigne, & que l'espoir nous y promet, plus pour nostre interest, que pour celuy de Dieu, qui ne l'a fait que pour y estre eternellement glorifié par ses Esleus, c'est prendre vne route, qui sans l'amour des-interessé de la charité, ne nous rendra iamais habitans de cette Syon immortelle.

XLI.
Response à une objection.

Mais cet amour de nous mesmes qui nous fait hayr l'enfer, & desirer le Paradis, est-il mauuais? Non, certes, car qui est celuy qui ne vueille euiter vn si grand mal, & arriuer à vn si grand bien; à condition toutesfois que cet amour de nous mesmes soit rapporté & subordonné, comme subalterne à celuy de Dieu, qui ne luy soit ny esgalé, ny preferé: en vn mot qu'il ne deuienne pas amour proprietaire, par lequel le sainct amour de Dieu estant exclus d'vne ame, elle ne peut esperer aucun salut.

O de combien de deguisemens se sert cet amour proprietaire pour paroistre à nos yeux sous le manteau de l'apparence du legitime amour de nous mesmes! C'est vn

Gg iij

Iacob qui se couure de peaux, pour acquerir vne benediction qui ne luy est pas deuë, vne Lia, qui se coule pour Rachel, vne statuë, qui se met en la place de Dauid, vne femme de Hieroboam qui se trauestit pour consulter le Prophete. Vne Hyene, qui contrefait la voix humaine, qui se plaint pour attirer les passans dans l'espaisseur d'vn taillis, pour l'y deuorer.

XLII.
Ruses de l'amour propre.

QVe de gens preferent ce Barrabas à Iesus Christ, prennent co cuiure pour or, & ressemblent à ces Syriens, frapez d'vn tel aueuglement qu'ils se vindrent sans y penser, enfermer dans Samarie, au milieu de leurs ennemis, (4. Rois 6.) On ne sçauroit exprimer le rauage que fait dans les ames, ce trompeur amour propre, quand une fois il peut passer dans leur estime pour le iuste amour que Dieu nous commande en sa loy d'amour pour nous mesme, principalement au fait des estats de grace & de gloire: Car c'est-là où cet Ange de tenebres se couure de rayons éclatans; afin de passer pour esprit de lumiere, & esblouyr les yeux des inconsiderez. Il nous suggere qu'il n'y a rien de si iuste, ny de plus digne d'vne ame raisonnable & vrayement Chrestienne, que la pensee de son salut, & que le moyen necessaire pour arriuer à la gloire estant la grace, nous deuons faire grande prouision de cette grace, là dessus il nous donne vne nudité nompareille de ceste grace celeste, mais aussi tost il nous degouste de cette Manne, & met des busches en nostre pain, dressant des embusches à nostre talon. (Genes. 3.15.) c'est à dire à la fin derniere à la quelle vise a la grace premierement & principalement, la grace de Dieu n'estant donnee que pour arriuer au Dieu de la grace, & luy en rendre vn tribut de gloire.

Au lieu de nous faire viser à ce but, il rauale la grace & la tient prisonniere dans nos interests, ne la voulant qu'entant qu'elle nous est vtile & auantageuse, non en tant qu'elle nous peut seruir pour auancer la gloire exterieure de Dieu, & ainsi c'est faire mauuais vsage de la grace, la faisant seruir à la nature, sans la rapporter à sa vraye fin, qui est de glorifier Dieu, (Ephes. 1.)

C'est à nous de veiller sur ce desordre, de prendre garde à nous, pour éuiter vne si rusee surprise. Sur le pot bouïllant du Prophete, il faut vne baguette veillante. (Hier. 1. 13.) de peur d'estre tondus comme des Samsons en dormant, & aueuglez comme Tobies.]

C'est à nous de discerner auec soin, de quel esprit nous sommes souuent meus en nos actions, & si nous ne perdons point de veüe le pole de la vraye charité, qui est l'interest de Dieu. Il faut tout essayer, & ne retenir que ce qui est bon,] sur tout il faut esprouuer les esprits, & auec l'eau de depart, separer le precieux du vil.] l'interest de Dieu, du nostre, & le nostre du propre

Bien-heureux celuy qui ayant reconneu en soy des enfans d'Edem, des interests proprietaires, les écrasera contre la pierre de l'interest de Dieu, estouffera cette engeance de viperes, chassera ces renardeaux de la vigne de son interieur. C'est là ce serpent appellé Cerastes, dont le venin est si violent, qu'ayant picqué le cheual, il passe iusques à celuy qui est dessus. (Genes. 49. 17.) C'est-là ce dragon roux qui n'attend qu'à deuorer la part de nos bonnes œuures, si nous ne les faisons, ou virtuellement, ou actuellement, en la veuë de Dieu. (Apoca. 12.) C'est ce lyon rugissant qui rode sans cesse autour de nos actions, pour les infecter & les perdre. Durant la nuict, qu'il cause en nos entendemens, les remplissant de tenebres, il faut faire bonne garde, (Pro. 4.23.) & sur tout conseruer nostre cœur, c'est à dire, nostre intention, car c'est de là que procede la vie spirituelle,] de nos actions, bien heureux le seruiteur qui sera trouué veillant, & qui aura fait valoir son talent, car ayant esté trouué fidele en tout, Dieu l'establira sur de grandes choses.]

Fin de la Troisiesme Partie.

LA CARITEE

OV LE
POVRTRAICT DE LA VRAYE
CHARITÉ
PARTIE QVATRIESME

SECTION I.
Oppositions au dessein de Caritee

MAis il est mes-huy temps auant que ie sonne la retraicte, & que ie retire le pinceau de cette toile, que ie responde à deux principales obiectiõs que quelques vns font auec aussi peu de consideration que de iustice, contre le dessein de nostre Caritee. Ils le disent ruineux aux deux plus notables fondemens des Estats, & de la Religion, qui sont la Crainte des peines, & l'Espoir des recompenses. Selon ce mot si commun.

Le meschant fuit le mal, de peur d'estre battu,
Et le bon pour l'amour qu'il porte à la vertu,
Encor à la vertu, qui est-ce qui y pense,
S'il n'a deuant les yeux l'espoir de recompense.

Car si le souuenir de l'Enfer & du Paradis, est osté de la memoire des hommes; de quel camorre, & de quel frein bridera-t'on les maschoires des pecheurs, dont les voyes se souillent en tout temps, lors qu'ils perdent de veüe les iugemens de Dieu, (Psea. 118.

La Crainte mesme servile, l'Esperance mesme mercenaire, ne sont-elle pas bonnes ? ne sont ce pas des dons du sainct Esprit, & quoy qu'imparfaits ? ne sont-elles pas des dispositions pour arriver à la Charité, & la Charité mesme, ne s'en peut-elle pas vtilement servir ? qu'est'il donc besoin de perdre & d'aneantir de si bons instrumens de salut. Cette opposition est specieuse, & quoy qu'elle sorte de la negotiation qui marche dans les tenebres, elle est couuerte des rayons du demon du midy, qui esblouïssent les moins clairs-voyans.

Outre ce que nous venons de deduire, touchant la difference de l'amour nostre, & de l'amour propre, seruira pour dissiper ces prestiges de remarquer, que l'amour propre estant descouuert est à demy vaincu, c'est pourquoy il fait ce qu'il peut pour se tapir dans les tenebres, ou s'il est comtraint de paroistre, de se desguiser du manteau d'amour nostre, lequel est legitime & rapportable à Dieu, mais le propre iamais.

Ceux qui sont attachez à leurs interests proprietaires, de tant loin qu'ils voyent le pur amour qui en est tout à fait despouillé, imitent la prudence de ce Roy de l'Euangile qui se voyát attaqué par vn plus puissát, lui enuoya des Ambassadeurs pour traitter de la paix. Le faux amour tousiours iniuste, tousiours meschant, & vray Gabaonite, pour faire treues auec le diuin, qu'il voit armé d'vn glaiue de feu, & prest de le foudroyer, luy fait parler de composition pour l'amour nostre, lequel s'assuiettissant volontairement à celuy de Dieu, (ce que l'amour propre, ny ne fait, ny ne peut iamais faire; autrement il perdroit sa proprieté,) plusieurs prenant l'vn pour l'autre, conseruent l'amour propre sous ce masque trompeur, s'imaginant qu'ils le peuuent rapporter à celuy de Dieu, quand il leur plaira, sans auiser que la lumiere n'est pas plus incompatible auec les tenebres, ny Christ auec Belial.

Ce qui fait que ceux qui en sont infectez, imitent ce Manant, qui ne pouuoit souffrir qu'on donnast à Athenes le surnom de Iuste à Aristides, & sans le cognoistre donna sa voix, afin qu'il fust banny de l'exil, que l'on appelloit Ostracisme.

―――――――――――――

II.
Si l'on peut aymer Dieu du pur amour & des-interessé en cette vie.

AVssi-tost que l'on parle du pur Amour de Dieu, ils ont soudain ces paroles en la bouche, ce mot est dur, qui le peut ouyr, cette pureté est reseruée aux Anges, & à l'autre vie, où Dieu est toutes choses à tous, &

en tous, où les ben-heureux n'ont aucun autre motif de toutes leurs actions, que celuy de plaire à Dieu, non seulement sans aucun interest propre, (lequel n'a aucun accez au Ciel) mais sans envisagement de l'interest des creatures quel que legitime qu'il puisse estre, pour s'y arrester en derniere fin. (Voyez le Bien-heureux François de Sales, liur. 11. chap. 13.)

S'il est impossible de tendre, & d'arriuer à la pureté de cet amour celeste, dés cette vie, comme s'imaginent quelques partisans du propre amour, certes il faudra dire que la loy de Dieu sera hors de nostre possibilité, puis qu'elle nous commande d'aimer Dieu de tout nostre cœur, de toute nostre ame, &c. & de l'aimer sur toutes choses, & pour l'amour de luy-mesmes, & nous, & le prochain pour l'amour de luy, en quoy consiste

siste la pureté de cét amour.

Ce seroit donc aux seuls bien-heureux que ce precepte seroit donné d'estre parfaits & saincts, comme le Pere celeste est sainct & parfait. Il faudroit donc oster de nos bouches & de nostre vsage ordinaire l'Oraison que Iesus-Christ mesme nous a dressee, par laquelle nous demandons à Dieu, que nous puissions faire sa volonté en la terre, ainsi qu'elle est faite au Ciel. Par ces absurdes consequences, vous pouuez iuger de l'iniustice de l'obiection.

III.
Malice du propre amour.

Voulez-vous reconnoistre l'enclaueure, c'est que ceux qui ne se veulent pas dessaisir de leur amour propre, quand on leur parle du pur amour, se pleignent qu'on leur veut oster le iuste amour d'eux-mesmes,

& de leur salut, lequel se rapporte à celuy de Dieu, comme l'on vouloit arracher la bonne semence auecque l'yuroie,] ce pendant ce sont des Micas, & des Labans, qui craignent la perte de leurs idoles, c'est à dire, de leurs interests proprietaires, à qui ils sacrifient tous leurs desirs & tous leurs soins On veut cháger leurs craintes seruiles, & leurs esperáces mercenaires en craintes filiales, & esperances viues & amoureuses, c'est à dire, animees du motif de la charité, ce qui est changer leur plōb en or, & leur cristal en diamāt, & ils crient qu'on leur rauit leurs craintes & leurs esperances: iusques à quand ces foibles esprits aimeront-ils les choses de l'enfance, (Prou. 1. 12.) tousiours apprenans & ne paruenans point à la science de la verité, (2. Tim. 3. 7.)

Pour leur oster tant de subterfuges & les rendre (inexcusables) deuant

Dieu & les hommes, il leur faut porter le flambeau dans les yeux, & la lumiere deuant leurs pas, (Psea. 118.) & leur conuertir en pierre d'edification celle de leur achopement. Ce qui se fera en leur faisant connoistre le vray vsage de la crainte seruile, mais sans seruilité, & de l'espoir mercenaire, mais sans mercenaireté, tant deuant qu'apres la iustification ou regeneration: & ainsi ils n'auront plus suiet de blasmer, & de blasphemer ce qu'ils ignorent, ny dese corrompre en ce qu'ils sçauront, (Iud. v. 10.)

IV.
La foy nous propose quatre sortes de veritez.

Pour ietter des solides fondemens de cette doctrine si salutaire, & si necessaire, il faut sçauoir que la foy, qui est vne lumiere surnaturelle, infuse de Dieu dans nos entendemens, qui les rend capables d'apprehender les veritez diuinement reuelees, & d'y acquiescer, nous en propose de quatre sortes, 1. Les veritez des mysteres. 2. Les veritez des volontez & des Commandemens de Dieu. 3. Les veritez des menaces, 4. Les veritez des promesses diuines.

Les premieres sont comprises en abbregé dans le Symbole. Les secondes, dans le Decalogue. Les troisiesmes, & quatriesmes, sont respandües par toute l'Escriture. Les premieres nous monstrent ce qu'il faut croire, les secondes, ce qu'il faut faire. Les troisiesmes, ce que doiuent craindre ceux qui ne veulent ny croire ny faire. Les quatriesmes, ce que doiuent esperer ceux qui croiront & feront.

C'est donc des menaces que la foy nous propose, que la crainte de Dieu surnaturelle tire son origine, & l'esperance l'attire des promesses. Cette crainte & cette esperance, sont les deux grands ressorts qui nous ramenent & nous contiennent en nostre deuoir, n'y ayant rien de si pressant pour nous faire quitter le mal de coulpe, que la menace de celuy de peine, ny rien de si excitant, que l'espoir de la recompense, pour nous porter à faire le bien.

Mais le mal est que l'ennemy de nostre salut, trouble ces sources comme les Palestins, qui ietterent des ordures dans les puits d'Abraham, met des pailles dans ce pain, & nous fait faire mauuais vsage de ces craintes & de ces esperances, qui de leur estoc sont si iustes & si vtiles pour addresser nos pas dans les sentiers de la Iustice & de la paix eternelle, c'est à dire, de la grace & de la gloire. C'est l'amour propre, ennemy iuré du diuin amour qui cause tous ces desordres, & les cause tantost par ruze, tantost par violence, mais moins par celle-cy que par celle-là, la peau du renard, estant plus redoutable en luy que celle du lyon.

Son principal stratageme consiste à contrefaire si dextrement l'amour legitime que nous deuons auoir de nous mesme, qu'on le prenne pour tel, & que nous y soyons les premiers trompez, car quand il a vne fois preoccupé nostre entendement de cette erreur, que l'amour que nous nous portons est iuste & non proprietaire, il se ioüe de nous comme les Philistins de Samson, apres qu'ils l'eurent aueuglé.

V.

De l'amour simple de nous-mesme, & du proprietaire.

POur remedier à ce mal-heur, il faut donc soigneusement recognoistre l'extreme difference, qui est entre l'amour simple de nous mêmes, & le proprietaire, d'autant que celuy-là est bon de sa nature, & bon encor surnaturellement, quand par la charité il est rapporté à Dieu : mais cettuy-cy est toufiours mauuais, & n'est iamais sás peché mortel ou veniel, selō la grauité ou la legereté de la matiere. Nous auons cy dessus expliqué cette difference, & fait voir que l'amour naturel que nous nous portons, & qui naist auec nous, (par lequel dit la saincte Parole, nul n'a la chair,) & beaucoup moins son ame & son salut) est bon, pourueu qu'il ne soit point contraire à celuy que nous deuons à Dieu, mais bon d'vne bonté naturelle, laquelle sans la charité, ne peut atteindre la fin derniere : mais il est incomparablement meilleur, lors qu'estant accompagné de la grace, & rapporté à la gloire, il deuient

Hh iiij

non seulement surnaturel, mais meritoire de la beatitude celeste.

Il n'en est pas ainsi de ce mesme amour, lors qu'il est rēdu proprietaire ce qui se fait lors que par vne volonté deliberee, & determinee, nous l'arrestons en la creature au preiudice de la Loy de Dieu, non seulement egalant, mais preferant l'interest de la creature à celuy du Createur, ce qui se faict par tout peché mortel ou veniel, l'action duquel ne peut iamais estre rapportée à la gloire du Createur, si ce n'est par la repentance, par laquelle nous donnons gloire à Dieu en detestant nostre iniquité, reduisant en poudre par la contrition l'idole que nous auions auparauant adoree.

Ce que nous auons à faire voir maintenant est, de laquelle sorte nous nous deuons seruir vtilement, pour la gloire de Dieu, & pour nostre salut auec rapport à ceste mesme gloire, de l'amour de nous mesme iuste & legitime, soit naturel tirant son origine de la lumiere de la nature, soit surnaturel, c'est à dire prouenant de la cognoissance surnaturelle qui nous vient de la foy, laquelle produit en nous l'esperance des promesses & la crainte des menaces diuines.

Ceste crainte des menaces c'est ce que l'on appelle esprit seruile, & cest espoir des promesses c'est ce que l'on nomme esprit mercenaire, l'vn & l'autre est bon, pourueu qu'il soit sans seruilité & sans mercenaireté, c'est à dire sans proprieté; car s'il est proprietaire il est vicieux & ne peut estre rapporté à l'amour de Dieu.

VI.

Bon vsage de la crainte seruile auant la Iustification.

Ais laissant à part cette proprieté de seruilité & de mercenaireté, examinons de quelle maniere on peut faire vn bon vsage des motifs seruiles & mercenaires, qui sont dans la crainte & l'esperance, tant deuant, qu'apres la premiere iustification, c'est à dire, tant en ceux qui n'ont pas, qu'en ceux qui ont la charité.

Les attaintes de la crainte estans plus pressantes que celles de l'esperance, d'autant que la touche du mal de peine, nous serre de plus pres que le plaisir du salaire, parlant premierement de la crainte seruile qui naist en l'ame de celuy qui est dans le peché à mort, par l'apprehension des peines que la foy luy dicte que Dieu a preparees en l'autre vie aux pre-

Quatriefme partie. 491

uaricateurs de fa loy.

Quand donc la grace excitante nous preuient de fes benedictions de douceur, & nous reueille de l'affoupiffement & du fommeil lethargique du peché, au lieu des tenebres de la region de l'ombre de mort, nous rendant le mefme office que l'Ange qui frapa le cofté de fainct Pierre dans l'obfcure prifon où il eftoit reprefentant le pecheur en cét eftat) & que le fouuenir de la maifon de fon pere qui toucha le Prodigue dans la contree lointaine, où fes erreurs l'auoient relegué, elle cõmence ordinairement à nous faifir par l'apprehenfion des iugemens de Dieu, qui eft terrible fur les enfans des hommes, iufques à arracher l'efprit aux Princes (Pfe. 75. 13.)

La foy nous reprefentant les efpouuátable fupplices de l'éfer, fes feux deuorans & fes ardeurs eternelles (Efa. 53.)

cette pensee devore toute nostre sagesse (Pse. 106. 27.) & nous fait, par vn sainct tremblement, conceuoir la repentance, & par elle si nous correspondons fidelement à la grace qui nous preuient, nous fait enfanter l'esprit de salut, (Esa. 26.)

Et c'est en ce sens que la crainte mesme seruile peut estre appellee le commencement de sagesse, d'autant qu'elle nous dispose suauement, & achemine vers la vraye sagesse Chrestienne qui ne se rencontre qu'en la grace sanctifiante.

VII.
Escueil descouuert.

Mais il faut icy estre sur ses gardes, & auiser que ce motif seruile qui est si pressant ne degenere pas en seruilité parce que cette seruilité feroit obstacle à l'infusion de la grace iustifiante.

Quatriesme partie.

Certes la crainte seruile de la peine eternelle que Dieu a preparee dans l'enfer à ceux qui opereront l'iniquité est bonne en sa substance, dit le Docteur Angelique, (2. 2. q. 19. a. 4.) & elle est cent & cent fois inculquee dans l'Escriture sacree, laquelle ne nous presseroit à nous repentir par ce motif s'il n'estoit bon, mais comme il n'y a rien de si sacré qui ne trouue son sacrilegue, ny rien de si sainct qui ne rencontre son profanateur, il n'y a rien de si bon que l'amour propre ne corrompe, & il y a vn tel voisinage entre la crainte seruile & la seruilité de la crainte, que le passage de l'vn à l'autre est presque imperceptible, si l'on n'est bien sur ses gardes.

Ouy certes c'est vne bonne chose de craindre la peine, principalement l'eternelle & qui n'a point perdu la vertu de la foy, qui est la lumiere de nostre œil interieur, (Pse. 37. 11.) il est presqu'impossible d'y penser attentiuement, sans estre saisi d'vne frayeur extraordinaire, & d'autant que cette crainte interessee, & qui regarde la peine, est beaucoup plus pressante, sensible, & voisine, que n'est le regard de l'offense de Dieu, de là vient assez souuent que plusieurs se repentent du mal passé, & s'abstiennent de pecher, plus pour la crainte de la peine que pour la consideration de la coulpe, ce qui est vn nouueau peché qu'ils commettent en éuitant les autres, non que ce soit vn peché d'euiter les autres pechez, mais pource que l'on egale ou prefere la peine qui regarde l'interest de la creature, à la coulpe qui concerne l'interest de la gloire exterieure du Createur qui en est diminuee.

VIII.
Qu'il faut plus craindre la coulpe que la peine.

COmment, dira-t'on, est-ce peché d'auoir plus de peur de la peine que de commettre la coulpe, & quel Chrestien de bon sens peut nier que celle-cy ne soit plus euitable que l'autre, & que la cause ne soit plus redoutable que son effect. Quiconque sçait que la Loy de Dieu nous oblige, à l'aimer sur toutes choses & par consequent plus que nous mesmes, ne peut ignorer que l'interest de Dieu nous doit estre plus cher que le nostre, & que preferer le nostre à celuy de Dieu est renuerser l'ordre de la charité, ce qui ne se peut faire sans peché, le peché n'estant autre chose qu'vn desordre.

Or c'est en cette preference de la peine à la coulpe, & de nostre interest à celuy de Dieu, que consiste la seruilité de la crainte laquelle au lieu de nous disposer à la iustification en empesche l'effect, d'autant que nostre iustice consistant en la charité, & la charité nous faisant preferer Dieu à nous & à nos interests, comme peut elle entrer en vne ame qui de propos deliberé egale ou prefere son interest à celuy de Dieu, ce qui se fait lors que l'on s'abstient du mal, autant ou plus pour crainte de la peine, que pour la haine de la coulpe.

Celuy qui dit si ce n'estoit la crainte de l'enfer, ie pescherois, est dans le peché dit sainct Augustin, sinon en effect, au moins dans l'affection du cœur, & ressemble à ces Israëlites qui regretans les oignons de l'Egypte y estoient de cœur, quoy que de corps ils fussent dans le desert, & qui peut nier que cette seruilité ne soit mauuaise & vn vray peché.

Il est vray neantmoins (pour leuer tout scrupule des ames timorees,) qu'il n'est pas necessaire que cette preference de la peine à la coulpe, soit tousiours dans l'appetit sensitif, estant assez qu'elle soit dans l'amour estimatif & raisonnable, dedans lequel il arriue rarement (sinon en vn esprit extrememét malin ou impertinent,) que l'on estime la peine plus que la coulpe, & l'interest de la creature plus que celuy du Createur,

---

IX.

Instance.

A Ce conte, dira-t'on, il y a fort peu d'esprits qui agissent en ce suiet par seruilité de crainte : car chacun sçait assez que Dieu doit estre aymé d'amour estimatif sur toutes choses, & par consequent, que son interest doit estre preferé à celuy de la creature; Dieu vueille qu'il soit ainsi,

& qu'il se trouue peu de gens qui d'vn cœur pur, d'vne bonne conscience, & d'vne foy non feinte, preferent l'interest de Dieu au leur, en ce cas-là, il y auroit peu de pecheurs, desquels neantmoins, aussi bien que de fols le nombre est infiny;] Et ie ne sçay si ceux-là ne vont point iusques à l'exclusion volontaire de l'interest de Dieu, qui disent, il me plaist de faire telle bonne œuure; par exemple, telle aumosne dans le seul esgard de la pitié que i'ay de la misere de ce necessiteux, qui est la fin honneste de la vertu morale, naturelle & acquise de la misericorde, sans vouloir pousser mon regard iusques à la fin derniere & Chrestienne, qui est la gloire de Dieu.

Car bien que l'aumosne se faisant de cette premiere façon, par inaduertance & par oubly de la fin derniere, dans la veüe de la seule honnesteté

Quatriesme partie.

morale & naturelle de cette action, ne soit pas mauuaise, mais bonne de bonté morale & naturelle : si est-ce qu'il est mal-aisé de l'exempter du mespris de Dieu, quand elle est faite en la veuë de sa gloire, que l'on exclud volontairement, ne la voulant pas auoir pour fin derniere, en reiettant son motif.

Car, n'est-ce pas proprement, si bon en parole, au moins en effect, dire à Dieu, retirez-vous de moy, ie ne veux point de vos voyes, (Iob 21. 14.) nos léures (ou nos œuures) sont à nous, qui est le Seigneur de nos actions, (Pse. 11. 5.) n'est-ce pas rompre son ioug, & dire, ie ne seruiray point au Seigneur, (Hiere. 2. 20.)

X.
Autre opposition.

SVr cela, on peut faire cette instance, doncques, les actions moralement bonnes, des infideles ou des pecheurs, serôt de nouueaux pechez, puis qu'elles ne peuuét pas atteindre la fin derniere, à raison que ceux qui sont en cet estat, n'ont pas la charité. A quoy on respond, qu'elles ne sont pas peché, pourueu que celuy qui les produit en cét estat de disgrace, n'exclüe pas volontairement l'interest de la diuine gloire, car c'est, non en la production de l'œuure, qui est bonne de sa nature; mais en l'exclusion de la diuine gloire, que consiste le peché.

Le Bien-heureux François de Sales, (liure 2. de l'Amour de Dieu chap. 19.) parlant des motifs interessez de la crainte seruile, & de l'espoir mercenaire, par lesquels nous sômes induits à la Penitence, & par la penitence disposez à la iustification, les loüe comme enseignez par la foy, & la Religion Chrestienne, & dit que la penitence qui en prouient, est loüable quoy qu'imparfaite, d'autant qu'elle ne se fait que pour nostre interest, & pour l'amour de nous mesmes, amour neantmoins legitime, iuste & bien reglé, parce qu'il est rapportable à Dieu. Mais ces motifs seroient mauuais, & la penitence qu'ils exciteroient, vicieuse, s'ils excluoient le mieux qui est de se repentir aussi pour l'amour & l'interest de Dieu offensé. Mais escoutons sa doctrine en ses propres termes.

La volonté qui embrasse le bien, simplement, est fort bonne: mais si elle l'embrasse, en reiettant le mieux, elle est certes desreglee, non pas acceptant l'vn, mais en repoussant l'autre: ainsi le vœu de donner auiourd'huy l'aumosne est bon, mais le vœu de ne la donner qu'au iourd'huy seroit mauuais: parce qu'il forcloroit le mieux, qui est de la donner auiourd'huy, & demain, & tousiours quand on pourra. C'est bien fait certes, & cela ne se peut nier, de se repentir de ses pechez pour euiter la peine de l'enfer, & obtenir le Paradis: mais qui prendroit resolution de ne se vouloir iamais repentir pour aucun autre suiet, il forclorroit volontairement le mieux, qui est de se repentir pour l'amour de Dieu, & commettroit vn grand peché. Et qui seroit le pere, qui ne treuuast mauuais que son fils le voulut voirement seruir, mais non iamais auec amour, ou par amour?

Le commencement des choses bonnes, est bon; le progrez est meilleur, & la fin est tres-bonne: toutesfois le commencement est bon en qualité de commencement & le progrez en qualité de progrez: mais de vouloir finir l'œuure par le commencement ou au progrez, c'est renuerser l'ordre. L'enfance est bonne, mais si on ne vouloit iamais estre qu'enfant, cela seroit mauuais: car l'enfant de cent ans est méprisé. De commencer d'apprendre, cela est fort louable, mais qui commenceroit en intention de ne iamais se perfectionner, il seroit contre toute raison. La crainte, & les autres motifs de repentance, dont nous auons parlé, sont bons pour le commencement de la sagesse Chrestienne, qui consiste en la penitence: Mais qui voudroit de propos deliberé, ne point paruenir à l'amour, qui est la perfection de la penitence, il offenseroit grandement celuy qui a tout destiné à son amour, comme à la fin de toutes choses.

Conclusion, la repentance qui forclost l'amour de Dieu est infernale, pareille à celle des damnez: la repentance qui ne reiette pas l'amour de Dieu, quoy qu'elle soit encor sans iceluy, est vne bonne & desirable repentance, mais imparfaite, & qui ne peut nous donner le salut, iusques à ce qu'elle ait attaint à l'amour, & qu'elle soit meslee auec iceluy.

XI.

Les motifs serviles & mercenaires sont bons, pourueu qu'ils soient sans seruilité & mercenaireté.

CEs motifs sont donc bons, quoy que seruiles & mercenaires, pourueu qu'ils ne tombent point dans la seruilité & mercenaireté, qui est tousiours vicieuse, d'autant qu'elle ne peut estre rapportée à Dieu, & ne peut estre rapportée à Dieu par ce qu'elle est vicieuse. Mais il y a difference en leur vsage deuant ou apres la iustification, parce que deuant la iustification, ces motifs disposent simplement à la reception de la grace, mais apres la iustification ils seruent à la conseruation, & à l'augmentation de la grace sanctifiante, pourueu qu'ils soient conioints ou auec l'habitude de la charité (comme disent quelques-vns, mais ceste opinion, quoy que probable, est la moins asseurée) ou auec son motif (opinion la plus probable & la plus certaine) ou qu'ils soient rapportez à la gloire de Dieu (qui est vne maniere encore plus excellente.)

Mais que les actions des vertus infuses, c'est à dire, faites en charité, & par le seul & vnique motif de la charité, ne soient encore plus pures & par consequent plus exquises, & plus parfaites, comme des-interessees, & plus semblables à celles des bien-heureux qui regnent dans le ciel, ie ne pense pas qu'il y ait personne tát soit peu instruitte aux elemens du Christianisme, & en la cognoissance de la vraye charité qui le puisse nier.

Les motifs de crainte seruile pratiquez en charité, & rapportez à la charité, c'est à dire, à l'amour de Dieu, ressemblent à l'or, qui sort de la mine, lequel, quoy que vray, & bon or, est meslé de quelque terre, & de marcassité, mais les actions des vertus infuses produites sans ces motifs, & par le seul motif du divin amour, sont semblables à l'or qui sort du creuset purifié iusques au dernier carat, pureté, qui comprend en eminence de merite, plus que tous ces motifs interessez ne sçauroient embrasser.

XII.
Vn mot de l'Attrition.

Ais dira-t'on, l'attrition qui n'est qu'vne douleur imparfaite d'auoir offensé Dieu, causée de l'apprehension des peines eternelles, n'est elle pas declarée bonne par le Concile de Trente, & propre à disposer le pecheur à impetrer la grace de Dieu dans le Sacrement. (Concil. Trid. sess. 14. cap. 4. & can. 5.) qui peut douter de cela, & estre Catholique, mais qui peut douter aussi que la contrition ne soit meilleure, estant vn regret douloureux d'auoir offensé Dieu pour l'amour de luy, & parce que le peché luy deplaist, ce que le mesme Concile enseigne expressement, qui dit le mieux, ne dit pas que le moindre bien soit mal, & qui loüe la virginité la preferant au mariage, ne blasme pas le mariage, & ne l'appelle pas mauuais, mais celuy qui prefereroit en estime l'attrition à la contrition, le moins au plus parfait ne tomberoit-il pas dans les mesmes extremitez vicieuses qui firent preferer à Iouinian l'vsage des richesses à la pauureté volontaire conseillee en l'Euangile, & à vigilance le mariage au celibat contre l'expresse parole de Dieu, (1. Cor. 7. Matth 19.)

XIII.
De l'espoir mercenaire, & de la mercenaireté.

CE que nous venons de dire de la crainte seruile, se doit aussi étédre par la regle des semblables à l'esperáce mercenaire, de laquelle le motif est fort bon, tant deuant qu'apres la iustification du pecheur pourueu qu'il soit sans mercenaireté, c'est à dire, sans cette proprieté, laquelle prefere le don au donateur, le salaire au maistre le bienfaitteur, & la recompense à celuy qui la baille, iniustice nompareille.

Ostant donc cette mercenaireté qui est toute vicieuse, & ne peut estre, en cette qualité, rapportee à Dieu, l'espoir mercenaire est bon & vtile, tant deuant, que mesme apres la iustification : Deuant, pour preparer les voyes à la grace, & ouurir les portes à la reception de la iustice, par laquel-

le Dieu est loüé & glorifié. (Psea.)
& aussi apres la iustification, pour
exciter & prouoquer à courir en la
lice de la vertu, pourueu que l'intention regarde premierement & principalement la gloire de Dieu, selon
les propres termes du Concile de
Trente. (Session 6. chap. 11.) lequel
excommunie (Canon 31.) celuy qui
diroit que le iustifié peche, quand il
fait le bien dans la veüe, & en consideration du salaire eternel, puisque
ce regard est bon, quand il vient en
suitte de la gloire de Dieu, regardee
en principale instance, la recompense n'estant considerée que comme accessoire de cette principale fin qui est
la diuine gloire.

Mais celuy-là sans doute, pecheroit mortellement, & conuertiroit
le iugement en absynthe. (Amos
5. 7.) & l'espoir mercenaire en mercenaireté, qui prefereroit delibere-

ment le salaire à la gloire de Dieu, l'interest de la creature à celuy du Createur: & beaucoup plus, qui excluroit la gloire de Dieu, deliberement & expressement, ne faisant le bien, que pour la recompense, en repoussant & reiettant la fin derniere qui est l'honneur de Dieu.

XIV.
Explication de quelques lieux du Concile de Trente.

I'Auertiray icy en passant de la surprise artificieuse de quelques partisans de l'amour propre, qui abusent mal-heureusement de l'authotité du Concile cité, pour esblouïr les yeux des simples. Voicy leur stratageme.

Ils font lire le Canon 31. de la 6. Session, qui est couché en ces deux lignes.

Si quelqu'vn dit que le iustifié,

,, peche, lors qu'il opere le bien dans ,, la veüe de la recompense eternelle, ,, qu'il soit anatheme. Et là dessus fanfarent comme triomphants, & crient Ville gagnee, comme si le Concile mettoit la fin derniere & souueraine de la bonne œuure faite en grace par le iustifié, dans le regard du salaire eternel. Ce qui est faux comme la mesme fausseté, adioustant à cette chamade pour comble de leur impertinence, les Passages si rebattus de Dauid, & de sainct Paul, l'vn disant qu'il a encliné son cœur à faire les iustifications de Dieu pour la retribution, l'autre disant, que Moyse a souffert, dans l'espoir, & la veüe de la remuneration.

Et cependant pour renuerser leur douleur sur leur teste, & faire descendre leur iniquité sur leur visage.] il ne faut que recourir à la source d'où ce Canon est tiré: Or le renuoy de la marge nous menant au chapitre 11 du Decret de la mesme Session (chacun sçachant que les Canons ne nons sont que les abregez des Decrets qui se font aux Conciles, il ne faut que le lire & le rapporter, pour remplir leurs fronts de vergogne, & Dieu vueille qu'ils en recherchent la gloire de son nom; (Pse. 32. 17.)

„ Voicy donc ce que dit le Con-
„ cile. Ceux-là repugnent à la Reli-
„ gion Orthodoxe qui disent que le
„ iuste en toute bonne œuure, peche
„ au moins veniellement, & ce qui
„ est de plus insuportable, qu'il en
„ merite les peines eternelles. Et aussi
„ ceux qui soustiennent que les iusti-
„ fiez pechent en toutes leurs actiós,
„ lors que pour exciter leur pesan-
„ teur, & se prouoquer à courir en la
„ lice de la vertu, en la GLOIRE
„ de Dieu qui doit seruir de premiere

„ re & principale visee, on a encor
„ égard à la recompense eternelle,
„ veu qu'il est escrit, j'ay incliné mon
„ cœur, &c. & que l'Apostre dit de
„ Moyse, qu'il auoit egard à la re-
„ muneration.

Surquoy, est à considerer. 1. Que le Concile reprouue cette impertinente opinion des Protestans, que le plus iuste, mesme en faisant des bonnes œuures, pechoit veniellement, & mesmes mortellement.

2. Que ce n'est pas peché au regeneré de se seruir du motif de l'espoir mercenaire, pour se piquer à bien faire. 3. Pourueu que sa visée principale & sa derniere fin, en bien faisant, soit la GLOIRE de Dieu, (ce qui est fort à noter pour la vraye intelligence du Canon.) 4. D'autant que par brieueté, il ne fait pas mentionde la fin derniere, qui est cette diuine gloire, ne parlant que de la

prochaine, qui est le salaire, 5. La veüe duquel n'est pas mauuaise, ny vn peché, (comme affirment iniustement les Protestans,) pourueu qu'elle ne soit que subordonnee & accessoire, non absoluë & principale, soumise non independante. 6. Mais pourtant elle se tourneroit en peché, (ainsi qu'il arriue en vne bonne œuure faite auec vne sinistre intention.) (Pse 82. Matth. 6. 21.) si au mespris de la fin derniere, qui est la gloire de Dieu, en s'arrestant deliberement à la prochaine, preferant la recompense à celuy qui la donne, & le don de Dieu, à Dieu mesme.

7. Or pour le passage du Psalmiste, il se doit entendre selon l'explication du mesme Concile, qui veut bien que l'on ait esgard à la retribution par accessoire, mais non pas en derniere fin. 8. Comme aussi celuy de l'Apostre, alleguant l'exemple de

Quatriesme partie.

Moyse, de la perfection duquel nous ne deuons pas auoir de si bas, ou pour mieux dire, de si lasches sentimens, de penser qu'il fist plus d'estat de la remuneration que du remunerateur.

9. Ainsi il faut expliquer le Canon par le Decret qui est sa vraye glose, ou pour parler plus proprement l'original dont le Canon est extraict: de cette sorte vn fer esclaircit l'autre, vn diamant en polit vn autre, & de la collision de ces deux cailloux, sort l'estincelle, & la lumiere de la verité.

XV.

Esprit seruile & mercenaire, en 3. façons.

ET est à remarquer que l'vn & l'autre esprit de crainte seruile, & d'espoir mercenaire, se peut considerer en trois façons; premierement, ou comme contraire à la charité, 2. Ou comme conioinct à la charité, 3. ou comme estant sans la charité, quoy que non contraire, ny opposé à la charité.

Il est contraire à la charité, lors qu'il degenere en seruilité & mercenaireté, ce qui se fait, au regard de l'esprit seruile, quád on égale, ou prefere volontairement & de propos deliberé, la peine à la coulpe, & lors que l'on est en vraye resolution de cómettre le peché, si ce n'estoit que l'on redoute le supplice, toute crainte qui exclut volontairement l'amour de Dieu, estant mauuaise & vicieuse, & accompagnee de seruilité.

Et en ce qui concerne l'esprit mercenaire, il tombe en mercenaireté, & est opposé à la vraye charité, quand il égale ou prefere la recompense à celuy qui la distribüe, terminant volontairement son action dans l'interest de la creature à l'exclusion deliberee de celuy du Createur.

XVI.
Seconde façon.

MAis l'vn & l'autre esprit, (ceste crasse vicieuse de seruilité, & de mercenaireté, estant ostee,) peut compatir auec la charité, tout de mesme que des esclaues, & des seruiteurs à gages peuuent faire leur demeure en la maison d'vn homme libre, qui les nourrit & les entretient auec ses enfans. L'ame qui est en grace agit, tantost par l'esprit de la seule charité, qui est appellé filial, (Rom. 8. Galat. 4.) tantost par l'esprit du pur amour, qui ne recherche point son aduantage : mais la seule gloire de Dieu, tantost elle allie ses interests à ceux de Dieu, agissant premierement & principalement pour Dieu, & secondement, & moins principalement pour soy. 3. d'autant fait-elle agir premierement pour Dieu, c'est à dire, pour son honneur. & puis elle rapporte ses interests à la gloire diuine. 4. d'autres fois ne se soucians point de ce rapport, quoy que bon, sainct & fort estimable, pour agir auec d'autant plus de perfection que de pureté, elle renonce tout à fait à la veüe de ses interests, pour n'auoir que la gloire de Dieu pour vnique visée. 5. Que si quelque fois elle se sert des motifs interessez, seruiles & mercenaires, ce n'est qu'en cas de necessité, c'est à dire, dans les occurrences des violentes tentations, tout ainsi qu'aux assauts des sieges de villes, quand les munitions de guerre manquent aux assiegez, ils font defense de tout,

—*Faces & saxa volant, furor arma ministrat.*

Et comme sur la mer on arme les forçats, lorsque les galeres viennent aux approches, & sur le point d'estre acrochees. Et comme le Pere de famille, pour repousser les larrons qui sont entrez la nuict dans sa maison, appelle ses esclaues & ses seruiteurs à gages à son secours, aussi bien que ses enfans. Ainsi quand la tentation du peché entreprend comme vn fort armé, de se saisir d'vn cœur où la charité est respanduë, l'ame ne se sert pas seulement pour se fortifier contre cet ennemy de son salut, des motifs des-interessez de la pure charité, mais elle appelle encor à son ayde les craintes mesmes seruiles, & les motifs d'esperance mesme mercenaire, pour conseruer l'amour sacré dans son cœur, duquel procede sa vie interieure, & sans lequel elle tomberoit dans la region de l'ombre de la mort.

XVII.
Troisiesme façon.

L'Esprit seruile & mercenaire peut encor estre bon, & vtilement employé en vne ame despourueüe de charité, pourueu que la seruilité & mercenaireté, comme nous l'auons expliqué, en soient ostees, ce qui se fait, lors que l'on fuit le peché pour la crainte des chastimens, mais sans egaler ny preferer la peine à la coulpe, & sans exclurre l'interest de Dieu. Et lors que l'on fait des œuures moralement bonnes dans la veuë de la recompense, sans egaler ny preferer le salaire au maistre, & sans exclusion de la derniere fin, qui est la diuine gloire.

Tant qu'Agar ne se porta point insolemment contre Sara, ny Ismael contre Isaac, Abraham les laissa viure en paix dans sa famille mais aussi tost que la seruante voulut supplanter la maistresse, & le fils de l'esclaue, terrasser l'heritier, il mit l'vne & l'autre hors de sa maison. Tant que l'esprit seruile & mercenaire se soufmet à la charité, & la recognoist pour superieure, il peut viure paisiblement sous l'ombre de ses aisles, mais aussi-tost qu'il veut dominer, il faut ou qu'il vuide de l'ame qui a la charité, ou que la charité en sorte, l'amour de Dieu ayant le sceptre tellement attaché à sa main, qu'il luy faut ou Roy, ou Rien: ne pouuant subsister en vn cœur, s'il n'y surnage tous les autres amours, & s'il n'a domination sur eux comme Ioseph sur ses freres.

Ce n'est pas qu'il les vueille perdre, ce que craignoient les freres de Ioseph, se souuenans du mauuais tour qu'ils luy auoient ioüé en le vendant aux Ismaelites, l'amour diuin semblable à Ioseph, ne leur veut rendre que bien pour mal, & de roturiers qu'ils sont de leur nature, les esleuer à vn degré de noblesse, où ils ne sçauroient iamais paruenir sans son ayde.

Ie veux dire, par cette façon de parler, que la charité qui est vne vertu edifiante, non destruisante, ne pretend pas abolir tout à fait en ce monde, les motifs seruiles & mercenaires, puis qu'estans bien employez & appliquez, ils peuuent encor rendre de notables & vtiles seruices au S. amour de Dieu, son dessein seulement est de leur oster la seruilité & mercenaireté vicieuse, qui empeschent que leurs actes ne puissent estre rapportez à la diuine gloire, & reduits à l'obeyssance de la direction de Dieu, pour les obstacles que nous auons deduits.

XVIII.

Pretention de Caritee en l'vsage de l'esprit seruile & mercenaire.

TAnt s'en faut donc que celuy qui exhorte & excite au pur & desinteressé amour de Dieu, (ainsi que fait nostre Caritee) vueille abolir les actes de crainte de Dieu, & de saincte esperance, mesme seruile & mercenaire, qu'au contraire, son intentiõ est, ou de les conseruer, & de les appliquer à vn bon & meritoire vsage, ou de les changer en de plus purs, de plus parfaits, & par consequent dignes de plus grand prix, deuant la diuine Bonté.

Quiconque nous presse à l'exercice de la charité, (1. Cor. 8. 1.) nous porte à la pratique des vertus, non pas acquises, humaines, & simplement naturelles : mais des infuses, surnaturelles, & diuines, ausquelles seules est promise la couronne de iustice, dans l'eternité. Car ce seroit vn Pelagianisme tout manifeste, de s'imaginer que les actes des vertus acquises & naturelles, sans l'entremise de la grace, puissent auoir accez au Ciel, & pretendre aux salaires eternels; c'est bien assez que Dieu leur donne quelques loyers temporels, comme il recompensa la misericorde des Sages femmes d'Egypte, de quelques facultez temporelles, dont il les fit prosperer, & la Iustice morale des Romains, de l'estenduë d'vn grád Empire, mais de les estimer sans la grace meritoire de l'immortalité, ce seroit vne erreur condamnee par l'Eglise, en la personne du Moyne Pelagius.

XIX.
Obiection.

MAis, pourra-t'on dire, n'est-ce pas vn bon acte, que celuy de la crainte d'estre damné; puis qu'il procede de la vertu surnaturelle & infuse de la foy, qui nous apprend que Dieu en l'autre vie, a destiné d'horribles supplices à ceux qui par leur cœur impenitent s'amasseront vn tresor d'ire, au iour de sa vengeance & de son iuste iugement.] Cet acte sans doute est fort bon, & cent fois intimé dans les sacrez cahiers de l'vne & de l'autre Alliance, mais s'il procede d'vne foy, & d'vne crainte mortes, c'est à dire, non animees, ny accompagnees de charité, il ne profite de rien pour auancer en la grace ny en la gloire, mais seulement, il peut estre vtile en quelque maniere, ou pour nous destourner de pecher, ou pour nous disposer à la reception de la grace qui iustifie.

Mais quand cette crainte est non seulement accompagnee de la charité, mais animee de son motif, c'est lors qu'elle est meritoire d'augmentation de la grace sanctifiante, & par consequent de la gloire, & plus grand est l'amour qui le produit, plus il est pur & des-interessé, plus il est parfait: & plus il est parfait, plus auant nous pousse-t'il dans le progrez de la grace & de la gloire.

Qui dit le plus, dit le moins; mais qui dit le moins, ne dit pas le plus: qui exhorte à la crainte & à l'esperance mortes, sans faire aucune mention de la charité, ne dit rien qui auance le salut, puis que ny la foy, ny l'esperance, ny la crainte, ny l'aumosne, non pas mesme le martyre, fut-il du feu, ne sont rien sans la charité, (1. Cor. 13.) mais qui presse d'operer par charité, embrasse non seulement la foy, l'esperance, la crainte, & tout le train des autres vertus infuses, qui ne sont iamais mortes: mais viues, parce qu'elles ne se separent point de la charité: mais de plus enseigne & fait des œuures pleines & digne d'vn prix eternel.

XX.
Autres obiections.

SI l'on dit que celuy qui opere par le motif de la crainte seruile ou de l'espoir mercenaire, n'exclud pas pour cela la charité, parce qu'en ce cas d'exclusion volontaire, cette crainte, & cette esperance, seroient vicieuses & proprietaires, c'est encor ne rien dire, car pour rendre ces actes meritoires, ce n'est pas assez qu'ils n'excluent pas la charité, il est necessaire, selon l'opinion la plus asseuree qu'ils l'enferment, & qu'ils soient produits, non seulement dans l'habitude de la charité, mais auec le motif de cette habitude.

Dire que cette habitude comprend virtuellement le motif de l'amour de Dieu qui est la diuine gloire, quoy que ie n'improuue pas, ny ne blafme cette opinion, ie la tien pourtant bien hardie & peu appuyee; car en craignant feulement, ou efperant mercenairement (fans feruilité neantmoins, & mercenaireté par ce que cela ne pourroit compatir auec la charité) pour fon intereft, fans le referer ny actuellement, ny virtuellement à l'amour de Dieu, comme veut on que telles œuures foient meritoires, puifque Dieu ne promet de falarier que celles que le iufte fera pour fon amour (*propter me, propter nomen meum.*)

On repartira qu'il fuffit que la perfonne d'où fortent telles actions foit en grace, ouy, mais fi elle n'agit pas par le motif & l'impulfion de la grace, quoy? fi la fin donne la qualité à l'action, comme pourra t'on appeller action furnaturelle celle qui n'aura autre fin que naturelle. Exemple quelqu'vn qu'vn a la charité en habitude, mais il ne fait cet acte d'aumosne que par le motif naturel de la misericorde qui est la pitié de la misere du necessiteux, sans penser à Dieu, ny à son amour, ny à sa gloire en aucune façon, il fait cette aumosne dans le mesme regard que la feroit vn Turc, vn Iuif, vn Payen, vn Heretique, vn homme qui est d'ailleurs en estat de peché capital, comme pourra cette action toucher la derniere fin & arriuer au but, à l'attainte seule duquel est promise la couronne de Iustice.]

Quelques-vns estiment que la personne estant plaisante à Dieu par la grace habituelle, toutes ses actions luy plaisent, quoy qu'elles n'ayent qu'vne bonté simplement morale, cela est fort probable, veu que la vertu mesme naturelle, & simplement humaine & acquise, plaist au Dieu des vertus, de quelque suite qu'elle sorte,

Ll

soit qu'il ait la grace ou qu'il ne l'ait pas, mais que Dieu ait promis vn salaire eternel à celuy qui agit par le seul motif de la nature, non par celuy de la grace, pour cette seule consideration qu'il a l'habitude de la charité, bien que son action ne sorte pas de cette habitude, & n'en ait pas le motif, c'est à mon auis vne opinion fort hardie, & qui se peut aussi facilemét auácer que difficilemét prouuer, neátmoins, ie ne la blasme pas, me conténtant de me tenir à la plus asseuree, qui est, que pour rendre vne œuure moralement bonne, meritoire de l'eternité ce n'est pas assez qu'elle soit produite par vne ame qui ait l'habitude de la grace ou charité (que ie pren en ce suiet pour vne mesme chose) si encor elle n'est accompagnee virtuellement, ou actuellement, du motif surnaturel de cette diuine habitude (voyez Bellarmin liu. 5. de Iustif.)

Quatriesme partie.

Il est vray, que quelques Docteurs plus indulgens, estendent si fort la signification de ce mot VIRTVELLEMENT, qu'il reuient presque à la mesme amplitude de ceux qui tiennent que l'habitude de la charité suffit pour rendre les actions bonnes de bonté simplement morale, surnaturellement meritoires : Disans que celuy qui est en grace agit *virtuellement*, pour la derniere fin, qui feroit son action dans cette intention, si cette pensee venoit en sa memoire, à quoy il est assez disposé par l'habitude de la charité, (voyez Greg. de Valentia tom. 4. disput. 7. quest. 8. p. 1.) Opinion que ie ne reuere, pour la consolation qu'elle peut apporter aux ames scrupuleuses ; me tenant neantmoins à la plus serrée, en suitte de l'auis que nous donne l'Oracle sacré, que le chemin est estroit qui conduit à la vie.]

XXI

Comment est bon l'esprit seruile & mercenaire.

AV fond de l'affaire l'esprit seruile & mercenaire, est bon, mais imparfait, il monstre la voye, mais il ne conduit pas au but de la derniere fin, sans l'ayde de la charité. Il fait voir la terre de promesse, comme elle fust monstree à Moyse, mais il n'y introduit pas, il commence, mais il n'acheue pas ; il est donc loüable comme commencement, mais non pas comme fin, & de luy donner la gloire de la fin, c'est vne iniustice manifeste.

Quand le Sage dit, Crain Dieu, & garde ses Commandemens, car c'est le Tout, c'est à dire, la perfection de l'homme, (Ecclef. 12. 13.) il ne nous met pas la perfection dans la seule crainte, ny dans l'esprit seruile, mais dans l'obseruance des Commandemens, desquels le premier & tresgrand est celuy de la charité qui nous oblige à aimer Dieu, pour l'amour de luy-mesme, & toutes choses pour l'amour de Dieu, c'est à dire, auec rapport à sa gloire.

Il est vray, neantmoins qu'il y a vne certaine espece de crainte qui n'est pas seulement vn commencement, mais vn accomplissement de la perfection, c'est la filiale & charitable, qui nous fait craindre Dieu, pour Dieu: crainte qui ne precede pas l'amour diuin, mais qui en procede, crainte chaste, c'est à dire pure, & prouenante du pur amour, crainte saincte, de laquelle les Saints craignent Dieu. (Pse. 32.10.) crainte qui demeure au siecle des siecles, & qui dure dans l'eternité (Pse. 83.)

XXII.
La crainte seruile est bonne, la filiale meilleure.

CEluy qui presse les ames d'entrer (Luc 14. 23.) dans la pratique du pur amour de Dieu, sans faire vsage des motifs seruiles & mercenaires, sinon au cas de necessité, c'est à dire, dãs les pressantes & violétes tentations, imite en quelque façon l'Apostre, (1. Cor. 7.) qui induit les Chrestiens autant qu'il peut, à embrasser la virginité & la continence, comme meilleure que le mariage, sans pour cela blasmer celuy-cy.

Celuy qui dit que la virginité ou continéce, est plus que le mariage, ne dit pas pourtant que le mariage soit impur, autrement il heurteroit la doctrine de l'Apostre, ou, pour mieux dire celle du S. Esprit, qui par la plume de cét excellent organe de ses volontez, l'appelle honnorable & sans tache. Mais comme il y a des degrez en la pureté, aussi bien qu'en toutes les autres vertus, il y en a aussi en la charité qui en est la Reyne, d'où est venuë cette fameuse distinction de la charité parmy les Theogiens, qui la distribuent en celle des Commençans, des Profitans, & des Aduancez, ou Parfaits, non que le nom de parfaits ne conuienne qu'à ceux du troisiesme & plus haut degré, si ce n'est par excellence: car quiconque a la charité au plus bas estage, est parfait, puis qu'il a ce lien de perfection,] qui l'vnit & le lie auec Dieu & le prochain. Vn sceau d'eau est eau aussi bien que celle qui est dans vn fleuue, la qualité est semblable, la qualité differente. La charité est pure en son premier degré, plus pure au second, tres-pure au troisiesme, mais pure en toutes les trois. Au premier elle est pure de l'ordure de l'amour propre, au second de la crasse de l'amour nostre, mesme legitime, au troisiesme elle est en son dernier carat, & au point que nous demandons dans l'Oraison Dominicale, qui est de faire la volonté de Dieu, en la terre, en la maniere qu'elle est pratiquée au Ciel, par les bien-heureux.

Sainct Paul parlant de la virginité, dit qu'exhortant à la suiure, il propose ce qui est de plus honneste & plus commode, pour seruir Dieu auec moins d'empeschement, loüant bien fort ce sublime degré de chasteté qu'il honnore du tiltre de saincteté de corps & d'esprit, (1. Cor. 7.) il ne nie pas pourtant que la chasteté maritale, ne soit honneste, & que l'on n'y puisse posseder son corps en sanctification, & en honneur, veu mesme qu'il dit, que le mary infidele est sanctifié par la femme fidelle, &

que les enfans qui sortent de leur mariage ne laissent d'estre saincts, (1. Cor. 7.)

C'est vne iniustice manifeste de dire, que celuy-là blasme le moins, qui loüe le plus, celuy-la ne desroge pas à l'aureole de la virginité, qui luy prefere celle du martyre, mais le moyen de satisfaire des esprits inegaux, qui sont pesans à eux-mesmes, (Iob 10.) & d'oster l'occasion à ceux qui la cherchent, (1. Cor. 11. 12.) & qui ne demandent qu'vn nœud dans vn ionc, selon l'ancien Prouerbe.

XXIII.

L'espoir mercenaire est bon, le filial meilleur.

Celuy qui estant en charité, fait vne bonne œuure, premierement, & principalement pour la gloire de Dieu, & par accessoire dans la veuë de la recompense qu'il en espere, quoy qu'il fasse cet œuure en partie pour Dieu, & en partie pour soy, ne laisse de faire vne œuure meritoire, parce qu'il la fait en bon ordre, preferant l'interest de Dieu au sien, & luy donnant le rang premier & principal. Au reste cette œuure est pure, parce qu'elle est exempte de l'impureté de l'amour propre, lequel prefere l'interest de la creature à celuy du Createur, par vn desordre vicieux, & qui estant peché, ne se peut rapporter à l'honneur de Dieu.

Celuy qui faisant vne bonne œuure premierement pour la gloire de Dieu, secondement pour le salaire qu'il en attend, & par apres qui rapporte ce salaire à cette mesme gloire fait sans doute vne action plus pure, si plus pure en l'intention aussi plus parfaite, si plus parfaite aussi plus meritoire, & plus satisfactoire, d'autant qu'elle est plus agreable à Dieu, qui sonde le cœur, & voit les pensees.

XXIV.
Intention trespure.

Ais qui fait vne bonne œuure par la seule & vnique gloire de Dieu, renonçant à tout interest crée, ou ne regardant que le seul interest de Dieu qui est sa gloire, dans celuy de la creature, celuy là sans doute opere en vn treshaut degré de pureté & de perfection & imite de bien pres les actions des Anges & des saincts du ciel, qui n'ont autre fin quelconque de ce qu'ils font que celle de plaire à Dieu, & de le glorifier, aimans Dieu, non seulement sur toutes choses, & en toutes choses, mais n'aymans que Dieu en toutes, & toutes choses qu'en Dieu, ou pour mieux dire n'aymans qu'vne seule chose qui est Dieu sur toutes choses, en toutes choses, hors toutes choses, & sans toutes choses, en quoy consiste cét Vn necessaire & cette tres bonne part qui ne leur sera point ostee eternellement.]

C'est en ce dernier degré que consiste l'Apogee & le haut poinct de la charité, & la pratique de ces preceptes, soyez parfaits, & saincts comme vostre Pere celeste est parfait, & sainct:] & en quoy consiste cette incōparable perfection, & saincteté de Dieu, en ce qu'il s'ayme soy-mesme pour l'amour de soy-mesme, & toutes choses pour l'amour de soy. En quoy il est suiuy, & imité, autant que se peut estendre la capacité de la creature qui est en grace, par ceux qui l'aiment purement pour l'amour de luy & toutes choses pour luy sans y mesler aucun interest de creature quelconque, & qui prenans le van de ce discernement iudicieux sçauent separer la zizanie du milieu du bon grain, la paille du pur froment, c'est dans ce creuset & cette fournaise que l'or du sainct amour est purifié, & toute son escume ostee, (Esa.1.25.)

Le premier degré de charité nous purge de tout amour propre vicieux. Le secód applique au seruice de la diuine gloire l'amour iuste & vertueux de nous-mesmes. Le troisiesme fait au diuin amour, vn holocauste de tous les interests creez pour n'auoir que Dieu pour vnique, & souuerain obiect de ses flammes.

XXV.
Instance.

A Ce conte, dira quelque esprit coquilleux, il faudra tout abandõner, & n'auoir aucun soin des creatures. O le grand dommage! que de quitter les creatures pour le Createur, & seruir à luy seul, sans luy donner des associez dans l'empire de nostre cœur : à vostre auis, ce sentiment est-il contraire à celuy de la divine Parole qui nous exhorte en tant de lieux, d'adherer à Dieu seul, & de mettre en lui seul, tout nostre amour, comme toute nostre esperance,] de quitter les cisternes demolies des creatures, pour ne viser qu'à Dieu source de vie, saillante à l'immortalité,] à laisser les eaux troubles de l'Egypte. (Hierem. 2. 18.) à renoncer à nous mesmes, & à toutes choses pour suiure Dieu,] Iesus-Christ declarant indignes du nom de ses Disciples, non ceux-là seulemẽt qui aymeront quelque chose plus que luy: mais qui ne hayront & delaisseront pour luy, les choses les plus cheries & les plus aymables que nous ayons en cette vie, & ausquelles le sang, la chair, & la nature, nous attachent plus fortement.]

Neantmoins pour ne cabrer d'auantage & ne porter dans l'extremité ces esprits iniustes & bigearres, qui prennent tousiours le tison par où il brusle, & le couteau par le tranchant, nous leur respondrons amiablement que ce que le Sauueur commande de hayr Pere, Mere, Freres, Sœurs, parens, pour l'amour de luy, n'est pas contraire au Precepte de la dilection du prochain : mais seulement nous auerty à n'aymer pas nos prochains plus que luy, ou plustost de l'aymer si hautemét au dessus de toutes creatures les plus dignes de nostre amitié, que cet amour que nous leur porterons comparé à celuy que nous aurons pour Dieu, paroisse comme vne haine, & moins qu'vne estoile deuant le Soleil.

XXVI.
Autre instance.

S'ils insistent, & que descendans aux hypotheses, ils disent ; mais comment priray-ie pour ce malade, ou ce trespassé, si purement pour l'amour de Dieu, que ie n'y mesle point l'interest de la creature patissante, pour le soulagement de laquelle ie prie. Argument qui en apparence semble pressant, mais en son plus fort n'est qu'vne toile d'araignee, qui se deschire à souffler dessus, & pour mieux dire, qui ruine la pretension de ceux qui le font. Car si priant pour la santé du malade, ou pour le soulagemét de l'ame qui est au purgatoire, ie termine mon oraison en fin derniere dans la santé de l'vn, ou la deliurance de l'autre, sans aucune visee à Dieu, ny aucun rapport à sa gloire, mon œuure manquant de cette derniere & souueraine fin, ne sera ny meritoire, ny satisfactoire, & partant ne faisant rien pour Dieu, ie ne feray rien pour la necessité du prochain pour qui ie prie, car qui manque

Quatriesme partie. 545

que à la fin m'aque aussi aux moyens.

Au contraire, si priant pour la santé du malade, ou pour le soulagement du trespassé, estant en grace, & que ie fasse cette priere par le motif de la grace, qui est de glorifier Dieu en fin derniere par cette action, y rapportant entierement, & l'oraison, & la santé du malade, ou le soulagement du defunct, & toute autre veüe d'interest de la creature, pour plonger heureusement tout cela dans la gloire du Createur, comme les fleuues qui s'abysment dans le sein de la mer, plus ma priere sera des-interessee, plus elle sera charitable, plus elle sera charitable, plus elle sera pure, plus elle sera pure, plus elle sera parfaite, plus elle sera parfaite, plus elle sera agreable à Dieu, plus elle sera agreable à Dieu, plus elle sera meritoire, plus elle sera meritoire, plus elle sera satisfactoire, plus elle sera sa-

Mm

tisfactoire, plus elle sera impetratoire, plus elle sera impetratoire, plus de bien pourra-t'elle obtenir pour ce malade & ce trespassé, ainsi qui perd, gagne en ce commerce : ainsi que nous apprend le sainct Euangile, (Iean 12. 25.) & sainct Bernard apres sainct Chrysostome nous apprend, que l'amour diuin est d'autant plus parfait qu'il est plus pur, & d'autát plus pur qu'il est moins mercenaire, & d'autant moins qu'il pense au salaire, d'autant plus grande est la recompense que Dieu luy donne : parce que Dieu a grand soin des affaires de ceux qui iettent en luy toutes leurs pensees, & qui se reposent entierement sur le sein de sa bonté, estant riche en misericorde sur ceux qui l'inuoquent,] & les comblant de mesures entassees, & enfaistees, & qui respanchant de toutes parts.] Quand nous remettons à sa prouidence le soin de nos interests, pour n'auoir souci que des siés & de sa gloire, c'est lors que nous trouuons les centuples, & les loyers infinis, que nous n'eussions osé demander, ny nous les promettre. Souuent en cecy nous gastons nostre propre feste, & trauersons nos affaires, demandans à Dieu auec solicitude & empressement, beaucoup moins que sa liberalité ne nous donneroit, si nous ne bornions point ses profusions par nos requestes peu iudicieuses. Nous ne trouuerons iamais de parfaite consolation & satisfactiō dans nos interests, quelques iustes qu'ils soient, souuenons nous de celuy de Dieu, qui est sa gloire : & nostre desir sera comblé de ce grand bien.

XXVII.
De l'heureuse perte de nos interests en Dieu.

O Qu'heureux est celuy qui se peut saintement oublier soy-mesme & tous ses interests, & se perdre auec eux heureusement en Dieu, parce qu'il a esperé en moy, dit le Seigneur par le Psalmiste, ie le deliureray, ie le protegeray, parce qu'il a recogneu mon nom,] c'est à dire, ma gloire. Quand vne source est grosse, elle coule où on la conduit selon la grandeur ou petitesse du canal qui la reçoit. Dieu infiny en bonté, a des tresors & des sources de grace qui sont sans mesure, mais nous ne les receuons pas selon leur estendüe, parce que nous les bornons par la veüe de nos petits interests ausquels nous les appliquons, au lieu de le laisser agir en nous selon son bon plaisir, n'ayans autre attention que de luy complaire en toutes nos voyes.

Il nous arriue assez souuent, comme aux freres de Ioseph, qui pensoient estre perdus, lors qu'il leur dit en Egypte qu'il estoit leur frere qu'ils auoient vendu, & ce pendant il n'auoit pour eux que des pésees de paix, & d'amour, & des desirs de leur aggrandissement, ils estoient perdus, s'ils ne se fussent heureusement perdus, & se remettant à sa misericorde, spectacle qui tira les larmes des yeux à ce sainct Patriarche. Quand sera ce que les estoiles & les gerbes de nos interests, adoreront celles de la gloire de Dieu, qui nous couronne de ses benedictions de douceur, & qui nous preuient de tant de misericordes. Croyez-moy c'est gaigner le tout, pour le tout, & de perdre pour Dieu le tout, pour le tout.

Voyez comme il en prit à Abraham

Mm iij

d'auoir si franchement obey à la volonté de Dieu, qui luy commandoit de sacrifier son vnique Isaac, auquel il luy auoit promis vne posterité si nombreuse : outre, qu'il se contenta de son affection, il luy promit de faire naistre le Messie de sa semence, & qu'en luy seroient benies toutes les generations.

Voyla, dit sainct Pierre à Iesus-Christ, que nous auons tout quitté pour vous suiure, que nous en reuiendra-t'il ? & il leur promit ce grãd & incomparable honneur, de les rendre ses Assesseurs au iugement dernier, auquel il rendra à vn chacun selon ses œuures.

XXVIII.
Obiection.

Vous voyez, dira-t'on sur cecy, que mesmes les Apostres, ces Dieux de la terre, si hautement esleuez, (Pse. 46. 10.) dans la perfection ne perdent pas de veüe leurs interests. Nous ne disons pas aussi que ce soit mal fait ne les regarder, ny qu'il faille necessairement les perdre de veüe, pourueu que l'interest de Dieu marche tousiours le premier, ou que tous nos interests soiét rapportez à ce principal & diuin, comme les veines au cœur, les bráches au tronc, les rayons au Soleil, & les ruisseaux à leur sources.

Mais qu'il ne soit plus pur & plus parfait de n'agir que par le seul & pur motif de la diuine gloire, à la façon des Anges & des Bien-heureux qui sont au Ciel, ou bien de renoncer à tout interest creé, ou de n'y regarder que celuy de Dieu, ie ne voy pas que cela se puisse nier par vne ame Chrestienne qui a tant soit peu de clarté dans les voyes du Pere des lumieres.

XXIX.
Autre obiection.

Vous voyez, adioustera-t'on, que mesme dans la plus excellente de toutes les prieres qui est celle que nostre Seigneur nous a dictee de sa propre bouche, nos interests ne sont pas oubliez, regardez aussi en quel ordre, celuy de Dieu y est inculqué trois fois aux trois premieres demandes, & aux quatre dernieres, ce que nous demandons à Dieu, retourne aussi-tost à son hōneur: car c'est la gloire de sa liberalité de nous nourrir en nous donnant nostre pain iournalier, parce que c'est lui qui dōne nourriture à toute chair, (Pse.   ) c'est la gloire de sa clemence, de nous pardonner nos offenses. C'est la gloire de sa puissance de nous proteger dans les tentations, & la gloire de sa bonté de nous deliurer de tout mal. Enfin ne sommes nous pas auertis par l'Oracle de verité, de chercher premierement le Royaume de Dieu (qui est sa gloire) & sa iustice (qui consiste en la charité) auec promesses de trouuer au bout le comble de tous nos interests, nostre satisfaction toute entiere.

XXX.
De ceux qui ne veulent point agir par le motif du pur amour.

Certes celuy qui fuit d'agir d'vne maniere si noble, si releuee, si pure, si desinteressee, tesmoigne assez qu'il a l'esprit roturier, & les yeux attachez à la terre] de ses interests: & en regrettant l'esprit seruile & mercenaire, il monstre qu'il a peu à cœur les affections vrayement filiales, & qu'il estime peu la terre desirable] de la perfection, retournant ses regards & ses pensees vers les aux &

les marmites de l'Egypte.

Ne se fust-t'on pas estonné si le Prodigue de l'Euangile, estant reuestu de la plus belle robbe de son bon Pere, paré de sa plus riche bague, nourry de bonnes viandes, eust regretté les haillons dont il estoit couuert, & la triste nourriture dont il se repaissoit, lors qu'il estoit à la garde de ces sales animaux que l'on ne peut nommer auec bienseance. Quoy que les ornemens trop pompeux & superflus fussent en horreur à la belle Ester, tant pour son insigne pieté, que pource que sa beauté naturelle n'auoit que faire de tant de paremens, que l'art luy attachoit, & dont elle estoit plustost suffoquee que rehaussee, si neátmoins cette vertueuse Royne eust regretté les habillemens de son esclauage, & les lambeaux de sa premiere & miserable fortune, n'eust ce pas esté quelque sorte d'ingratitude enuers Dieu qui l'auoit tiree du milieu de la fange, pour l'esleuer sur le trosne, & la rendre compagne du plus grand Monarque qui fust lors dans l'vniuers. Quel esclaue mis en liberté, peut legitimement souspirer la perte de ses chaisnes? & quel prisonnier, estre marry de sa deliurance?

Ce fut vne modestie à Agatocles, de se faire seruir en vaisselle de terre, estant paruenu à la Royauté, pour se souuenir de sa naissance, qui l'auoit rendu fils d'vn potier, estant pour sa vaillance arriué à ce haut degré d'hõneur, qui rend vne teste couronnee. Mais ce seroit vne extreme mescognoissance de la grace de Dieu en vne ame regeneree, qui la rendroit digne d'en estre priuee, si l'ayant, elle negligeoit d'agir par l'esprit de la mesme grace qui l'a mis dans l'adoption, & la filiation de Dieu, & si rejettant l'espoir & la crainte filiale, elle ne vouloit agir que par l'esprit seruil & mercenaire.

Vne ame que Dieu fauorise de son amour surnaturel qui est vne Manne celeste pourra-elle s'en degouster comme d'vne viande des-agreable à son palais, pour rappeller en sa memoire, le pain de douceur & l'eau d'angoisse des craintes seruiles & des esperances mercenaires: n'est-ce pas auoir des pasles couleurs spirituels, que se porter à des appetits si deresglés.

XXXI.
Contre les tiedes.

IE ne dy pas, (ainsi que i'ay assez amplement demonstré) que ces craintes seruiles, & ces esprits mercenaires, ne soient compatibles auec la Charité, pourueu qu'ils ne soient pas proprietaires, & qu'aux occasions de cōbat, & en diuerses occurrences, le S. Amour ne se puisse vtilement seruir, & à la gloire de Dieu, de ces esclaues & de ces seruiteurs. Mais qui est celuy d'entre les Iustes & Regenerez qui puisse auoir peur de trop bien faire pour Dieu, & faire le bië trop bien, & qui ne vueille tousiours aller de bien en mieux, faisant des môtees en son cœur. (Pſ. 83.) marchant de foy en foy] de vertu en vertu vers le Dieu de Syon,] vers la montaigne de perfection, auec des pieds de cerf,] & des aisles d'aigle,] & de colombe] l'arrest de condamnation n'est-il pas escrit contre les tiedes volontaires,] & contre ceux qui mettent la main au soc de la charrüe, & regardent en arriere,] s'arrester en la voye de Dieu, n'est-ce pas deffaillir, n'auancer pas, n'est-ce pas reculer, dire auec vne malice noire

Video meliora proboque

Deteriora sequor n'est-ce point se rendre indignes des graces actuelles de Dieu, sans lesquelles il est malaisé de conseruer long-temps l'habituelle, & impossible de l'accroistre & de l'augmenter. Ces gens-là, ne redoutent-ils point la menasse que l'Escriture fulmine contre ceux qui auront mal menagé leur talent, & que ne leur arriue, ce qui est escrit, qu'à celuy qui a, & qui en fait bon vsage sera donné de surcroist, & en celuy qui n'en fait aucun profit sera osté, mesme ce qu'il n'a pas, c'est à dire, seront soustraittes les graces qui luy estoient preparees, & qui luy eussent esté communiquees, s'il se fust bien seruy de celles qu'il auoit entre mains.

Qui ne sçait que les Apostres allerent porter aux Gentils le flambeau de l'Euangile, dont les Iuifs auoient reietté la lumiere (Act. 13. 46.) le

Royaume de Dieu leur estant osté, pour estre transporté à vne nation qui en tireroit plus de fruict, (Matth. 21. 43.)

XXXII.
Que l'estat des Tiedes est dangereux.

Celuy qui ayant la charité veut de propos deliberé n'agir que par le motif de la crainte seruile ou de l'espoir mercenaire, se met en grand danger de faire naufrage du filial qui est pur, & des-interessé, & celuy qui feint y auoir de la difficulté à la pratique de ce dernier, comme n'estans pas permis à tout le monde d'aymer Dieu pour l'amour de luy-mesme, monstre bien, s'il n'est tout à fait attaché au siege de l'iniustice, qu'il est merueilleusement collé à son interest, & que c'est à regret qu'il renonce à soy-mesme.

Il y a tant de proximité, comme

nous auons dit, entre l'amour propre qui est tousiours vicieux, & l'amour de nous mesme qui peut estre legitime pourueu qu'il soit sans proprieté, que c'est approcher l'allumette du feu, que se mettre volontairement à dessein, & sans necessité dans l'vsage des motifs seruiles ou mercenaires, à cause de la grande propension qu'ils ont à la proprieté, par la mauuaise inclination de nostre nature corrompue (le tem. 32.)

Il n'y a point de seureté dit sainct Hierosme, à vn autre suiet, de dormir aupres d'vn serpent, il se peut faire qu'il ne nous picque pas, mais il se peut faire aussi qu'il nous picque,] & ce dernier est bien plus apparent que le premier, à cause de l'antipathie naturelle qui est entre l'homme & cet animal, (Genes. 2.) A pareil air, ie dis que nous auons vne pente si roide qui nous conduit
de

l'amour à nostre legitime dans l'amour propre qui est tousiours iniuste, qu'il est bien plus seur de n'agir que par le motif du pur amour de Dieu qui est la diuine gloire, que d'agir par des motifs interessez, lesquels nous appliquons bien plus souuent à nous mesmes en proprieté, que nous ne les rapportons à Dieu, & de cela ie n'en prend à tesmoin que l'experience, & la conscience mesme de ceux qui passeront les yeux sur ces lignes.

Qui ne se rira de l'enchanteur, dit le Sage, quand il le verra mordu par le serpent qu'il pensoit charmer, & quel moyen de plaindre celuy qui voulant agir par l'amour de soy-mesme qu'il tient pour legitime, le verra tombé dans les pieges & les filets du propre amour qui l'y a tiré par ses appeaux & par ses appasts.

Nn

XXXIII. *Voisinage de la crainte serulie & de la seruilité.*

Ceux qui se meslent de faire des feux d'artifice s'y eschaudent ordinairement, & celuy qui veut gouuerner vn lyõ en est à la fin deuoré: qui aime le danger y perira. Qui veut agir deliberement par esprit seruil & mercenaire, ayant la charité, & pouuant agir par le filial, s'expose peu judicieusement au peril de tomber dans la seruilité & mercenaireté vicieuses & qui font perdre la charité. Si Dina ne se fust point tant escarté elle n'eust pas esté rauie par Sichem.

Le Docteur Angelique (2. 2. q. 4. a. 4.) demande si la foy informe ou merite, differe en nombre de la foy formée ou viue, c'est à dire si autre est l'habitude de la foy morte, autre de la foy viue : & respond negatiuement parce que la charité dont la presence dõne la forme & la vie à la foy, & l'absence la mort, estant exterieure à la foy, sa presence ou sa priuation ne change pas la substance de la foy.

Il n'en est pas ainsi selon la doctrine du mesme Saint (1. 2. q. 63. a. 4.) des vertus Morales Acquises, lesquelles different en espece des Morales infuses, car celles-là subsistent dans le sujet qui les possede soit en l'absence soit en la presence de la charité, mais celles cy sont tellement attachées à ceste Reine des vertus que quand elle vient dans vne ame les Morales infuses y arriuent toutes auec elle, & s'en retirent aussi, au mesme temps que par le peché à mort la charité est esteinte en vne ame.

La crainte seruile auec seruilité est tousiours informes, parce qu'estant vicieuse elle est incompatible auec la charité; le mesme dis-je de l'espoir mercenaire auec mercenaireté. Mais l'esprit seruile & mercenaire, sans seruilité & mercenaireté, pour estre ou informe ou formé selon qu est despourueu au paruis de charité, & est tousiours bon, soit qu'il se rencontre en vne personne iustifiee, ou non iustifiee, en vne personne non regeneree, & qui n'a point la charité, le motif seruil ou mercenaire, ne peut attaindre la derniere fin, mais dispose seulement à l'infusion de la grace qui iustifie, & en la personne regeneree, il peut estre, par rapport, appliqué à la gloire de Dieu.

Neantmoins parce que ces motifs sont interessez ils ont tousiours beaucoup plus d'affinité auec l'amour propre, qu'auec celuy de Dieu, dont le propre caractere, selon la doctrine de l'Apostre, est de ne chercher point son auantage. (1. Cor. 13.) & c'est ce voysinage du precipice, qui fait que leur vsage, quoy que bon en sa substance, & en certaines occasions, est tousiours tel, neantmoins qu'il s'en faut seruir auec beaucoup de circonspection, de peur de tomber de l'interest nostre legitime, dans le proprietaire & iniuste.

XXXIV.
Il se faut garder de la seruilité.

CEux qui marchent par des chemins destournez ont besoin de guides pour s'empescher de fouruoyement, non ceux qui vont par les droits & ouuerts. Ceux qui estans en charité, agissent par le pur motif de charité n'ont rien à craindre, car ils vont par de droites voyes au Royaume de Dieu; mais ceux qui font leurs actions par les motifs interessez de crainte seruile ou d'espoir mercenaire, ont à prendre garde à leurs pas, pour les conuertir dans les tesmoignages de Dieu (Pse. 118.) & doiuent sur tout auiser à preferer tousiours l'interest de Dieu au leur, & à rapporter celuy de la creature à celuy du Createur, soit virtuellement soit actuellement, s'ils veulent toucher la derniere fin, & rendre leurs œuures pleines & meritoires de l'eternité.

Ils doiuent auoir l'œil ouuert pour descouurir que sous la fueille de l'intereste nostre, qui est iuste & raisonnable, se cache le serpent de l'interest propre, & se glisse sous l'herbe, sans que les plus ruzez s'en appetçoiuent. Il n'y a que le pur qui fasse cognoistre l'impur, le pur amour de Dieu est vn flambeau qui nous fait discerner entre le iuste amour de nous mesme, & le proprietaire qui est tousiours iniuste.

Nam mala sunt vicina bonis, errore esto.

Pro vitio virtus crimina sæpe tulit.

Le persil est vne plante qui ressemble à la cigüe, à quoy plusieurs ont esté dangereusement trompez. L'amour iuste de nous mesme, est vn persil bien sein, mais le propre est vne cigüe venimeuse.

XXXV.
Tromperies du propre amour.

LE propre amour est une remore fascheuse, qui nous empesche d'arriuer au port de la fin derniere. Et l'amour de nous mesme, quelque iuste qu'il soit, est une torpille qui engourdit le bras du pecheur, & l'empesche de faire une bône prise. C'est attacher des oreillers & des coussins sous les coudes des hommes, & les flatter dans leur tiedeur, de leur persuader, qu'estât en charité, il suffit d'agir par des motifs interessez de l'esprit seruile & mercenaire, sans se soucier de raporter ses actions à la derniere & souueraine fin, qui est celle de la gloire de Dieu. Ceux qui les allaittent de cette sorte les trompent, (Esai. 3. 12.)

Et quoy que dans les plus pressantes & violentes tentations, le regeneré le puisse, & mesme se doiue seruir des motifs de crainte seruile & d'esporr mercenaire, pour resister aux assaults de celuy qui tente,] puis qu'il faut remuer toute pierre, & ne rien laisser d'intenté pour se preseruer de pecher: si est-ce qu'vne ame bien fondee & enracinee en la charité] ne trouue point de plus fortes armes que dans la tour de force,] & celle de Dauid, la saincte dilection de Dieu, où pendent mille pauois, & toute l'armeure des plus vaillans.

XXXVI.
Auantage des vertus infuses sur les acquises.

Car qui ne sçait que les vertus morales infuses & surnaturelles, soient incōparablement plus exquises, pour resister aux traicts enflammez] du malin, & conseruer la forteresse du cœur contre ses assauts, que les morales acquises & naturelles,

Quatriesme partie.

qui sont trop debiles contre de si puissans efforts. Si Dieu est pour nous, qui nous pourra vaincre; or il est dans les vertus morales infuses, qui sont tousiours accompagnées de charité, puisqu'il est le Dieu de charité, ou pour mieux dire, Dieu est charité.

Qui ne void que celuy qui ieusne pour le pur amour de Dieu dompte plus puissamment la tentation de gourmandise que celuy qui ieusne par le seul motif, naturel de l'honnesteté qui est en la vertu de Temperance. Et que celuy qui donne l'aumosne aux necessiteux pour le pur amour de Dieu, surmonte bien plus fortement la tentation d'auarice, que celuy qui la fait par la seule pitié que la nature luy donne du miserable, ou pour la beauté qui est dans la vertu morale de liberalité.

plus excellente sans doute, puis qu'vn petit flambeau joint à vn plus grand augmente tousiours de quelque degré la lumiere d'vne sale; mais si ce motif naturel est encor rapporté au diuin amour, qui ne void que l'action en sera encore plus exquise, & ce motif naturel incomparablement plus releué qu'il ne l'estoit de sa propre nature.

Voyez donc, adioustera-t'on, comme les motifs seconds aggrandissent le premier & adioustent quelque chose à son excellence, & ceste icy vn escueil où brisent plusieurs vaisseaux, parce qu'il est caché sous l'eau d'vne specieuse apparence. Ie pense l'auoir descouuert cy-dessus, neantmoins je ne me lasseray point de le desuoiler encor, à cause de son importance, veu que *nunquam satis dicitur quod nunquam satis discitur*, dit le grand Stoique, cela

Quatriesme partie. 541

ne se dit jamais assez, qui ne s'apprend jamais assez. Ie dy donc que ce n'est pas la vertu morale acquise & naturelle qui adiouste quelque hauteur à la stature de la charité, ce seroit contre tout bon sens, rehausser la grace par la nature, & ennoblir vn Roy par les Getils-hommes qui l'enuironnent.

La perfection de la charité (qui est le lien de perfection) & l'accomplissement de la loy)] est si grande, qu'elle ne peut estre perfectionnée par aucune vertu, ny par toutes ensemble, mais c'est celle qui les perfectionne toutes dit le Bien-heureux François de Sales (liure 11. de l'Amour de Dieu chapitre 9.) la raison est que la fin estant ce qui releue ou rehausse vne action, nulle vertu, autre que la charité ne touche la fin derniere d'elle mesme, & ne la peut attaindre que par l'entremise de la charité.

Ce seroit donc vne impertinence manifeste de vouloir surestimer le motif de la charité, par l'adionction des motifs seconds & interessez, puisque ceux cy ne sont estimables, & n'ont de merite, au regard de la gloire essentielle, que ce qu'ils en tirent de la charité, selon la doctrine de sainct Thomas plusieurs fois alleguee.

XXXVIII.
Autres instances.

SI l'on dit que celuy qui ieusne pour la gloire de Dieu premierement & principalement, & puis pour plusieurs autres moindres motifs comme 1. pour donner bon exemple 2. pour dompter les rebellions de la sensualité. 3. pour la beauté & honnesteté de la Temperance, 4. pour rachepter la peine de ses pechez 5. pour le remede d'vne ame qui est en Purgatoire, & semblables, fait plus que celuy qui ne ieusne simplement & vniquement que pour plaire à Dieu. Outre que l'on peut dire, que le seul motif de plaire à Dieu & de le glorifier comprend en eminence & en capacité tous les autres comme les spheres inferieures sont embrassees par la plus ample & superieure. On peut encor adiouster que multipliant ces motifs inferieurs & les rapportant au premier qui est la gloire de Dieu, c'est multiplier les actes commandez par la Charité, par lesquels on merite que Dieu augmente & la grace & la gloire, ainsi la charité est accrüe par ses propres actes ou elicites ou commandez, non par les actes ou motifs des simples vertus morales acquises & naturelles.

XXXIX.
Pureté du progrez de Caritee.

ET parce que la crainte & l'esperance sont les deux principales sources d'où sortent les motifs interessez qui nous retirent du mal & nous poussent au bien & que ces sources, quoy que bonne en leur substance, sont ordinairement troublées par l'amour propre, & quelques bonnes qu'elles soient de bonté moralle & naturelle, qu'elles apportent du meslange d'amour de nous mesme, lequel, pour iuste qu'il soit, rend tousiours moins accomply le pur amour de Dieu, nostre Caritée, mettant la cognée à la racine de cét arbre, qui peut deuenir mauuais par la proprieté, & quelque bonté naturelle qu'il ait, apporte tousiours, par son adionction, quelque deschet de perfection au pur amour celeste, nous enseigne, par son excellent

Quatriesme partie. 575

embleme, à nous deflaifir, non feulement de la feuerité de la crainte, & de la mercenaireté de l'Efperance, qui font toufiours mauuaifes & vicieufes, mais encore de la crainte feruile & de l'efperance mercenaire, pour pratiquer à la lettre & plus encor felon la nouueauté de l'efprit] cefte demande de l'Oraifon Dominicale que nous faifons tous les iours à Dieu, que fa volonté foit faitte par nous en la terre, auec la pureté qu'elle eft pratiquées au ciel par les Bien-heureux, nous faifans exercer dans l'eftat de la grace icy bas, ce qu'ils exercent là-haut dans la gloire, où ils ayment & feruent Dieu fans crainte feruile & fans efperance mercenaire.

XL.
Inegalité reiettée.

QVe fi quelques efprits inegaux en leurs balances] c'eft à dire en leurs iugemens, eftiment ce ton trop haut, & s'imaginent que ce difdiapafon ne puiffe eftre chanté en cette vie maisqu'il soit reservé à ces celestes esprits qui entonnent le Trisagion admirable dans le Ciel, ils seront suppliez de faire donc en sorte, que les trois premieres demádes de l'Oraison Dominicale qui battent toutes à ce point que Dieu soit aymé & servy purement pour sa seule & vnique gloire, soient deffendus aux fideles qui sont en terre, puisqu'à leur auis elles ne sont praticables que par les Esleus qui regnent auec Dieu dans le Ciel.

Mais il est croyable que celuy qui nous la dictée, & en qui sont cachez tous les tresors de la science & de la sagesse du Pere eternel, entendoit mieux qu'eux ce qui est de la science des saincts & du salut, & sçauoit mieux ce que nous auions à demander, & de quelle façon nous le deuions demander, & partant nous les renuoyerons par fois de non receuoir, en preferant, comme de raison, à leur foible imagination, le iugement de celuy à qui toute puissance est donnée au ciel & en la terre,] qui est la vraye lumiere illuminant tout homme viuant au monde] le desir, le chef, & le precepteur des nations.]

XLI.
Genereuse entreprise de la Caritée, au regard de la crainte de Dieu.

C'Est à sa suitte pure & desinteressée que nostre Caritée nous inuite quand elle donne la sappe à toutes les craintes feruiles & à toutes les esperances mercenaires, pour iustes qu'elles paroissent ou qu'elles soient, lors qu'elle se propose d'esteindre l'Enfer & de reduire le Paradis en cendre, non qu'elle vueille abolir l'vne & l'autre, car cela est autant esloigné de sa volonté que de sa puissance, mais elle desire nous porter au seruice de Dieu par vn motif plus pur & plus releué que celuy de la crainte du supplice & de l'espoir de la recompense, c'est à dire que nous le seruions en enfans, non en esclaues & en valets à gages.

Et ceux qui par leurs murmures s'opposent à vn si genereux dessein tesmoignent bien par l'attache qu'ils ont à leurs interests qu'ils sont plus amoureux d'eux mesmes que de Dieu,] que ce n'est pas Dieu qu'ils cherchent & qu'ils seruent mais leurs vertus] c'est à dire leur profit particulier que leur ventre, c'est à dire leur affection est colé à la terre] & qu'ils ont résolu de ne rehausser point leurs regards au dessus d'eux mesmes (Ps. 130. 2.)

L'intention de nostre Caritée n'est pas d'effacer les peines de l'Enfer, ny les felicitez du Paradis de la memoire des fideles, elle sçait trop bien que le souuerain antidote contre le peché

(Eccl. 7. 40.) elle desire seulement que l'on n'abuse pas d'vn si bon remede, & empescher que la crainte seruile de l'vn ne degenere en seruilité vicieuse, ce qui arriue lors que l'on prefere la peine à la coulpe, & que l'on ne quitte le peché que de peur d'estre damné, sans se soucier aucunement si Dieu en est offensé, & s'il luy desplaist. Et que l'esperance mercenaire ne tombe dans vne mercenaireté coulpable, ce qui auient lors que l'on profere le Paradis de Dieu, au Dieu de Paradis, & le salaire à celuy qui salarie.

Elle pretend faire en sorte que la crainte seruile & l'esperance mercenaire, d'etrasses de seruilité & de mercenaire, ne seruët que de moyens ou de fins prochaines (car c'est la mesme chose) pour paruenir à la derniere qui est la gloire de Dieu, sans que l'on s'arreste à ces motifs en derniere instance ; ce qui empesche les bonnes œuures d'arriuer au terme de leur consommation & perfection, qui est la gloire du Createur, à laquelle elles doiuent viser pour luy estre agreables, & porter la qualité de meritoires du ciel.

Dieu nous preserue d'auoir de nostre Caritée vne pensée si criminelle, qu'elle pretende par son embleme, oster de deuant nos yeux les iustes iugemens de Dieu, qui rendra à vn chaqu'vn selon ses œuures, couronnant au ciel de la couronne de iustice ceux qui auront fait ses commandemens, & enuoyant au feu d'enfer ceux qui auront esté rebelles à ses ordonnances. Elle pretend seulement changer la crainte seruile en crainte filiale & sainte, & l'esperance mercenaire en esperance amoureuse & desinteressée. Son but est de nous apprendre à craindre Dieu pour Dieu, & à esperer en Dieu, pour Dieu, non pas à le craindre & à esperer en luy pour l'amour de nous mesme.

Elle n'ignore pas que la crainte seruile & l'espoir mercenaire sont choses bonnes en soy, tant deuant qu'apres la iustification, tant aux non regenerez qu'aux regenerez & qu'ils en peuuent faire vn bon vsage: mais elle nous conuie au mieux, c'est à dire à aymer & seruir Dieu pour Dieu, parce qu'il le merite & qu'il en est digne, quand bien il n'auroit ny enfer pour punir les desobeyssans, ny Paradis pour salarier ceux qui ont fait ses volontez.

XLII.
Il poursuit le suiet entamé.

CE qu'elle propose de la destruction du Paradis & de l'Enfer, n'est que pour inuiter le Prophete qui dissipe, arrache, & demolit, afin de planter & de bastir, elle ne vise pas seulement par cette industrie à l'entiere extermination de l'amour propre, mais elle veut empescher que le juste amour de nous mesme ne devienne proprietaire, & ne diminue par son meslange la pureté & sincerité du saint amour. Veu que celuy là ayme Dieu moins qu'il ne doit, selon S. Augustin, qui ayme quelque chose avec Dieu, qu'il n'aime pas purement pour Dieu.]

Elle imite ce Cherubin qui garde l'entrée du Paradis terrestre armé d'vn glaiue de feu, nous auertissant que pour arriuer au Paradis de la grace & de la perfection en ceste vie il faut estre transpercé du glaiue flamboyant du pur amour de Dieu, & renoncer à tous interest des creatures quelque legitime qu'il puisse estre.

Elle desabuse ceux qui s'imaginent que pour euiter la damnation c'est assez de craindre seruilement l'enfer que Dieu a fait, sans craindre par amour le Dieu qui a fait l'enfer: qui s'abstiennent de pecher plus pour l'apprehension du chastiment que pour le respect de Dieu qui en est offencé, qui pensent aymer Dieu par crainte, au lieu de le craindre par amour: qui ne sçauent pas que craindre le supplice dont Dieu punit le peché, n'est pas craindre Dieu, ny pour Dieu, mais craindre la peine qui n'est pas Dieu, & craindre pour soy mesme, c'est à dire pour l'amour qu'on se porte.

Et elle leur apprend à craindre Dieu comme il faut & selon la perfection de la loy Chrestiëne, à la maniere que le craignent les saints de la terre & du ciel (Ps. 130.) c'est à dire d'vne crainte filiale, reuerentiale, chaste, amoureuse, charitable, pure, desinteressée. Ce qui se pratique lors que l'on craint incomparablement plus la coulpe qui est la cause que la peine qui n'en est que l'effect : lors que l'on craint plus de deplaire à Dieu par le peché, que la punition dont-il menace ceux qui l'offensent, lors que l'on deteste le peché plus parce que Dieu en est deshonoré & sa gloire exterieure ternie & diminuée, qu'à cause du iuste chastiment qui le suit ; car comme il n'y a rien de plus iniuste que le peché, il n'y a rien de si iuste que son supplice ; en quoy se monstre l'inegalité des balances de ceux qui haïssent la punition & s'affectionnent à la coulpe : quoy que le Psalmiste les auertisse, que celuy qui ayme l'iniquité est ennemy de son ame propre,] & que les fleaux qui tombent sur le pecheur, & font part de son calice, procedent de ce que Dieu ayme la iustice, & que son œil est attentif sur l'equité. (Pse. 10.)

Elle leur enseigne que craindre Dieu pour Dieu, c'est à dire, pour son amour, c'est craindre de preiudicier à l'interest de Dieu, qui est sa gloire: ce qui est fait par le peché, craindre donc de pecher, pour l'amour que l'on porte à Dieu, c'est craindre Dieu, Chrestiennement, amoureusement, parfaitement, & en la maniere qu'il veut estre craint, c'est à dire, à la maniere des enfans, non à la façon des forçats & des esclaues.

XLIII.

Entreprise de Caritee, au regard de l'esperance.

Pour le regard de l'esperance mercenaire, elle leur apprend à auoir plus d'esgard à l'honneur de Dieu, qui a fait le Paradis, qu'au Paradis que Dieu a fait, c'est à dire, aux honneurs, aux richesses, & aux delices, qu'il communique à ceux qu'il y introduit. Elle defabufe ceux qui terminent leurs regards, & mettent leur fin derniere dans les ioyes qu'ils attendent au Ciel ce qui eſt l'intereſt de la creature, non dans les loüanges & la gloire qu'il y rendroit eternellement à Dieu, ce qui eſt l'intereſt du Createur.

Elle leur enſeigne que la fin derniere & fouueraine pour laquelle Dieu a fait le Paradis, n'eſt pas tant la gloire de ſes eſleus, que la ſienne, puis que cette ſienne gloire exterieure eſt la fin derniere pour laquelle il a creé toutes choſes, n'ayant rien fait que pour ſoy-meſme, ainſi que le Sage aſſeure, (Prouerb. 16.)

Elle leur fait cognoiſtre que chercher dans le Ciel ſon intereſt propre en fin derniere, eſt y chercher ce qui ny fut iamais, ce qui n'y eſt pas, & qui ny peut iamais eſtre : car rien de ſoüillé, n'entrera en ce ſanctuaire,

& l'interest proprietaire estant peché, & la source de tout peché, il ne peut auoir d'accez en ce temple de sanctification. Enquoy se mesprennent merueilleusement ceux qui dans le regard du Paradis, ne considerent autre chose que leur aise, sans penser à l'eternel hommage & seruice qu'il y faut rendre à Dieu, & qui est la fin derniere & supreme du Royaume de Dieu.

Elle leur apprend à preferer le Bien-faiteur au bien-fait, le donateur au don, le maistre aux gages, le remunerateur à la recompense, celuy qui salarie au salaire, & comme Dieu regarda Abel, & puis ses presens, & fait plus d'estat de nostre cœur que de nos offrandes, aussi deuons nous faire beaucoup plus d'estime de la bonté diuine qui nous beatifie, que de la beatitude, dont il nous fauorise.

Elle leur enseigne à purifier tellement leurs intentions de tous interests creez dans les estats, tant de nature & de grace, qu'en celuy de gloire, qu'en toutes choses & par tout, Dieu seul soit honoré & glorifié, en qui, par qui, de qui, & pour qui, sont toutes choses,] afin qu'en la terre comme au Ciel il soit toutes choses à tout & en tous,] en quoy consiste le comble de la perfection du Christianisme.

XLIV.
Oppositions escartees.

A Quoy s'opposent à credit, ceux qui se figurent qu'en esleuant la fin derniere, on vueille aneantir & abolir les moyens, & qu'en loüant le plus, on blasme & reiette le moins, comme si pour estimer les pieces d'or, on rebuttoit la monnoye d'argent ou cuiure, ce sont ceux qui n'ayans autre mestier que d'emplir les ames qu'ils conduisent captiues] de l'esprit interessé, seruile & mercenaire, pour glisser par là dedans leurs interests, & faire lucre de la pieté,] ne peuuent souffrir que l'on touche de plus delicates cordes, qui sont celles du pur amour de Dieu, ny que l'on fasse entendre aux peuples cette deffinition si commune à la vraye charité, qui est d'aymer Dieu purement pour l'amour de luy-mesme, & toutes choses pour l'amour de Dieu, cette pureté leur estant autant à contrecœur, qu'à certains animaux l'odeur des roses, pour empescher cette cognoissance si belle, si claire, si salutaire, de si grande consolation, il n'y a pierre qu'ils ne remuent, ils renuersent Ciel & terre, ils chocquent iusques au sens commun, pour subroger l'amour propre de nous mesmes, qui est tousiours excessif & iniuste à l'amour legitime, & bien reglé, que la loy de

Dieu nous permet, nous commande que nous nous portions : & puis pour supplanter par cet amour de nousmesme, qui a quelque marque de iustice à celuy de Dieu, auquel consiste la vraye iustice Chrestienne.

Et quand ils s'apperçoiuent que les ames discernent l'amour de nousmesmes iniuste du iuste, ils taschent d'empescher qu'elles ne paruiennent au discernement de l'amour iuste de nous mesmes, soit naturel, soit surnaturel, du pur amour de Dieu, detaché de tout interest nostre.

Quoy ! disent-ils ; puis que la loy de Dieu veut que nous aymions nostre prochain comme nous mesmes, ne faut-il pas que nous nous aymions auparauant nous mesmes, puis que nous sommes nostre premier prochain, & que l'amour de nous mesme, doit estre la mesure & la regle de celuy que nous deuons auoir pour autruy. Objection specieuse, mais qui se fend & se dissoult comme la rosee au leuer du Soleil de la verité. Car s'il est vray (comme il est) que l'amour de charité, duquel la loy de Dieu nous commande de nous aymer nous mesme, se doit terminer en Dieu, en sorte que nous ne nous aymions pas pour l'amour de nous mesmes, terminans nostre amour volontairement en nous mesme en fin derniere, comme si nous estions des Dieux, ce qui seroit vne espece d'idolatrie, qui subrogeroit la creature en la place du Createur; nous sommes aduertis d'aimer nostre prochain de cette sorte, c'est à dire, en Dieu, & pour Dieu, pource qu'il est l'image de Dieu, parce que cette dilection fraternelle plaist à Dieu, & glorifie Dieu en cette maniere, l'objection retourne sur le visage de ceux qui la font à leur confusion, & à la demolition de l'amour propre, ou de l'interest nostre qu'ils pensoient establir.

XLV.
Mocquerie repoussee.

IL y en a d'autres qui estalent leur inepie, d'vne grace à leur auis, d'autant meilleure, qu'elle semble assaisónee d'vne pointe de ioyeuseté, mais ioyeuseté qui n'a rië de plaisant que l'impertinence qui la rend ridicule, & qui seroit indigne de respóse, si le Sage ne nous auertissoit de respondre au fol selon sa folie de peur qu'il ne s'estime fondé en raison.

Pour reietter donc le iudicieux embleme de nostre Caritee, comme vne imagination creuse & friuole, & plus digne de mespris que de consideration : Cette femme, disent-ils, est bien desgoustee de vouloir destruire le Paradis, pour nous, qui auons meilleur appetit, nous ne laisserons pas vn

si

Quatriefme partie. 593

ſi bon morceau dans le plat, & ſi elle le laiſſe à ſon dam, nous autres nous en accommoderons fort bien, quant à l'enfer, nous le luy laiſſerons eſteindre à ſon aiſe, auſſi bien nous n'auons pas deſir d'y aller, mais ſi elle veut bruſler le beau Paradis, nous empeſcherons ſi nous pouuons cet embraſement qui nous ſeroit trop preiudiciable.

O la belle teſte, diſoit le renard de la Fable, de celle de marbre, mais elle n'a point de ceruelle. Ne vous y trompez pas freres, dit l'Apoſtre, on ne ſe rit pas de Dieu impuném̃et, [malheur à toy, qui meſpriſes, car tu ſeras meſpriſé,] toy qui te rends rebelle à la lumiere te rends digne des tenebres exterieures,] & par ta dureté tu t'amaſſes vn treſor de courroux au iour de la vengeance] Dieu ſe rira vn iour de ta ruine & de ta perte] & vn dur iugement t'attend ſi tu meſpriſes les

Pp

voyes de Dieu qui sont droittes qui resiouyssent les cœurs, & esclairent les bonnes ames.

Sçais tu bien chetif gausseur, que si tu cherches plus le Paradis de Dieu, c'est à dire les ioyes & les plaisirs du Paradis, que le Dieu de Paradis, tu ne trouueras à la fin ny l'vn ny l'autre, & que si tu crains d'auantage l'Enfer que Dieu a fait que le Dieu qui a fait l'Enfer, & plus la peine que la coulpe, tu es au chemin de ta damnation. Sçais tu bien que la crainte seruile & l'esperance mercenaire seules, sans la charité, c'est à dire sans l'amour de Dieu pour luy mesme, ne sont pas capables de te sauuer de l'Enfer ny de t'ouurir le Paradis.

Sçait tu bien que pour euiter l'enfer ce n'est pas assez de dire ie crain l'enfer, ny de dire ie veux le Paradis pour auoir le Paradis, & que tous ceux qui diront Seigneur, Seigneur, n'entreront pas pourtant en la Ioye ny au Royaume du Seigneur, mais ceux qui feront sa volonté, & quelle est sa volonté, sinon celle qui nous est intimée en son premier & tres grand commandement, qui nous ordonne de l'aimer d'amour d'amitié, d'amour desinteressé, c'est à dire pour l'amour de luy mesme.

XLVI.
Instances.

SI l'on dit que desirer le Paradis c'est vouloir ce que Dieu nous veut puis que sa volonté est que tous soient sauuez, & que tous les pecheurs viennent à penitence. On repart qu'autre chose est vouloir le Paradis parce que Dieu veut que nous le voulions, & mesme nous le veut d'vne volonté de desir, & de desir puissant puis qu'il nous fournit toutes les graces suffisantes pour nous y acheminer, & autre chose le vouloir parce qu'il nous est vtile seulement, car au premier regard la volonté de Dieu est la derniere fin de la nostre, au second nostre vtilité est le dernier but pour lequel nous pretendons le Paradis, or qui ne void que c'est deifier nostre propre interest que de le mettre pour souuerain terme de nos pretensions, & que la porte du ciel n'est point ouuerte à de tels idolatres qui se font vn Dieu de leur interest, & qui ont d'autres Dieux qui est vnique, & qui ne peut souffrir de compagnons en sa gloire.

Adiouster que l'on veut la gloire de Dieu pour son salut, puis que Dieu a mis sa gloire en nostre salut, & nostre salut en sa gloire, c'est encor enuoyer ses fleches au deçà du but (1. Rois 20.) & n'y arriuer pas, au contraire c'est renuerser l'ordre de la raison & de la charité, & retourner sa langue contre soy mesme. C'est bien fait certes de vouloir son salut pour la gloire de Dieu, puis que ceste gloire est la fin derniere de nostre salut & de toutes les choses crées, mais vouloir la gloire de Dieu pour son salut, c'est mettre la fin prochaine pour la derniere & la derniere pour la prochaine, c'est comme qui diroit, ie veux que mon salut, c'est à dire mon bien eternel, soit ma fin derniere, & la gloire que ie rendray à Dieu le moyen pour y arriuer, ie veux glorifier Dieu pour l'amour que ie me porte, non m'aimer auec rapport à la gloire de Dieu ce qui seroit vne impieté nompareille.

XLVII.
Dernier retranchement de l'amour propre.

LE dernier retranchement de l'amour interessé c'est celuy cy, la gloire que nous donnerons à Dieu dans le ciel, & celle qu'il nous y donnera sont ou vne mesme chose ou des choses tellement inseparables que qui desire l'vne desire l'autre, & le Paradis embrassant tout cela, quiconque fait ses actions en estat de grace pour auoir le Paradis touche la fin derniere, & par consequent les fait auec toute la perfection desirable. C'est icy qu'il nous faut dire auec le Psalmiste, ie poursuiuray mes ennemis à la pointe de l'espée, & ie ne m'arresteray point iusques à ce que ie les aye destruicts] & selon l'ancien prouerbe qu'il faut persecuter le traistre mesme iusques à l'autel, d'autant que Dieu a agreable qu'on luy sacrifie les abominations des Egyptiens.

Il est donc vray que ces deux choses sont tellement coniointes dans le ciel, qu'elles ne se peuuent separer effectiuement, mais il faut prendre garde qu'elles y sont en tel ordre que la gloire que les Esleus y rendent à Dieu y surnage tousiours & y tient le dessus de celle qu'ils reçoiuent de Dieu, & n'est ny en la volonté ny en la puissance des Bien-heureux de renuerser cét ordre, lequel est de l'essence de la charité en laquelle consiste la perfection de leur beatitude: car comme ils ayment Dieu incomparablement plus qu'eux mesmes ny que toutes choses, ils sont aussi beaucoup plus amoureux de sa gloire, que de la leur; voire ils n'aiment la leur qu'à cause qu'elle vient de luy, & qu'elle retourne à luy par sousmission & par hommage: ils ne cherissent la gloire que Dieu leur donne qu'à cause qu'elle leur donne le moyen de la luy rendre, & de le glorifier à iamais selon le degré de gloire auquel ils sont establis. Bref leur satieté, en laquelle consiste le comble de leur beatitude, ne procede pas du regard de leur propre gloire, mais de celle de Dieu, selon ce qu'à chanté le Psalmiste, Seigneur ie seray rassasié, lors que vostre gloire m'apparoistra] (Pse. 83.) notez ce mot de vostre, non pas ma gloire ny nostre gloire. Et en l'Euangile il est dit au seruiteur bon & fidele non pas entre en ta ioye, mais entre en la ioye de ton Seigneur. (Matt. 25.) parce qu'au ciel il n'y a rien de proprietaire, & nulle action des Bien-heureux ne se termine en la creature en derniere instance, toutes ont Dieu pour leur derniere & souueraine fin, nulle ne demeure dans les moyens ou fins prochaines, toutes arriuent au supreme but de la gloire du Createur. Mon ame, dit celuy qui est dans la beatitude celeste, beny Dieu, & que toutes mes facultez & tout mon estre loüe son saint nom (Ps. 102.)

XLVIII.
Sincerité de Caritée.

C'Est à quoy vise nostre Caritée qu'à nous recommander la pureté d'intention dans le seruice de la diuine gloire, & à nous aiuster au niueau des habitans des cieux, nous mettant en main la toise d'or de la pure & desinteressée charité, dont il est parlé dans l'Apocalypse (21.) auec laquelle nous mesurions la Ierusalem de nostre interieur.

Elle ne blasme pas ceux qui quittent le peché par la crainte de l'Enfer & qui font le bien pour l'espoir du Paradis, car c'est tousiours bien fait de laisser le mal & de pratiquer la vertu par quelque motif que ce soit, pourueu qu'il ne soit point vicieux & proprietaire. Mais elle blasmeroit ceux qui s'arresteroient deliberemenc à ces motifs en excluant volontairement celuy du diuin amour, ce qui seroit vn grand peché, ainsi que nous a appris le B. François de Sales.

Elle reconnoist la difference qui se treuue entre le commencement, le progrés, & la fin d'vne chose : elle sçait que le premier est bon, le second meilleur, le troisiesme tres-bon, elle loüe chaque degré selon sa bonté, mais elle desapprouueroit le desordre de celuy qui voudroit mettre la fin dans le progrés ou dans le commencement ; c'est vne braue chose que l'enfance & qui a ses graces & ses gentillesses, S. Paul se loüe de l'auoir esté, (1. Cor. 15.) & le Sauueur l'estime tant qu'il la recommande à ses Disciples, iusques à les menacer de les forclorre du ciel s'ils ne deuiennent simples, humbles & doux comme de petits enfans : Neantmoins il seroit blasmable de vouloir tousiours estre enfant sinon en malice (1. Cor. 14. 20.) parce que le vieillard qui est encor enfant n'est pas estimé (Esa. 65. 20.)

XLIX.
Qu'il faut tousiours auancer dans le bien.

LE commencement d'vn apprentissage est à estimer, mais qui voudroit tousiours demeurer dans les elemens sans s'auancer en cognoissance se rendroit non seulement reprehensible mais ridicule, & contreuiendroit à l'ordre de toute bonne raison.

Le mesme se peut dire des motifs interessez de la crainte seruile & d'esprit mercenaire ils sont bons par le commencement de la sagesse Chrestienne qui consiste en la repentance, car c'est la porte pour entrer dans la iustification. Mais qui voudroit de propos deliberé s'arrester sous ces portiques sans se soucier du motif de la charité, ny de s'exercer aux actes de l'amour de Dieu, auquel consiste la perfection du Chrestien, celuy là sans doute feroit obstacle à la gloire, & se rendroit indigne d'estre iustifié.

Disant plus vn regeneré mesprisant le motif de la charité, & d'agir par l'esprit de grace qui nous presse & nous pousse à rapporter nos bonnes actions à la gloire de Dieu, pour ne faire le bien deliberement que par les seuls motifs de crainte seruile, & d'espoir mercenaire, se contentant d'auoir l'habitude de la charité, sans se soucier d'operer par cette habitude & d'en produire des actes ou elicites ou commandez : Qui ne voit qu'vn tel feroit de propos deliberé contumelie à l'esprit de grace (Hebr. 10. 20.) preferant volontairement le moins au plus, le bien au mieux, & ne voulant pas attaindre à la fin derniere quoy qu'il l'ait en veuë, & que faisant vn si mauuais vsage de la grace, il meriteroit iustement d'en estre priué.

Qui peut ignorer ces maximes de tous les spirituels que n'auancer point en la voye de Dieu c'est reculer, ne profiter pas c'est perdre, ne sauuer pas c'est arracher, ne moissonner pas c'est dissiper, ne combattre pas c'est fuir, n'estre pas pour, c'est estre contre, ne seruir pas c'est desseruir, ne gaigner pas c'est se ruiner, ne negotier pas c'est faire banqueroute, regarder en arriere apres auoir mis la main au soc, c'est se rendre indigne du royaume de Dieu. Celuy qui a la charité en habitude, & neglige d'en faire progrés est en grand danger de voir esteindre ce feu sacré dans son sein.

A raison de cecy la crainte du iuste dans l'Escriture, (Prouerb. 4. 18.)

comparee à l'aube qui s'auance touſiours en lumiere iuſques à ce qu'elle ait amené le iour en ſa perfection, & le Soleil au point du midy, auquel il ne fait aucune ombre. Voyez le Soleil ſur noſtre horizon neceſſairement il monte, c'eſt auant midy, ou il deſcend, c'eſt apres. Sur l'eſchelle de Iacob, Symbole de la charité, tous montent, ou deſcendent, nul ne s'arreſte, qui ne monte deſcend. Ceux qui laiſſent oyſiue en leurs ames l'habitude de la charité, ſont ſur le bord du precipice de leur ruine, & ſouuent penſans eſtre viuans, & que leurs œuures ſoient pleines, ils ſe trouuent morts, & leurs œuures vuides de merite. Semblables à ces hommes, dont parlent Dauid qui en dormant font des ſonges dans leſquels ils penſent eſtre fort riches & à leur reueil ſe trouuent les mains deſgarnies des treſors qu'ils s'imaginoient de poſſeder.] Et à celuy à qui l'Ange dit dans l'Apocalypse (3.17.) tu te figures d'estre riche, & tu es pauure, miserable & desnué de facultez.]

Noftre Caritée auertit ceux qui ont opinion d'auoir la charité, & qui ne voulans pas agir par l'esprit filial & desinteressé, ne s'abstiennent du mal, & ne s'excitent au bien que par des motifs seruiles ou mercenaires, en faisant peu d'estime du motif de la grace, qu'ils sont sur vn panchant fort glissant, & qu'estant debout par grace ils auisent à n'en descheoir pas, d'autant que celuy qui ne dispose pas des môtées en son cœur pour auancer de foy en foy, & de vertu en vertu, à vn plus haut degré de perfection, se met au hazard de lascher ce qu'il tient, de voir son chandelier transposé, & de perdre sa couronne (Apoc. 2.)

L.
Fauſſe humilité.

ET ne faut point qu'ils repartent que c'eſt par humilité qu'ils agiſſent par ces motifs bas & raualez d'eſclaues & de ſeruiteurs à gages, parce que celuy du pur & deſintereſſé amour leur ſemble trop auenent & trop ſublime, & qu'ils ne ſont accouſtumez à cheminer en choſes hautes] & par le faiſte des montagnes. Car ceſte excuſe les accuſe, & deſcouure leur engourdiſſement (pour n'vſer point de terme plus faſcheux) pluſtoſt que leur vertu, car l'humilité qui preiudicie à la charité & à la generoſité Chreſtienne eſt ſans doute vne fauſſe humilité, & ſemblable à celle d'Arab (Eſa. 7.) qui s'oppoſoit à la gloire de Dieu, faiſant ſemble de craindre de le tenter. Car Dieu dónant par ſa grace, la qualité de ſes enfans

qui

qui ont la foy viue & animée de charité (Iean 1.) que pretend-il de ceste liberalité qu'il exerce enuers eux en leur baillant son esprit (Rom. 5.) sinon que comme ses enfans ils agissent par son esprit, qui est l'esprit de grace, l'esprit filial, l'esprit desinteressé, s'ils veulent estre ses heritiers, & coheritiers de Iesus-Christ.

C'est ce pur & desinteressé esprit de la vraye charité que nostre Caritée presse d'entrer] les ames les plus rebelles à la lumiere de la grace, & aux ardens du saint amour, & elle s'y conduit par vne industrie si forte, & tant ingenieuse, qu'il faut que j'auoüe, aussi bien que le bon Frere Yues le Breton, que j'ay trouué en elle, le maistre le plus fidelle en la science des Saints, & en la doctrine de salut, qui se soit iamais presenté à moy, apres l'escriture sacrée, dans la lecture de tous les liures de Pieté.

Qq

Histoire de Caritée fort contredite.

C'Est pourquoy ie l'ay preschée en diuers endroits, & ne me lasse iamais de la dire & redire, m'estant auis que toutes les fois que ma langue la recite, que le palais de mon esprit y gouste de nouuelles douceurs plus agreables que le rayon de miel, ce m'est vne espece de manne parce que i'y trouue toutes sortes de saueurs, & ie la considere comme vn abregé de toute la perfection du Christianisme.

Ce qui me la fait encore sauourer d'auantage, c'est la sauce picquante & de haut goust des contradictions que son recit m'a excité en diuers lieux, où ie l'ay, soit priuement, soit publicquement racontée, car comme vn fer en esclaircit vn autre, le choc de deux cailloux fait naistre des estincelles, & la chandelle esclaire d'autant

Quatriesme partie. 611

mieux qu'elle est plus souuent mouschée, plus ceste histoire est controollée par ceux qui font profession ouuerte de me contredire gratuitement, plus ie la trouue illustre & esclattante, & plus haute la perfection à laquelle elle nous inuite, brille deuant mes yeux.

Ce n'est pas seulement de Iesus-Christ qu'il fut prophetizé qu'il seroit vn signe de contradiction, & vne pierre d'edification pour les vns, & de scandale pour d'autres. Mais cela passe iusques à sa doctrine, qui a tousiours esté suiette à estre contreditte depuis qu'on a commencé à la publier, & comme Iesus-Christ a esté tenté en toutes choses, sa doctrine a esté aussi tastée de tous costez. Quoy que toutes ses actions fussent autant de miracles, si est-ce que ses ennemis iurez les Scribes & Phariziens y trouuoient tousiours à redire, ayans pris

Q.q ij

à tasche de les sindicquer, s'il chasse les demons des corps des possedez, ils disent que c'est au nom de Beelzebuth, s'il fait d'autres merueilles ils les attribuent à Magie: s'il est suiuy & escouté des peuples c'est vn seducteur, vn heretique, vn Samaritain. S'il se tait c'est vn ignorant, s'il parle c'est vn trompeur, s'il se cache c'est vn lasche, s'il paroist c'est vn temeraire: s'il hante les pecheurs pour les conuertir, il est vicieux & beuueur de vin. Bref il ne fait ny ne dit rien qui ne passe par le tranchant de ces langues affilées comme des razoirs, & qui ne soit decoupé à leur mode.

Tout ce qui regarde le seruice de Dieu est suiet aux tentations & aux calomnies, l'enuie est l'ombre inseparable de la verité comme de la vertu. Ce qui ne doit pas ietter le descouragement en l'esprit de ceux qui annoncent les veritez aux enfans des hommes, puis qu'ils sçauent que c'est le propre d'vne medecine qui opere de donner des tranchées. C'est aux plus belles fleurs que s'attachent les cantharides. Et les meilleures viandes se tournent en mauuais suc dans les estomachs cacochimes.

Si l'on peu faire poison des choses les plus sacrées, comme il est clair en ceux qui tordét les Escritures saintes à leur propre perte (2. Pier. 3.) & en ceux qui abusent des Sacremens à leur condamnation (1. Cor. 11.) mettans du fiel dedans ces bonnes viandes & des busches dans ce pain celeste (Ierem. 11. 18.) changeans la table du Seigneur en piege & en scandale (Ps. 68. 23.) combien est il plus facile de donner de mauuais biais à vne petite histoire, & de la regarder de costé, comme Balaam l'armée d'Israël, pour auoir suiet de la maudire, ou d'en mesdire. Si le Sauueur parle de la destruction du temple de son corps, ses controolleurs prennent occasion de l'accuser, comme voulant mettre le feu au temple de Ierusalem : s'il explique la loy de Moyse, ils crient qu'il parle contre Moyse & contre la loy. Quoy qu'il fasse ou qu'il die c'est tousiours contre le gré de ses malueillans. Tous ceux qui ont la commission de faire cognoistre ses veritez aux peuples n'en peuuent pas pretendre meilleur marché, si le maistre a esté nommé Beelzebuth combien plus ses domestiques] ô Seigneur c'est ce qui m'a consolé en mon humilité, de ce que i'ay raconté vos paroles viuifiantes (Ps. 118.)

LII.

Des diuers succés de cette histoire.

ET pour conclurre toute ceste histoire par vne autre histoire, vous sçaurez, mon Lecteur, qu'ayant passé les quatre années dernieres en vne résidence continuelle dans la Prouince où ie suis Beneficié, & dans les emplois de la Predication qui me sont ordinaires depuis trente-trois ans que Dieu m'a appellé au seruice de son Eglise. Il m'arriua durant ce seiour de porter le flambeau de la diuine parole en quelques maisons de Sanctimoniales, qui sont à la campagne comme des fleurs des champs & des lys des valées, & qui viuent dans vne deseruance fort exacte & fort exemplaire.

Ie proposay à des ames si pures, & si esclairées dans les voyes de Dieu qui sont toutes lumineuses, ce grand exemple de nostre Caritée, comme vne des plus excellentes Idées de la plus haute perfection Chrestienne que i'eusse pû leur representer, & ie le leur estalai auec tant d'assaisonnement & d'ajancement, & accompagné de tant de preceptes de la plus sublime Morale Chrestienne, que cela fit impression dans leurs esprits, & leur fit prendre goust à ce fameux exercice de la pureté d'intention tant recommandee par les Escriuains Ascetiques.

Par fortune estant en l'vn des Monasteres ie me trouuay entre les mains vn petit liure de la Droitte Intention, fait par vn Iesuite appellé Ieremie Drexelius, qui a escrit plusieurs traitez de pieté elegans & edificatifs ; la pluspart accompagnez de figures, ou images que l'on appelle vulgairement en taille douce.

A l'entree de celuy de la droicte intention estoit representé le portrait de nostre Caritee enuiron de la sorte qu'il est formé à la teste de ce liure, que nous te donnons icy, aussi a-t'il esté graué sur le dessein de l'image qui est deuant l'opuscule de Drexelius, Par rencontre il y auoit lors vn Peintre dans cette maison de Sancti-moniales, qui trauailloit à l'ornement de l'Eglise pour laquelle il auoit fait diuers tableaux. Ces sainctes filles ayans veu & l'image du liure de Drexelius que ie leur monstray, & tiré de l'edification du narré que ie leur auois fait de cette histoire (car ie n'a-uois là le traitté de Drexelius qu'en latin, ne sçachant pas s'il a esté traduit en nostre langue) elles desirerent que ce Peintre en fit vn tableau de medio-cre grandeur, lequel estant acheué fut mis à leur parloir auec cette souscri-ption qui est au bas de l'image du li-ure de Drexelius. SERVIR DIEV POVR DIEV.

LIII.
Traverses de nostre Caritee.

LE pourchas amenant ordinairement en ces lieux de bons personnages, pour y prescher la quatriesme demande de l'Oraison Dominicale, autant qu'aucune autre piece de l'Euangile, dans les parloirs, où leur residence est assez assiduë; ce tableau de Caritee tomba aussi tost sous leur aspect, duquel iugeans à boule-veüe, & sur l'etiquette, ils l'accuserent aussi tost de sacrilege, & d'impieté, comme abolissant tous les fondemens de Religion, aneantissant l'enfer & le Paradis dans la foy, & le souuenir des Chrestiens, bref ils le considererent comme cette statue qui est appellee en l'Euangile abomination, & desolation plantee dans le lieu sainct (Matth. 24. Marc. 13.) & en cette creance sans s'enquerir plus auant d'où elle estoit tirée, ny de son interpretation, s'en allerent publier, au sortir de là, partout le voisinage, à plusieurs lieux aux enuirons, que ie preschois, non seulement l'heresie, mais mesme l'impieté, & l'atheisme, non plus à la sourdine, mais à camp ouuert & à masque leué, non plus dans les cabinets, mais sur les toits, non plus de parole, & d'exemple seulement, mais par escrits, mesmes par images, & tableaux d'atheisme formé, insinuant par ces spectacles dans les ames les plus sainctes, & que leur condition obligeoit à estre les plus détachees du monde, & à vaquer d'auantage aux exercices de deuotion, que leur vie n'estoit qu'vn vain amusement, qu'il n'y auoit ny Paradis, ny Enfer, ny Dieu, ny Diable, point d'autre vie, que celle-cy, point d'immortalité de l'ame, que le culte d'vne diuinité estoit vne erreur populaire dont on emplissoit les debiles esprits, mais que les forts rompoient toutes ces toiles d'araignee, bref il ne se peut dire comme ce tableau, duquel ie n'estois ny l'autheur, ny le promoteur fut deschiré, descrié, noircy, berné, decoupé par ces gens qui ont pour heritage ce que dit Dauid (Pse. 15. v 6.) auec le don des langues de la Tour de Nembroth, non celuy du cenacle, sinon quand ils ont de plus clairs interuales.

Cette tache d'huille (car leurs discours estoient semblables à ceux dont le Psalmiste parle [Pse. 54. v. 22.] s'estendit & s'espandit, si tres fort, acquerant des forces par son progrez, & croissant par la multiplication de la calomnie, que le plat pays en fut tout abbreuué, & imbu, ou pour mieux dire infecté, & de là paruint à la Ville (serrure de la Prouince) en laquelle ie fay ma demeure ordinaire.

LIV. Sa iustification.

MEs amis estimerent pour renuerser le mal heur de ce scandale sur le visage de ses autheurs, qu'il estoit à propos que ie preschasse publiquement cette histoire, & auec ornement & apparat, afin que la douleur retournast sur leur teste, qu'ils beussent la honte du calice qu'ils auoient preparé, & tombassent dans la fosse, que leur artifice auoit creusee, ce que ie fis deuant vne assez grande affluence d'auditeurs, & auec tant de succez, que comme vn signe de croix fait desparoistre en vn instant tout vn sabat de sorciers, tous les prestiges dont la calónie auoit fasciné les esprits furent dissipez, & la verité comme vn Soleil fondu tous les nuages du mensonge. Et ce qui auoit esté debité pour impieté, abomination, atheisme, par la negociation qui chemine en tenebres (Pſe. 90.) & par les dards qui ne volent que dans les obſcuritez, pour offeſer ceux qui ſont droicts de cœur (Pſe.) fut veu pour armes de lumiere, marchant honneſtement au iour de la verité (Rom. 13.) & le Dieu de verité ſe leuant & iugeant ſa cauſe (Pſe. 73. 22.) ſes ennemis, qui ſont les menſonges, furent diſſipez, & mis en route deuant la face de ſon arc (Pſe. 67. 2.)

Ayant monſtré publiquement & le liure de Drexelius, & l'image de ceſte hiſtoire qui eſt à l'entrée, & produit l'hiſtoire de S. Louys eſcritte par ce bon Cheualier le Sire de Ioinuille, où elle eſt racontée tout au long & quantité d'Autheurs de marque qui la recitent & en font grande eſtime, comme comprenant en ſoy la plus ſublime pureté de l'Amour diuin, auquel conſiſte la perfection eſſentielle du Chriſtianiſme, furent

Quatriesme partie. 623

confondus & portez à l'enuers tous ceux qui haissent la saincte Sion de la verité (Pse. 39. 15.) & furent faicts comme le foin des toits plustost fané que fauché.

LV.
Confusion de la Calomnie.

Qvelle vergoigne aux Freres de Ioseph quand ils virent magnifié celuy qu'ils auoient vendu? Quel déplaisir à Vasthi de voir Ester en sa place? quel dépit à Amã de seruir luy mesme à l'hõneur qu'Assuer vouloit estre rendu à Mardochée? le pecheur verra cecy & s'en tremoucera, il grincera des dents & deuiendra maigre & sec, mais le desir des meschans perira (Pse. 112.) le serpent de la fable perdit ses dents en rongeant vne lime, & celuy qui mousche la chandelle auec ses doigts se salit & se brusle pour la faire luire.

Quand les tayes furent tombées & les yeux ouuerts sur la verité & l'vtilité de ceste histoire, c'estoit à qui s'en entretiendroit, à qui la reciteroit, & ainsi sa sainte Doctrine passoit insensiblement & se grauoit puissamment dans les ames. Vn Spartain odorāt du Nard pistique, c'est à dire fidele, pur & non meslé, mal-heur, dit il à ceux qui nous sophistiquent, & broüillent vn parfum si agreable, plusieurs dirent le mesme contre ceux qui auoient alteré par leurs calomnieux recits, vne histoire si saincte, & si salutaire, mettans les tenebres en la place de la lumiere, d'autres ayans euenté l'artifice des calomniateurs, disoient comme ces anciens Israëlites aux faux accusateurs de Susanne, c'est donc ainsi que vous faisiez aux filles d'Israël? (Dan. 13. 57.) c'est donc ainsi que vous condamnez le iuste, & que vous iustifiez l'impie (Prou. 17. 15.) que
vous

Quatriefme partie.

vous blanchiſſez le More, & noirciſſez le blanc, ô Leopards. que vous auez de moucheteures,

―― *vobis nomina mille,*
Mille nocendi artes ――

Qui vous croira deſormais, ſinon celuy qui prendra plaiſir à eſtre trompé, ſages ceux qui imiteront la prudence de ce ſerpent, qui bouche ſon oreille au chant de celuy qui le veut ſurprendre. (Pſe. 57.6.)

LVI.
Palinodie.

QVelques vns plus ingenus chanterent la Palinodie, & comme on leur reprochoit dans les compagnies d'auoir accuſé d'impieté & de ſacrilege, l'hiſtoire la plus veritable, & de la plus haute perfection Chreſtienne que l'on puiſſe raconter: nous ne penſions pas, dirent-ils, que ce Tableau que nous auons veu, fuſt la representation de cette histoire si commune, & qui est en la bouche de tous les Predicateurs, & en la plume de tous ceux qui escriuent des choses spirituelles. Mais de quelle sorte, leur repliquoit-t'on, effacerez-vous les sinistres, & infames impressions, que vous auez formees en tant d'endroits contre la bonne foy de celuy qui l'a deduite, & certes la calomnie est vn crime aussi facile à commettre, que difficile à reparer, ce qui faisoit dire à cet Ancien, que la playe que fait le calomniateur, quoy qu'elle guerisse, laisse tousiours vne cicatrice ou flestrisseure, qui ne s'en va presque iamais.

C'est pourquoy le Psalmiste priant Dieu qu'il le deliurast des lévres trompeuses, & de la langue du calômniateur, ne sçait faire autre bouclier contre la médisance, que des flesches aigües de la colere de Dieu, comme d'autant de charbons de desolation.

On dit que le vin pur est vn fort bon remede contre le venin de la ciguë, quand il est pris incontinét apres ce poison dont il tempere la froideur, & empesche qu'elle n'esteigne la chaleur naturelle: mais lors que l'on mesle le jus de la ciguë auec le vin, c'est vn venin irremediable, d'autant que la chaleur du vin dilatant les conduits rend le froid de la ciguë plus penetrant & le fait entrer où il n'eust pas attaint par sa propre vigueur. La charité ou amour de la verité, est vn souuerain antidote contre la calomnie; mais quand vn calomniateur s'imagine qu'il dit la verité, & qu'animé d'vn faux zele, il pense faire seruice à Dieu en detractant de son prochain, & en le decriant comme vn impie & vn execrable, quel moyen de guerir vn mal qui est tenu pour santé, & mesme pour saincteté, par celuy qui

Rr ij

en est atteint.

C'est bien fait, à dire la verité: de crier au loup aussi-tost qu'on le void, & de descrier autant que l'on peut l'heresie, l'impieté, l'atheisme, on ne peut assez detester des crimes si execrables: mais que le zele sans sçience est aussi vne dangereuse piece, & de difficile maniment, c'est vn champignon friand, dont il faut manger peu, & peu souuent.

LVII.
Orages contre la Philotee du Bien-heureux François de Sales.

Aussi-tost que le sainct Ouurage de la Philothee du Bien-heureux François de Sales, parut au monde, & fit vne nouuelle estoile dans le Ciel de l'Eglise, qui enseignoit à ceux qui viuent dans le siecle, à trouuer IESVS, outre les traces de la vraye deuotion, qui consiste au pur amour de Dieu, on vit incontinent paroistre mille oppositions, comme autant de nuages pour offusquer cette splendeur que Dieu enuoyoit de son Orient d'enhaut: comme estant vn œuure de Dieu, il falloit qu'elle portast le sceau de la contradiction pour caractere de sa bonté. Ny les contrarians, ny les pretextes de contredire, ne manquerent pas, car il n'y a glace de miroir si polie, sur laquelle les mousches ne trouuent assez de prise pour s'attacher: Ce qu'ils y reprenoient estoit si friuole, que les plus auisez iugeoient bien que ce liure les blessoit en des lieux dont ils ne se plaignoient pas, & que leurs accusations estoient des fueilles de figuier dont ils se faisoient de fausses couuertures.

Leur desplaisir estoit de voir que ce sainct Prelat eust trouué vne nouuelle Galaxie, ou voye de laict &

douceur, pour aller au Ciel, & pour faire son salut dans le siecle. Sentier qui n'auoit point esté descouuert par ceux qui l'auoient precedé à escrire de la Deuotion, comme luy mesme le declare dans la Preface de sa Philothee en ces mots:

Ceux qui ont traité de la Deuotion, ont presque tous regardé l'instruction des personnes fort retirees du commerce du monde, ou au moins ont enseigné vne sorte de deuotion qui conduit à cette entiere retraite. Mon intention est d'instruire ceux qui viuent és villes, és mesnages, à la Cour, & qui par leur condition sont obligez de faire vne vie commune quant à l'exterieur, lesquels bien souuent sous le pretexte d'vne pretendue impossibilité, ne veulent seulement pas penser à l'entreprise de la vie Deuote, leur estant aduis, que comme aucun animal n'ose gouster de la graine de l'herbe nommee Palma Christi, aussi nul homme ne doit pretendre à la palme de la pieté Chrestienne, tandis qu'il vit emmy la presse des affaires temporelles. Et ie leur monstre, que comme les meres-perles viuent parmy la mer, sans prendre aucune goutte d'eau marine, & que vers les Isles Chelidoines, il y a des fontaines d'eau bien douce au milieu de la mer, & que les Pyraustes volent dedans les flammes sans brusler leurs aisles: ainsi peut vne ame vigoureuse & constante, viure au monde sans receuoir aucune humeur mondaine, trouuer des sources d'vne douce pieté au milieu des ondes ameres de ce siecle, & voler entre les flammes des conuoitises terrestres, sans brusler les aisles des sacrez desirs de la vie Deuote. Il est vray que cela est mal-aisé, & c'est pourquoy ie desirerois que plusieurs y employassent leur soin, auec plus d'ardeur qu'on n'a pas fait iusques à present, comme tout foible que ie suis, ie m'essaie par cet écrit de contribuer quelque secours à ceux qui d'vn cœur genereux feront cette digne entreprise.

L'apprehension qu'ils eurent que ce sacré secret, & cette saincte methode ne ruinast les affaires de ceux qui se sequestrent du siecle, & que les deserts ne fussent vrayement desertez, & que les voyes de leur Syon ne pleurassent pour le peu de gens qui iroient à ses solemnitez, (Thren. 1. 4.) en porta quelques vns à faire des declamations si tragiques contre ce Liure, que la voix du peuple, qui est souuent celle de Dieu, a presque canonizé, & a des excez de passion si effroyables, que ce fut en ce rencontre que parurent les malices spirituelles, au regard des choses celestes, (Ephes. 6. 12.) & que l'on pourroit exclamer auec ce Poëte:

D'où vient tant de courroux en des esprits sublimes.

Quelques vns en vindrent iusques à ces transports, de rendre les

Chaires de verité, des theatres de leurs passions interessees, & d'y publier que ce Liure estoit plus pernicieux que tous ceux des heretiques de nostre temps, qu'il meritoit mieux les flammes que plusieurs, que la main de la iustice auoit fait passer par semblable lumiere, que son autheur se monstroit par cet escrit vray successeur de Caluin, en la chaire de pestilence à Geneue. Et quelques vns enflammez d'vn zele immoderé, apres auoir secoüé deuant leurs auditeurs, la poudre de leurs chaussures, & laué leurs mains comme des Pilates, crians contre le defaut de iustice, se rendoient eux mesme iuges & executeurs, & laceroient & deschiroient ce Liure à la veüe de leurs audiences.

LVIII.
Moderation du Bien-heureux François de Sales.

IE sçay ces veritables particularitez, ou plustost ces violences prodigieuses de fort bonne part, & le Bien-heureux mesme qui les a souffertes auec vne patience heroïque, ne les a que trop sceües : mais comme sa moderation & sa douceur, estoient extremes, il s'en plaint auec tant de suauité & de benignité, quoy que sans preiudice de la verité, dans la Preface de son Theotime, que vrayement il iette des charbons qui ne s'estendront iamais au visage de ces Censeurs : Voicy ses propres termes.

Trois, ou quatre ans apres, ie mis en lumiere l'Introduction à la vie deuote, pour les occasions, & en la façon que i'ay remarqué en la Preface d'icelle, dont ie n'ay rien à te dire, mon cher Lecteur, sinon que si ce Liuret a receu generalement vn gracieux & doux accueil, voire mesme parmy les plus braues Prelats, & Docteurs de l'Eglise, il n'a pas pourtant esté exempt d'vne rude censure de quelques vns, qui ne m'ont pas seulement blasmé, mais m'ont baffoüé en public de ce que ie dis à Philothée, que le bal est vne action de soy-mesme indifferente, & qu'en recreation on peut dire des quolibets, & moy sçachant la qualité de ces Censeurs, ie loüe leur intention, que ie pense auoir esté bonne. Mais i'eusse neantmoins desiré qu'il leur eust pleu de considerer que la premiere proposition est puisée de la commune, & veritable doctrine des plus saincts, & sçauans Theologiens, que i'escriuois pour les gens qui viuent emmy le monde, & les Cours: Qu'au partir de là i'inculque soigneusement l'extreme peril qu'il y a és danses, & que quant à la seconde proposition auec le mot de quolibet, elle n'est pas de moy, mais de cet admirable Roy sainct Louys, De-

cteur digne d'estre suiuy en l'art de bien cō-
duire les Courtisans à la vie deuote: Car ie
croy que s'ils eussent pris garde à cela, leur
charité, & discretion n'eut iamais permis
à leur zele pour vigoureux, et austere qu'il
eut esté d'armer leur indignation contre
moy.

Apres vn si rare exemple de patience, eusse-ie bien ozé ouurir la bouche pour me plaindre des esgratigneures de ceux qui blasmoient vne histoire & vne penitence qui n'estoient pas de mon creu, & dont ie n'estois que le simple rapporteur. Mais depuis que le temps, pere & protecteur de la verité, a fait cognoistre au monde le merite de ce Liure de la Philothee, que toutes les natiōs de l'Europe l'ont veu chacune en leurs langues, & que trente impressions en ont remply l'Vniuers, alors ces bons pilotes qui sçauent tourner le gouuernail selon les flots, & leurs voiles selon les vents, se sont rendus par force, par necessité, par subtilité, par resipiscence, ou autrement les Panegyristes de ce qu'ils auoient auparauant blasmé, & comme des Saincts protecteurs de ce dont ils s'estoient declarez les persecuteurs, tel est le changement de la droite de Dieu, qui fait que ses seruiteurs tirent leur salut de leurs ennemis & de la main de ceux qui les hayssent, (Luc. 1.) les contraignent de dire, le Seigneur a fait cecy, & il est admirable à nos yeux, (Pse. 117. 13.)

LIX.
Autre exemple.

D'Vn exemple pareil, mais de plus fraische datte, M. le Cardinal de Berulle de bien-heureuse memoire, estant encor Superieur de l'Oratoire, dressa quelques papiers de deuotion, sous le tiltre d'eleuations, ou de vœux à Iesus-Christ N. S. sur le mystere de l'Incarnation, & à la tressaincte Vierge sur les grandeurs de sa diuine maternité, aussi tost ce sainct personnage autant irreprehensible en sa doctrine qu'en ses mœurs, fut assailly par des gens qui s'imaginent que c'est entre-prendre sur leurs droicts de parler de la pieté autrement qu'à leur mode, & qui blasment d'erreur tout ce qui passe leur portee, tant est veritable ce mot d'vn Poëte Mimiamlique, qu'il n'y a rien de plus iniuste qu'vn homme bigearre & extrauagant, qui ne trouue rien de bien fait, ny de bien dit, que ce qui reuient à son humeur bourruë.

Ces pieces dignes du Cedre, & si bien receuës de tous les gens de bien, furent descriees comme des erreurs, voire des heresies du gibier de l'inquisition. Sathan par ses supposts les calomniateurs, les cribles de toutes parts, les tourne en cent visages, pour en trouuer vn difforme, & capable de noircir la reputation de leur autheur, mais tous leurs efforts furent vains, & leurs traicts lancez contre vn rocher esmousserent leurs pointes.

Cependant Dieu qui est infiny en puissance comme en bonté, qui sçait par sa sagesse incomprehensible, tirer le bien du mal, & la lumiere du milieu des tenebres, a fait sortir de ceste sçauante & pieuse plume à l'occasion de ce contraste, ce bel ouurage *de l'Estat & des Grandeurs de IESVS*, qui ne peut estre dignement que par vn stile qui luy corresponde. Ouurage qui durera tant que la vraye pieté sera recognuë, tandis que les calõnies qui ont voulu noircir la doctrine qui y est enseignée, retournera d'où elle estoit sortie, c'est à dire dans les tenebres exterieures, &

que ceux qui l'ont proferee se cacheront dans les obscuritez d'vn honteux silence, comme ceux dont Anne parle (1. Rois. 2. 9.) en son Cantique.

I'eusse laissé pour iamais dans l'oubly les attaintes de langue qui furent donnees à nostre Caritee en la rencontre que ie vien de descrire, si vne nouuelle cause, ne m'eust mis la plume à la main, pour produire vn effect nouueau, en la couchant sur ce papier, & l'ornant de nouuelles couleurs.

LX.

Occasion de cet Escrit.

L'Aduent dernier de l'an mil six cens trente-neuf, que ie preschay à Paris, en l'Eglise de la Charité, ayant pris pour suiet de mes Sermons la Charité mesme, selon la doctrine de l'Apostre, aux chapitres XII. & XIII.

Quatriesme partie. 641

XIII. de la I. à ceux de Corinthe, ie fi cognoistre que plusieurs parlent de cette Royne des vertus en laquelle consiste nostre iustice & nostre salut, sans la cognoistre, & que peu de tant de gens qui en deuisent sçauent en parole de verité qu'elle elle est, & que beaucoup à leur grand dommage prennent la feinte pour la saincte, & son ombre pour son corps.

Et parce que le chemin des preceptes est long & entortillé, dit le grand Stoique, mais court & droict, par les exemples, ie m'auisay de proposer, & d'estaler bien au large celuy de ma Calitee, que l'experience m'auoit fait cognoistre fort energique, & auoir apporté de l'vtilité en diuers lieux où ie l'auois produit.

Ie ne fu pas frustré de mon attente, car il ietta beaucoup d'edification & de consolation dans les ames simples, & non preoccupees de passions, ou de

Sf

doctrine interessée, & par consequent plus susceptibles de ce feu du pur Amour celeste que IESVS est venu allumer en terre pour en embraser tous les cœurs.] mais il ne manque pas aussi d'estre marqué à son coin ordinaire celuy de la contradiction, car s'il fut pris de la bonne & droitte main par des esprits disposez à la droitture & pureté d'intention au seruice de Dieu, il fut accueilly de la gauche par des esprits seruiles & mercenaires partisans du propre interest, qui s'imaginerent aussi tost (tant ils sont prompts à sindiquer les intentions de ceux dont ils ne peuuent tordre les paroles à mauuais sens) que cette histoire battoit à estoufer dans les esprits des Chrestiens, toute crainte des iugemens de Dieu, & toute esperance en ses promesses, sans considerer que nostre Caritee changeoit seulement le cuiure en or, &

Quatriesme partie, 643

la crainte seruile en amoureuse & filiale, & l'esperance mercenaire en charitable, & des-interessee, esperance, & crainte viues, qui seules, touchent par l'amour diuin, la fin derniere, & rendent les actions qui en sortent meritoires de l'eternité.

Si encor on se fust contenté d'aller descriant à la sourdine, & parmy les compagnies particulieres, & ceste histoire & la doctrine du pur amour de Dieu, & de la vraye Charité qui y est annexée, nous eussions eu suiet de mettre nostre attente dans le silence & l'espoir (Thr. 3. 26.) & de posseder nostre ame en patience.]

Mais outre que sainct Hierosme appelle stupidité, de souffrir & se taire en l'accusation d'erreur en la foy, quoy que le Sauueur ait bien enduré sans replique qu'on l'appelast Samaritain, certes cela est

Ss ij

encore moins supportable quand ce reproche se porte dans les chaires, & quand la calomnie a bien le front de se produire sur les theatres destinez aux oracles des diuines veritez. Que le zele amer, & peu iudicieux a de mauuais effects, lors qu'il fait presenter vn scorpion au lieu d'vn œuf, & vn serpent au lieu de pain.]

LXI.
Que c'est icy vne Response.

ON degaina donc contre cette pauure Histoire l'Escriture, les Peres, les Conciles, mais en la maniere que sainct Pierre, (2. Pierre 3. 16.) dit que de son temps quelques vns expliquoient les Epistres de sainct Paul à leur propre ruine,] tous les rasoirs sont dangereux hors les mains des Chirurgiens. Cela nous obligea d'y repartir auec assez de tranquilité d'esprit, nous contentans de repre senter simplement, & nüement la verité, ainsi que nous l'auons couchee en ce liure icy, sans former des inuectiues contre son contraire; les outrages estans les vrayes marques d'vne cause deplorée & à qui la raison & la iustice manquent: puisqu'elle fait armes de tout ce qu'elle rencontre, & de ce que la passion luy fournit.

C'est des membres qui me sont restez de ces sermons de l'Aduent & de quelque-vns que i'ay fait durant le Caresme suiuant en la mesme Eglise que i'ay grossi le cours de ceste Histoire, & qui m'a seruy côme de diuerses couleurs, pour enluminer ceste image de la vraye & parfaicte Charité. Ceux qui ont oüy nos Contretenans & qui se souuiennent encore de leurs enseignemens, iugeront par leur lecture de ce Liure, de quel costé est la saine Doctrine, car soit par rebut soit par applaudiſſement pourueu que Ieſus-Chriſt ſoit annoncé & Dieu glorifié il ſuffit.] ce n'eſt pas nous que nous preſchons, dit ſainct Paul, mais Ieſus-Chriſt & iceluy crucifié. Ceux qui veulent plaire aux hommes & attacher des oreillers ſous leurs coudes, ſeront confondus, car Dieu les meſpriſera, (Pſe. 52. Ezech. 1. 318.)

LXII.
Promeſſe de repartie modeſte.

SI de la langue, ces bons Cenſeurs paſſent à la plume, & trouuent quelque choſe à regratter dans le narré ou la doctrine de cette Hiſtoire, c'eſt où nous les attendons, & pourueu que par leurs artifices ſecrets, il ne nous ſoit point deffendu de nous deffendre, comme nous leur permettons franchement de nous reprendre auec miſericorde, ou de nous corriger auec iuſtice, auſsi leur promettons nous de leur cueillir en diligence vne salade de responces, & de les assaisonner d'huile, de vinaigre, ou de sel, selon que leur escrit nous fera cognoistre leur appetit à leur goust: de quelque façon qu'ils s'y comportent, nous les asseurons moyennant la grace de Dieu, que nous nous conduirons auec toute moderation, ciuilité, & modestie, pour ne blesser la Charité en la deffendant.

LXIII.
Que cette histoire n'est vne parabole.

A ceux là seulement qui accusent ceste histoire d'estre vn Roman fabuleux ou tout au plus vne parabole faitte à plaisir, plustost qu'vne narration veritable, nous opposerons vne flotte d'Autheurs d'insigne pieté, qui la maintiennent pour vraye Histoire : Et quand elle ne seroit qu'vne Parabole elle ne perdroit pas pourtant son credit ny le respect qui est deu à son antiquité & à sa sage moralité, veu que l'Escriture est pleine de ceste maniere, d'enseigner qui a esté suiuie par tant de Doctes Peres.

Ie l'ay souuent ouy de la bouche de plusieurs sçauants & tres-pieux Predicateurs, & ie croy qu'il y en a peu qui au suiet de la pureté d'intention ne l'alleguent auec fruit & edification de leurs auditoires ie ne sçai pas pourquoy elle perdroit la grace de son vtilité & de sa verité en ma bouche, puisque s'ils sont Hebreux & Israelites aussi suis-ie par la grace de nostre Seigneur, & quoy que ie soy grand pecheur, & indigne de raconter les iustices de Dieu, & de couler son testament par ma langue (Pse. 49. 16.) neantmoins ayant vacation pour cela, & malheur m'estant annoncé, si ie n'euangelize, qui ne voit qu'il n'est pas tant question de s'arrester à la misere de mes mœurs, qu'à la verité de la saincte parole que Dieu distribüe, & manifeste par mon organe, l'Euangile ayant pourueu à cette opposition (Matth. 23. 3.) & dissipé ce pretexte de ceux qui ne veulēt pas entendre de peur d'estre engagez, ou à bien faire, ou à vn plus grand chastiment pour auoir sceu la volonté du maistre & ne l'auoir pas executee, (Luc. 12. 47.)

LXIV.
Autheurs qui se seruent de cette Histoire de Caritee.

AV demeurant cette Histoire de Caritee est tellement authentique, & generalement receüe & approuuee qu'outre que tous les Predicateurs s'en seruent dans leurs chaires pour exciter les peuples à aimer, &

seruir Dieu pour Dieu d'vn amour pur, desinteressé & vrayement Chrestien, ie ne sçay gueres d'Autheurs de ceux qui ont escrit des choses de deuotion qui ne l'alleguent pour semblable dessein, & ce qu'elle est si commune ne la rend pas moins exquise, & ne rabbat rien de son prix: au contraire ie tien que c'est sa iuste valeur, qui la fait ainsi estimer de tous ceux qui ont la vraye pieté en recommandation.

Voicy les noms de ceux, chez qui il me souuient de l'auoir leüe. Le Sire de Ioinuille en la vie de sainct Louys chap. 57. Matthieu Historiographe du Roy, qui depuis peu a mis la mesme vie de ce sainct Roy en meilleur stile. Louys de Grenade en ses Oeuures spirituelles, & en son Catechisme. Blosius, le liure intitulé le miroir des exemples. Le Catechisme Historial. Vincent de Beauuais, & entre les

Iesuites, Louys du Pont, Alphonse Rodriguez, Ieremie Drexelius, Guillaume Montanus en son traitté des bonnes intentions. Aluarez de Pas. Cresolius, & depuis peu Iean Suffren Docte & pieux Predicateur de la mesme societé en son Annee Chrestienne.

LXV.
Conclusion.

SI apres cette nuee d'Escriuains quelque esprit coquilleux la prend encor pour vne fable, ou pour vne parabole, il nous sera permis de prendre son imagination pour faribole, & de luy repartir auec Dauid. Les iniques m'ont raconté des narrations fabuleuses, fort esloignees de la pureté de la loy de Dieu, & nous luy laisserons ruminer cette excellente parole de l'Apostre, (1. Col. 8. 6.) nous n'auons qu'vn Dieu le Pere, duquel sont toutes

La Civilité,
choses, & nous en luy, & vn Seigneur
IESVS-Christ par lequel sont toutes choses, & nous par luy, mais tous
n'ont pas la connoissance, ny la science de ses voyes.

FIN.

www.ingramcontent.com/pod-product-compliance
Lightning Source LLC
Chambersburg PA
HW050106230426
64CB00010B/1457